123作文训练法

落笔最有神

1 重点积累素材

笔神作文 —— 编著

SPM 南方传媒 | 广东人民出版社
·广州·

图书在版编目（CIP）数据

落笔最有神：作文123训练法 / 笔神作文编著. —
广州：广东人民出版社，2023. 9
ISBN 978-7-218-16711-4

Ⅰ. ①落… Ⅱ. ①笔… Ⅲ. ①作文课—小学—教学参考资料 Ⅳ. ①G624. 243

中国国家版本馆CIP数据核字(2023)第117098号

LUOBI ZUI YOUSHEN:ZUOWEN 123 XUNLIANFA
落笔最有神：作文123训练法
笔神作文　编著

出 版 人：肖风华

策划编辑：严耀峰　钱飞遥
责任编辑：严耀峰
责任技编：吴彦斌　周星奎
项目执行：赵　丹
特约编辑：宋嘉伟　万　慧
插　　画：尹红玉
封面设计：青空工作室
装帧设计：熊施丽　杨淇富

出版发行：广东人民出版社
地　　址：广州市越秀区大沙头四马路 10 号（邮政编码：510199）
电　　话：（020）85716809（总编室）
传　　真：（020）83289585
网　　址：http://www.gdpph.com
印　　刷：广州市樱华印务有限公司
开　　本：787毫米×1092毫米　1/16
总 印 张：32　　　**总 字 数**：400千
版　　次：2023 年 9 月第 1 版
印　　次：2023 年 9 月第 1 次印刷
总 定 价：140. 00 元(全4册)

如发现印装质量问题，影响阅读，请与出版社（020-87712513）联系调换。
售书热线：（020）87717307

序言

PREFACE

作文是展现语言表达能力的重要组成部分，也是培养逻辑思维和创造力的有效方式。很多学生觉得写作文很困难，不是无话可说，就是说不到点子上。久而久之，写作成了痛点，甚至成了挥之不去的梦魇。因此，找到一种能够快速提升写作水平的方法，迅速掌握写作技巧，成了许多学生梦寐以求的事情。

《落笔最有神：作文123训练法》是一套专为6至15岁学生提高写作能力而编写的书籍，它通过系统的训练方法，引导学生从素材积累到逻辑构建，再到实战技巧的全方位提升。这套书共分为4册，每册都独具特色，又相互衔接，形成一个系统的作文训练流程。

通过《重点积累素材》这一册，大家可以学习到如何收集丰富的素材，在写作时有更多的选择和灵感；进入到《高效构建场景》的学习，可以掌握如何在作文中合理安排和展示情节，使作品更加生动有趣；通过《速成实战技巧》可以学习如何快速构思并完整展开自己的想法，提高写作的效率和语言表达的准确性；《多维观点表达》将引导大家从不同角度思考问题，帮助形成独特的观点并清晰地表达出来。

为了帮助大家更好地掌握写作技巧，本套书使用了大量生动有趣的讲解方式。这样的讲解方式使抽象的规则和技巧变得更加易于理解。同时还使用了实用的案例，通过具体的写作示范，激发大家的写作灵感，提供需要的指导，帮助大家更好地应用所学的技巧，学会正确组织思路、合理安排文章结构，并且能够流畅表达自己的想法。

《落笔最有神：作文123训练法》的特别之处在于，它以生动有趣的讲解和实用的案例为辅助，让大家能够轻松理解和掌握写作技巧。相信通过这套书的训练，写作会变得简单易行，大家都将受益匪浅，能够更自信地应对各种写作任务。

目录
CONTENTS

第一章 集萃人、物典范

第二章 胸藏四季美景

第三章 感悟成长之路

第四章 沉淀中外经典

第五章 巧用书信

第一章

集萃人、物典范

我们可以在写作时通过对人物、动物、植物、物品的细节进行描绘，让读者对描述对象有更直观的感受，从而使读者更好地体会我们在作文中想要传达的意义和价值。

训练描写事物的写作技巧，可以让我们更好地了解和认识各种事物，从而扩展我们的知识面；还可以训练我们的观察力和提升语言表达能力，让我们更熟练地运用形容词和修辞手法。同时，描写事物还能培养我们的审美意识和想象力，激发我们的创造力，使我们能够更好地表达自己的感受和思想。

01 描写人物

人物描写是作文中的一个重要部分。它要求我们通过生动、形象的语言描述人物的外貌、性格、行为等特点，从而更好地刻画出作品中的人物形象，让读者能够深入了解和感受人物的魅力。

无论是小说、散文、日记还是书信，都有可能涉及人物描写。以下是描写人物时需要注意的一些事项。

仔细观察

在描写人物时，要通过仔细的观察，尽量还原人物的外貌、性格、行为等特点，还可以通过听取他人对该人物的描述或查阅资料等方式来收集信息，同时还要注重对人物的装扮、动作等细节的描写，让人物形象更加生动、鲜明。

突出特点

在描写人物时，要抓住人物的个性特征，通过突出人物的特点来塑造人物的形象。例如性格特点、身体特征、语言习惯等，写出其独特之处，让读者对人物印象深刻。

运用形容词和修辞手法

在描写人物时，要注重语言的运用，以鲜明、生动的描写方式来展现人物形象。描写时可以通过运用形容词和比喻等修辞手法，使文字更加生动形象，让读者产生更直观的感受。例如用“高大”“健壮”等形容词来形容人物的体态，用“笑靥如花”“柔情似水”等比喻手法来形容人物的特点。

注意人物之间的互动关系

描写人物时要注意描写人物之间的互动关系，如情感、行为等方面，这样能够更好地表现出人物的性格特点和行为特征。

注意人物的心理变化

在描写人物时，要注意人物的心理变化，如情感变化、内心矛盾等方面。通过这些描写能让读者切身体会到人物的心理活动，从而使读者更加深入地了解人物的性格和思想。

注意语言表达

在描写人物时，可以运用对话描写来塑造人物形象，使读者对人物有更加深刻的认识。

注意人物形象的一致性

描写人物时要注意人物形象的一致性，即人物的性格特点、行为特征等方面的描写应该保持一致。

注意人物的复杂性

在描写人物时，要注意刻画人物的复杂性，即一个人物可能有多个性格特点和行为特征，这些性格特点和行为特征之间可能存在矛盾或冲突。在描写人物时，应该深入剖析人物的性格，通过其优缺点、习惯、价值观等方面分析，这些都要从描写中体现出来，使人物更加立体。

注意态度

在描写人物时，要保持尊重、客观的态度，不要带有偏见或歪曲人物形象，应该根据事实描述人物，让读者自行评价。同时，描写人物的态度也应该与文章的主题和情感基调相符合。

注意人物形象的作用

在描写人物时，要注意体现出人物形象的作用，即对人物形象的刻画应为文章的主题服务，突出文章的中心思想，使读者更好地理解文章的意义。人物形象的描写应该紧密联系文章情节，写作安排上要突出人物的关键作用，让人物形象成为文章的灵魂和精髓。

好句好段好素材

我的爸爸身材微胖，有着一头乌黑发亮的短发。在他又长又细的眉毛下，一双眼睛炯炯有神，挺拔的鼻梁上架着一副黑框眼镜，颇有学者的风度。

我的爸爸个子高高的，有着一张国字脸，嘴唇微微凸出。他那浓密的眉毛下嵌着一对深邃的眼睛，犀利的目光仿佛能一眼看穿你内心所有的秘密。

我妹妹今年两岁，她有乌黑的头发，圆圆的脸蛋。她笑起来时轻抿着樱桃小嘴，露出大大的酒窝，真的可爱极了！

她有一双水灵灵的大眼睛，每眨一次眼，都仿佛会有星星从里面跳出来。

妹妹的眼睛哭得通红，脸也皱成了一团，像揉成一团的废纸。她的鼻子底下两道鼻涕清晰可见，嘴张得像个窟窿似的，温热的泪珠“吧嗒吧嗒”地滴在妈妈的手臂上。

她中等个子，穿搭朴素，有着像珍珠似的明亮眼睛和高高的鼻子，鼻梁上时常架着窄边眼镜，走路时习惯手上拿着几本教科书，脸上时时挂着微笑，看起来和蔼可亲。

老师的个子不高，但是身材端正匀称。她的脸略圆润，一双眼睛很是有神，明亮中透露着深邃。她梳着低低的马尾，刘海软软地垂在前额的正中间，像一绺黑色的丝带，白玉般的脸蛋儿泛着天然的红晕，衬着一头柔软的深黑头发。

我凝望着妈妈，她清瘦的脸满是岁月刻下的痕迹。她的额头上有一道道皱纹，眼睛略微一眯，眼角便扯出粗粗浅浅的纹路。她的唇边也有抹不去的细纹，笑起来时那细纹愈发深。

我的妈妈有着一头乌黑的长发，一双灵敏的耳朵总能听到很多细微的声音，还有一双水汪汪的大眼睛、一个温柔俊俏的鼻子和一张总是带着微笑的嘴巴。

我的同桌有一个圆圆的小脸蛋和一双炯炯有神的大眼睛，显得十分俏皮可爱。她不仅长得漂亮、性格开朗，而且学习成绩也非常好，总是名列前茅。

他有着乌黑发亮的头发，玉琢似的鼻尖微微翘起，还有着一双炯炯有神的大眼睛，那张像机关枪似的嘴巴总是停不下来。

一想起我的哥哥，我的脑海中便浮现出一张憨态可掬的脸。想到他那安静专注的神情，我的心也不知不觉柔软了起来。

哥哥爱书如命，只要一拿起书就不肯放下，几乎到了废寝忘食的地步，着了魔般痴迷。

我的弟弟是个“惹事大王”，脑袋里装满了各种各样的鬼点子。他有时候把人气得火冒三丈，有时候又让人感动得热泪盈眶，但更多时候却是天真可爱得让人啼笑皆非。

哥哥纵身一跃，用力抓住竹竿，像敏捷的猴子一样，迅速地爬了上去，不一会儿，他就爬到了竿顶。

哥哥的眉毛又黑又粗，像是为了维护某种尊严才摆在那儿似的。

爷爷长着一副古铜色的面孔，一双眼睛好似铜铃，尖尖的下巴上，飘着一缕山羊胡须。他有着高高的个儿，宽宽的肩。别看他已年过古稀，可说起话来，声音像洪钟一样雄浑有力；走起路来“噔噔噔”的，连小伙子也追不上呢。

爷爷退休已有两年了，他瘦瘦巴巴的，满脸都是鱼网纹。他头顶上的头发已经灰白了，好像戴着一顶小毡帽。爷爷笑起来时下巴颏儿会高高地翘起，因为嘴里没有几颗牙了，嘴唇深深地瘪了进去。

那是一位年过半百的老人，有着一张饱经风霜的脸，两只深陷的眼睛深邃而明亮，看上去很有神，头发也很整齐。

奶奶在我的印象中总是干干净净的，走到她身边总会闻到一股淡淡的皂香。她的头发总是梳得很整齐，没有一丝乱发。

老奶奶躬着腰，手里拄着根拐杖，步履蹒跚地走着。她满脸皱纹，很容易让人看出来她是个饱经风霜的老人。

外公是一位年过六旬的白发老人。在他那高高的鼻梁上架着一副老花镜，堆满皱纹的脸上总是挂着慈祥的微笑。

外公坚毅的身影便如指路明灯一般，指引我寻到正确的方向，他对我的教导也激励我不骄不躁，勇攀高峰。

姥姥满头银发，如灯的眼睛总是那么炯炯有神。时光无情，在姥姥清秀的脸上留下了很多皱纹，虽然已经年过花甲，但是并不妨碍姥姥用她那灵巧的手去做各种高难度的针线活。

外婆已七十多岁了，一头银白发丝中只有几根黑色的头发，皱纹布满了她的整张脸，但乌黑的眼睛却格外有神。

02 描写食物

描写食物以描述食物的外观、气味、口感、食材和制作方法等为主要内容，旨在传达食物的味道、特点和文化内涵，让读者在阅读时感官愉悦。在描写食物时，不仅要关注其味道和口感，还需要注意介绍食物的文化背景、历史渊源以及形象和结构等方面的细节，使读者对该食物有更全面、深入的认识。因此，描写食物需要注重表象和内在的结合，让读者在感受美食的同时，也能够对其有更深刻的理解和认识。

通过描写食物，能让读者更好地感受到食物的魅力。具体来说，描写食物时需要注意以下几点。

用“四感”描写

在开始写作前，须仔细观察食物的颜色、形状、质地、气味等特点，更要好好感受食物的口感和味道，这是食物描写中非常重要的一点。在仔细观察和品味后，则可以对食物进行适当的评价，但要避免过分渲染或贬低，保持客观中立的态度。

基于上述认知，便可运用“四感”来描写食物了，即描写视觉上的颜色、形状，嗅觉上的气味，味觉上的味道以及触觉上的质感等。通过“四感”的描写，可以让读者全方位地、真实地感受到食物的魅力。

挖掘内涵

在描写食物时，要挖掘食物的内涵。例如，它的来源、文化背景、营养成分、与当地习俗之间的关联等相关信息，从而使读者能够更加深入地了解食物。

注意结构

要注意整篇文章的结构安排，将食物的特点和内涵有机地结合在一起，避免只是简单地描述食物的味道和口感。

用形象生动的语言

描写食物的语言要形象、生动、具体，可以通过运用形容词和修辞手法进行描写。例如，运用比喻手法进行描写，可以让读者更加生动地感受到食物的外观和味道，如“披了一件薄薄的金黄外衣的烤鸭”“像是黄金小棒子的薯条”等。这种比喻不仅可以使描写更加形象，还可以更好地激发读者的想象力。

注重细节

在描写食物时，细节描写是非常重要的，如描述食物的烹饪方式、食材的产地、配料的选择等。这些细节可以增加文章的丰富性和真实感，同时也可以更好地展现食物的特点和文化内涵。

好句好段好素材

我小心翼翼地端起碗，刚一坐下，就迫不及待地舀了一勺汤。当汤水流入口腔，与舌尖上的味觉细胞碰撞后，香味在那一瞬间迸发出来，细品是鸭子的肉香味，鲜美至极。咽下后，汤水慢慢沁入心脾，舌尖还残留着一点姜的辛辣与清浅的香气，回味无穷。

我最爱的美食，非饺子莫属，我享受着它在我舌尖上舞动的感觉。吃饺子就像跳舞一样，必须配合着旋律，如果心急想要一口气吃掉，它就会烫你的嘴，你也无法好好感受它的滋味；如果耐心品味，配合着它的脚步，那么，就能尽情地享受这优美的节奏——那嫩嫩的、滑滑的感觉油然而生，让我不忍心把美味多汁的饺子往肚里吞，只想让它在口中慢慢回味、细细品尝，嘴角也随之不自觉地微微上扬。

我轻轻地提起一个小笼包，蘸一点陈醋，小心翼翼地咬了一小口，汁水马上顺着小笼包的皮流了下来，我狠狠地吮吸了一口，真是鲜美啊！我满意地咂咂嘴，细细品味之后，又狼吞虎咽地吃了好几个。

我拿着糖葫芦走出人群，迫不及待地撕开外面的一层油纸，糖葫芦红彤彤的脸蛋顿时露了出来，甜丝丝的香味儿也随之扑鼻而来。我忍不住咬了一口，甜津津的，甜中还带有一丝山楂的酸味，真是令人回味无穷。

烧麦里碧绿的韭菜，透过蒸熟后薄如纸的面皮，犹如翡翠一般。轻轻地咬上一口，皮就破了，吃到里面由虾仁、韭菜和鸡蛋制成的馅，爽口清润。吃下去后嘴里还充满虾仁的香味，真可谓齿颊留香。

小笼汤包不仅看相好，味道也很不错呢。俗话说得好：“轻轻移，慢慢提，先开窗，后喝汤。”不过我可管不了那么多，望着那么美味的小笼汤包，我的口水早就“飞流直下三千尺”了。我顾不得什么淑女形象，抓起汤包就往嘴里塞。

白白嫩嫩的小笼汤包饱满、润泽，看起来就很好吃。瞧，那皮儿是多么的娇嫩呀，好像胖娃娃肥嘟嘟的小脸蛋儿，轻轻一捏就破了。透过外皮，你能清清楚楚地看到里面那金黄的汤汁。

我迫不及待地跑到餐桌旁，用手抓起热腾腾的炸醋肉，都顾不上它的表面还沾着油。炸醋肉那酥焦的外皮上撒着黑胡椒粉，慢慢放入嘴中，先咬破酥脆的皮，接着是嫩滑的肉，顿时一股热气从肉中涌出来，带着肉汁，一块肉下肚，使我全身都热起来了。吃下一块香气四溢的炸醋肉，嘴里还仍有余味。

蒸了差不多40分钟，香喷喷的馒头出炉了，热气腾腾的，犹如一个个胖娃娃。我忍不住抓起一个就咬，松松软软，香香甜甜，舌尖美食独它也！

碗中汤汁浓白味鲜，烩面莹润如百合片，滋味浓厚的大块羊肉放在中间，碗周漂浮着翠绿的香菜和嫩葱。面滑筋韧，而那些躲在汤下的豆腐丝、粉条和白嫩嫩的鹌鹑蛋也纷纷冒出了头。这么丰富的食材，闪着诱人的光，真令人垂涎三尺。

我越看越饿，迫不及待地在皮上咬一个小洞，把嘴凑上去，吸上一口，那汁水便涌入我的口中。我嘴里顿时感到油汪汪的，甜滋滋的汁水在嘴里左翻右滚，让人不忍心咽下肚，只想让那美味在口中久久停留。

金灿灿的鸡蛋、脆生生的干炸菜、胖胖的火腿肠，再把那红亮亮的麻辣酱一涂，用白色的皮子一包——啊，多香的煎饼啊！

初游唐安饭薏米，炊成不减雕胡美。大如芡实白如玉，滑欲流匙香满屋。——陆游《薏苡》

个中渴羌饱汤饼，鸡苏胡麻煮同吃。——黄庭坚《奉谢刘景文送团茶》

鲈肥菰脆调羹美，荞熟油新作饼香。——陆游《初冬绝句》

青青竹笋迎船出，日日江鱼入馔来。——杜甫《送王十五判官扶侍还黔中》

03 描写动物

动物是自然界中的重要组成部分。描写动物可以帮助我们更好地了解它们的行为习惯，同时也能够增加我们的写作技巧。积累描写动物的素材也是学习科学知识的重要途径。通过观察和描写动物，还可以让我们对动物有更加深入的了解，从而更好地理解生物学等学科的知识。

描写动物需要运用生动的语言来进行形象的描述，从而使读者能够深入感受到动物的魅力。具体来说，对动物进行描写时，需要注意以下几点。

观察仔细

在描写动物时，首先要观察动物的外貌特征、行为、生活习惯等，可以通过实地考察、观察图片和影视资料等方式来收集资料。

了解基本知识

在描写动物时，要有一定的基本知识，包括动物的分类、习性等方面的知识，可以通过查阅资料、学习课本知识等方式获取。

注意语言表达

在描写动物时，要用准确、生动、形象的语言表达。通过比喻、拟人等修辞手法，让读者对动物的特点和形象有更深刻的了解。

注意细节描述

在描写动物时，要注重细节描述。例如，毛发的颜色、纹理，动物的眼神、表情、动作等，让读者更加深入地了解动物。

注意态度

在描写动物时，要保持尊重、客观的态度，不要片面地渲染其残忍或凶猛的一面。描写动物要注意不夸张、不虚构，尽量做到真实客观。同时，不要将人类的价值观强加于动物身上，要尊重它们独特的行为习性。

注意文化背景

在描写动物时，要考虑其文化背景和地域特色，不同文化对待动物的态度和看法也不同，要有所了解并适当体现。

注意生态环境

在描写动物时，要注意它们所处的生态环境，包括生活环境、生存状态等，这些方面会影响动物的特点和行为。同时，也可以适当探讨人类对动物生态环境的影响。

好句好段好素材

金丝猴全身金黄色，背毛很长，宛如肩披一件金黄色的蓑衣，鼻子向前翘着。它的爪子很尖，有一根长长的尾巴。它在阳光的照耀下显得亮闪闪、金灿灿的。

白头长尾猴的头发全是白色的，毛茸茸的脑瓜好似一个八九十岁的老太婆。它的面孔小巧玲珑，机灵的两只小眼睛老爱“骨碌骨碌”地转，脸腮粉红，活像《西游记》里的齐天大圣孙悟空。

顽皮的猴子们在追逐、嬉闹。一只红脸的老猴捧着游人扔给它的香蕉，吃得津津有味。一只小猴子看见了，连忙跳过去。老猴可小气啦，向下一蹦，跳得远远的，一口就把半个香蕉吞了下去，然后朝那小猴子挤眉弄眼，还得意地在铁链条上走了两回“钢丝”呢！

鹦鹉圆圆的小脑袋上有两只乌黑发亮的眼睛，圆溜溜的，不停地眨呀眨，眼周围白色的羽毛使它看起来像是戴了一副白色的眼镜，显得格外精神。

那条长毛小狗，黄里带点红，浑身像涂了一层油一样，亮晶晶又光闪闪的。它的胸毛雪白，脖子上套个黑色的皮圈，确实很神气。

这是一只可爱的小狗。它全身油亮，一对小耳朵软软地耷拉着，四条小腿又粗又短，那条撅着的小黑尾巴还直摇晃。

这只小狗长着一对发亮的眼睛和两只小小的耳朵，特别是那一身灰褐色的绒毛，非常引人注目。它胖胖的，跳起来时小尾巴向上蜷曲着，全身绒毛颤动，活像一头小狮子，多么可爱啊！

小白兔很可爱，胖乎乎的小白脸上镶嵌着一双红宝石似的眼睛，三瓣嘴上还长着小猫一样的胡子，特别是它总把那两只长长的大耳朵竖得直直的，显得十分神气。

这只小兔子毛茸茸的，远远望去像一团柔软的棉花，它那圆圆的脑袋上嵌着一对红宝石般晶莹的大眼睛，灵敏的鼻子下有一张“丫”

字形的三瓣嘴，可爱极了！

小白兔长着一身白色长毛，两只耳朵一会儿竖直，一会儿放平，红红的眼睛又圆又亮，好像两颗红宝石。它的前腿短，后腿长，善于奔跑跳跃。小白兔的胆子特别小，稍有点声音就缩成一团，准备逃跑，直到声音没有了，才恢复常态。一次我喂它们，无意中吹起了口哨，它们立即扔下食物，飞快地蹿回窝里，半天才露出头来。

只见老虎昂着头，张开大嘴，打了个哈欠，然后吐出了一条血红的舌头，舔了舔尖刀般的牙齿，翘了翘钢针似的白胡须，全身抖了两抖，便迈开大步，雄赳赳地向前走。

这只波斯猫圆圆的脑袋上竖着一对小耳朵。它有一对天生的鸳鸯眼，一只蓝，一只黄，似两颗晶莹的宝石，闪闪发光。它那微红的鼻子下有一张“人”字形小嘴，棕色的胡须又硬又长，向两边伸展着。

小猫有一对透亮灵活的大眼睛，黑黑的瞳仁还会发生变化：早晨像枣核，中午就成了一条细线，夜里却变成两只灯泡，圆溜溜的，两颗眼珠还闪闪发光。

它有一身洁白如玉且柔软的毛，一张小巧玲珑的嘴巴，一对犹如黑宝石般的眼睛和钩子似的爪子，是的，它就是我的动物朋友，一只机灵敏捷的小仓鼠。

这只奇异的蝴蝶，远远看去像倒挂在树上的一片枯叶。可要是你伸手去摘那片树叶，却发现它飞了起来。

蝴蝶的嘴巴也很别致，样子像钟表的发条一样，平时卷着，要用时才伸直插进花心里，去吸里面的蜜汁。

在我家门口的墙角下有一窝蚂蚁。它们长得可有意思了，头和屁股大大的，腰却很细，两边各伸出三条腿，头上还有一对触角和“大夹子”——嘴。

毛茸茸的身子，小小的身躯，八只脚也是毛茸茸、黑糊糊的，看着十分吓人。它是什么？对了，它是蜘蛛。

蜻蜓的整个身躯细长，柔美又轻盈。它的脑袋圆圆的，上面长着一双突出的、绿宝石似的大眼睛和一张铁钳似的嘴巴，紧挨着脑袋的是它的身子。

小蜜蜂迅速地扇动着它的翅膀，转动眼睛，快乐地张合着它的口器，挥舞着它的六只小腿。不一会儿，它们的小腿上全都穿上了由花粉织成的金色袜子。

一峰峰骆驼，在大漠孤烟中慢慢移动着身子，像小舟在大海里航行，乘着风，迎着浪。骆驼的眼睫毛是双重的，当风起沙扬的时候，双重的眼睫毛像卫士似的，将沙挡住，不使它进眼里。

04 描写植物

植物是地球上最重要的生物种类之一，是生态系统中必不可少的组成部分，在人们的生活中也起着重要作用，如食品、药物、建材、燃料等物品的制作都离不开植物这一原材料。通过描写植物，可以让人们更好地了解植物的生态和其中蕴含的文化意义，促进人类与自然的和谐共处。同时，描写植物也是一种艺术创作，可以通过形象的描述和生动的语言表达，展现植物的特点，让读者感受到大自然的神奇魅力。

描写植物的素材可以来自对现实中植物的观察，或者是通过查阅书籍资料等方式获取。通过积累描写植物的素材，可以丰富自己的想象力，提升表达能力，帮助自己更好地进行写作，让读者更好地感受到植物的美妙之处。

描写植物可以通过准确而生动的文字，让读者感受到植物的特点和魅力。描写植物时，需要注意以下几点。

观察细致

在描写植物前，需要仔细观察植物的外观特征和生长环境，充当写作素材。细致的观察可以帮助我们更好地认识植物的特征和开展写作。在描写植物时，要注重对细节的描述，例如植物的颜色、纹理、花瓣的层数、叶子的形态等，这样有助于我们将植物描写得栩栩如生。

了解基本知识

在描写植物时，需要了解植物的生长习性、生态环境等知识，这些可以通过查阅植物学相关书籍资料来获取。

用形象生动的语言

描写植物需要用形象生动的语言。通过比喻、拟人等修辞手法，让读者深切感受到植物的特点。

注意描写角度

描写植物可以从不同的角度入手。除了植物的外形，我们还可以对植物的生长环境、生命特征、药用价值、文化内涵等方面进行描写，让读者更加全面地了解植物。

态度客观准确

在描写植物时，要保持客观、准确的态度，不要片面渲染或贬低植物，尊重植物的生命和自然规律。

注意选择体裁

描写植物的形式多种多样，我们还可以通过散文、诗歌、小说等不同的文学体裁来描写。选择适合的文学体裁，能准确地表达我们的写作情感。

传达情感

在描写植物时，我们可以在其中融入一定的情感，但依然要注意保持尊重、客观的态度。

好句好段好素材

含羞草像一个害羞的姑娘，只要在它的叶片上轻轻一碰，它就合拢起来，枝条也跟着低垂下去，好像不敢见人似的。

到秋天，深红的柿子挂在枝头，像一团火焰，让你惊叹。几行衰柳如乱发般地垂挂着，脱光了叶子的枝条在秋风里摇荡。落尽了叶子的杨树、榆树、槐树，向灰沉沉的苍穹伸张着枝杈。

那斑驳的树影清晰地投在小路上，好似一幅幅浓淡相宜的剪纸画。那密密实实、郁郁葱葱的叶子下，一嘟噜一嘟噜的葡萄挂满了架，有的紫红色，有的青绿色，像玛瑙，似翡翠。

那石榴个个都长得裂开了缝，露出像牙齿似的石榴籽，顶端几片叶子全拢在一起，像蝴蝶结似的，使石榴更加美丽。

柳梢有气无力地低垂着，仿佛要钻进地皮，躲开酷热的太阳。瞧，那边飘然落下了一片片树叶，那落叶有着夕阳般的金色，还夹杂着淡淡的橘红，仿佛夕阳的余辉，染红了整个小树林。

那粉红色的、含羞欲放的花蕾，像是一个可爱的小精灵，在树枝上欢快地跳跃，美丽而令人企盼。我仿佛看见那含羞的花蕾已经渐渐绽开，一片一片都分离了，慢慢地，“兄弟姐妹”们都有了自己的身体，不用再紧紧相连。

春天，红得如火的木棉花，粉得如霞的芍药花，白得如玉的玉兰花竞相开放。它们有的花蕾满枝，有的含苞初绽，有的昂首怒放。一阵阵沁人心肺的花香引来了许许多多的小蜜蜂，嗡嗡嗡地边歌边舞。

两片绿油油的大桑叶亭亭玉立，像是两个美丽的姑娘笔直地站在那里，为娇小的椭圆形叶子遮太阳呢！每当浇完水的时候，水珠就落在了叶子上，就像珍珠落在玉盘里，真是美不胜收。

一阵风吹过，树叶沙沙地响着，飘下几片彩蝶似的红叶，在空中曼妙飞舞。

迎春花像用薄金做成的精巧小喇叭，一朵朵开着，一直开到枝的尽头。

水仙花的根是一根根像空心管似的白须，真像老爷爷的一簇胡须。

早晨，太阳一露出笑脸，太阳花就兴冲冲地开放了。一朵叫醒一朵，一朵挤着一朵，你不让我，我不让你，蓬蓬勃勃地开满枝头。

这棵大榕树的气根从两丈多高的树干上垂下来，扎到地下，三五十根粗细不等，简直就像一架巨大的竖琴。

桃树的叶子还睡着，粉嫩粉嫩的花苞已悄悄缀满了枝头；柳树那长长柔柔的枝条在春风里轻轻起舞，舞着舞着，绿绿的小芽也偷偷探出头来接受春风的抚摸。小河里的水解了冻，哗哗地唱着歌儿，向前欢快地跑着。这快乐的情绪，似乎感染了河边的小草，小草纷纷绿了起来，像泼上了绿色的颜料，从河边晕染着，到了田野，到了山上。

春天，山楂树上开满了美丽、洁白而又明媚的小花，在绿色叶子的衬托下，显得格外美丽娇艳。

文竹的每根细茎上长的不是一片一片的叶子，而是许许多多纤细的小刺，就像一根根绒乎乎的兔毛，只不过它不像兔毛那样洁白，而是苍翠碧绿的。

小青松盘根错节，一部分深入泥土，一部分露在上面，像一件人工雕砌的艺术品。它的枝条千姿百态，有的挺拔直立，像一位倔强的小男孩；有的曲折蜿蜒，像一位腼腆的小姑娘；有的枝条已脱皮，那便像一位老态龙钟的老人了。

金绣球的花是黄色的，花瓣紧紧地抱在一起，好似一张张孩子的笑脸，用好奇的大眼睛四处张望；有些还是一个小花蕊，正躲在绿色的大伞下面乘凉，好像害羞的小姑娘，不敢露出那圆圆的小脑袋。至于它的香气嘛，清醇浓郁。那一团团的香气真让人心醉。

05 描写物品

在文学作品中，物品的描写也是表达氛围、情感和思想的手段之一。描写物品能够使读者更加深入地体验故事中所描绘的世界，其重要性不可忽视。

在写作中描写物品是非常重要的，通过描写物品的形状、颜色、质地、气味等细节，可以让故事场景更加真实而细腻，增加故事的可信度和吸引力。

描写物品需要细致入微的观察和表达，而积累物品写作素材可以帮助我们更好地进行描写。这些素材可以来自实际生活中的观察，也可以通过查阅书籍、图片、文章等方式获取。

描写物品需要准确、具体、生动、有感染力的文字，让读者感受到物品的独特之处，同时也反映出作者对事物的认知和情感。具体来说，在描写物品时，需要注意以下几点。

观察细节

注意物品的形状、大小、颜色、质感等方面的细节，多多观察物品，以便更准确地描写它。

刻画特点

物品都有自己的特点，需要通过文字将其表达出来。例如，一个古董花瓶可能有着独特的花纹和色彩，需要将这些特点具体地描述出来。

使用比喻和拟人手法

适当使用比喻和拟人手法可以让描写更加生动而富有感染力。例如，一把锈迹斑斑的铁锤可以形容成“身经百战的将军”。

避免千篇一律

尽量避免使用千篇一律的描述方式，例如“形状奇特”“色彩艳丽”等，要用更具体的词和生动的语言来表达物品的特点。

意境与情感

在描写物品时，可以对一定意境和情感进行表述，以此来表达自己的感受。例如，描写一双破旧的拖鞋时，可以将其与生活中的细节联系起来，表达出对生活的理解和感悟。

好句好段好素材

我的台灯是妈妈送给我的礼物。它外形美观，灯光柔和，一到晚上，就像好朋友似的，和我一起看书学习。

每当我有零钱的时候，就往小黄狗储蓄罐的肚子里塞。日子一天天过去，小黄狗被喂得饱饱的，拿起来沉甸甸的，我更加喜欢它了。

我的小闹钟有着浅蓝色的外壳、银白色的支架，圆形的钟盘上罩着一块透明的玻璃，造型美观而精巧。

洗衣机身穿淡绿色的“外套”，矮墩墩、胖乎乎的。一张白净的"脸"上有两个大旋钮，像一对神奇的大眼睛；两个琴键式的开关像两只大耳朵；还有一根乳白的橡皮排水管，像一条长尾巴，真惹人喜爱！

你看，在它圆圆的表盘上，时针、分针、秒针都自觉地围绕着表盘中心转动，没有谁想脱离轴心。三根针像三个兄弟，老三腿脚最快，它匆匆转动一圈，老二才走一个小格，老二辛辛苦苦转动一圈，老大才移动一大格。它们之间，到底是谁带动谁，谁最辛苦，没有谁去计较，反正为了工作，它们团结互助，毫无怨言。

小牙刷的"头上"长着密密麻麻的"白发"，整齐得像是一排排士兵。它的"脖子"细细的，"肚子"胖胖的，整天站在牙刷杯里，等候我的调遣。

这艘登陆船是用废旧泡沫制成的，舰台指挥塔有两层，塔顶有瞭望台，上面飘着国旗。

你看，在操作表演台上有一个爬得正高兴的玩具娃娃，它一听到哨子声响就马上停步，转动着脑袋，眨着小眼睛，朝哨子声响的方向爬去，动作可真灵巧、逗人呢！

这只用铝合金材料制成的风铃，是我参加学校科技竞赛得到的奖品。铃头是两只一模一样的大蝴蝶，它们头碰着头，肚对着肚，形成一个三角的空间，那情形就像相遇在花丛中的一对老朋友在谈心。

我有一支小钢笔，它头戴金黄的帽子，身穿红艳艳的外衣，尖尖的小嘴常流“口水”，能写会算，对我的帮助可大啦！

我有一个小小的兔形卷笔刀。“小兔”的全身雪白雪白的，头上两只耳朵竖得很高，一对殷红的眼睛像两颗晶莹的宝石，可爱极了！

毛笔筒的形状是圆锥形，橘黄色的外皮上涂了一层油漆，上面画了一幅美丽的山水画，画中有两只丹顶鹤挺立在高山流水之旁，高雅不俗，令人爱不释手。

我看书时总喜欢用这个书签。它是用普通纸壳做成的，已经很旧了。它的表面并没有华丽的烫金图案，正面用钢笔写着“勤能补拙”，反面写着“欣赏自己脚印的人，只能在原地转圈子”。

这个式样新颖的小闹钟，造型十分别致：一个活泼可爱的小毛猴，双手抱着一只大蜜桃，而那蜜桃里面就是一个圆圆的小闹钟。小毛猴尾巴翘在小闹钟上，只要闹钟一响，小毛猴的尾巴就跟着一摇一摆的，十分有趣！

伞布是尼龙绸做的，光滑极了，雨水滴在上边就会滚落下来，不像布伞那样会渗水。伞顶的花纹和别处不同，有杯口那么大，白底子衬着红绿纹路，像一朵美丽的鲜花。小伞三分之二的地方有红、蓝、绿三色线条交错在一起，看起来十分和谐。

伞的外围，一朵朵美丽的小花均匀地分成了两行。伞面上有着红色的花朵和绿绿的叶子，落在雪白的底子上，明净大方；伞的边缘是红色的，就像大公鸡的红鸡冠那样，透明的伞把则像一个小问号，下边还吊着一个乳白色的小球。

音乐盒上端是一个嵌着珍珠的粉红色皇冠，还有一条金色的链子围在皇冠周围。而下面就是我特别喜欢的水晶球了，水晶球非常梦幻，整个球体晶莹剔透，从外面往里看，里面的东西简直纤毫毕现。

透明的水晶球内飘着亮晶晶的亮片，好像下着晶莹的雪花。水晶球内闪着五彩斑斓的灯光，连亮片的颜色都变得十分梦幻。

这支笔通体透明，展现着自己内部精巧的按动机关。它的尾部是一个浅灰色的按钮，每一次按动都会发出清脆的响声，告诉人们它要工作了。

我的电话手表看起来非常精致，它是由一块方形的深蓝色表盘和两条淡蓝色的橡胶表带组成的。正所谓麻雀虽小五脏俱全，别看这手表只有小小的一块，它的功能却非常丰富。

我捧着这个精致的小蝴蝶笔筒，别提多开心了。凑近细看，那蝴蝶的翅膀是淡紫色的，在灯光的照耀下闪烁着淡淡的珠光，条纹清晰，漂亮极了。

写人状物的范文

我的“吃货”朋友

认识我的人都知道，我有一个形影不离的“吃货”朋友——大明。

大明身高不高，却比三个我还要壮实！他有着一头稍卷的短发，扁平的鼻子下是一张时常塞满了各种各样零食的嘴巴。咦，他的嘴角什么时候长出了一颗痣？哦！原来是他吃饭时刚落下的葱花……正是这些特征，组成了独一无二的他。今天就由我来好好介绍我这个“吃货”朋友！

在开学时，老师就定下了一个规矩：不允许在教室里吃东西。可大明这个“贪吃虫”又怎么能忍受得了如此“严格”的规定呢？于是，他想出了一个绝妙的计划，那便是将零食藏在衣袖里，偷偷带入教室。“叮铃铃……”上课了，我正聚精会神地听着老师的讲解，突然，一股草莓香从大明的方向飘来，我好奇地扭过头，没错，他正享受着美食的“熏陶”呢！只见大明正低着头，嘴巴一鼓一鼓的，小心地咀嚼着一包草莓味曲奇。他的眼睛微眯，完全沉浸在了曲奇的美味中，全然不知老师已经走到了他的身后。老师拍拍他的肩膀，这时，大明才从美食的世界中抽离出来。“咳咳，咳咳……”大明赶忙将手里的半包曲奇塞进了桌肚，可“为时已晚”。“下课给我交一份一千字的检讨！”老师的话音刚落，大明就哭丧着脸瘫倒在书桌上，同学们也哄堂大笑起来。

虽然大明很爱吃，可他却毫不吝啬分享美味。记得有一次，他的妈妈从香港给他带回来一盒名贵的巧克力。刚拿到手，他就带着巧克力呼哧呼哧地跑到了我家门口。“小子，快来尝尝我的巧克力！”一听这动静，我就知道门外的人一定是大明！我赶忙拉开大门，他抱着巧克力迎了上来，脸上洋溢着兴奋的笑容。这一刻，我为有这么一个好朋友而感到十分的幸福。

大明是个名副其实的吃货，也是我生活中最特别的存在。这一份珍贵的友谊，我会一直珍惜并铭记在心！

我的老师

我的班主任孙老师是我最敬佩的人。曾经我十分畏惧她，但现在我已经明白了她的良苦用心。

孙老师个子不高，她高高的鼻梁上架着一副眼镜，长长的卷发如波浪一般披在肩上，大大的眼睛里透露出严厉的目光。她刚刚接管我们班时，我们班的纪律还不太好，但只要她出现在教室门口，用她凌厉的眼神扫视教室一圈，刚刚还喧哗的教室立马就鸦雀无声了。在她的课上，同学们也不敢开小差，她一说好记性不如烂笔头，那一颗颗仰着听课的小脑袋就像被触碰的含羞草般立刻低下来了，刷刷地开始记笔记。自从孙老师接管我们班后，我们班不仅纪律变好了，大家的语文成绩也提高了。

这天的自习课，孙老师忽然把我叫上讲台，指着我作文中的一个字问道：“‘融洽’的‘洽’到底是两点水还是三点水？”我支支吾吾说不出口，因为我也不会写，所以自作聪明地将三点水的第三个点写得很淡，没想到老师一眼看穿了我的小心思，她严肃地对我说：“是不是没认真写？这不是你的水平，重写一份吧。”说完她低下头继续批改手中的作文。回到座位上，翻开作文本，看着她大段的评语，我心中更加羞愧，暗暗告诫自己，这次一定要认真完成。

后来，我将写好的作文送到老师办公室，孙老师看完后，看着我的眼睛说："这才是你的水平。用心点，老师看好你哦！"我坚定地点了点头，并在心中暗暗发誓，一定要认真学习，不辜负孙老师对我的期望。

孙老师是我最爱的老师，常常会有毕业的同学回母校看望她。希望我也能考到一所好的中学，让老师为我骄傲。

妈妈的笑容

在我的生命中，有这样一个人——一双明亮的眼睛透露出聪慧和关怀，展示着她的温柔和体贴；一道道皱纹记录着岁月的痕迹，展示着她的智慧和成熟。她的笑容宛如春日的花朵，美丽而温柔。每当看到她的笑容，总能让我感受到温暖和安心。

在我情绪低落时，她的笑容鼓励了我。一次，我的默写作业完成得不是很理想，因此受到了老师的批评。当我耷拉着头回到家，妈妈看到后赶紧来到我的身边，拉着我的手，面带微笑地轻声问道："怎么啦，宝贝？""我的默写总是不理想，我觉得自己很失败。"我沮丧地说。这时，妈妈一把把我揽在怀里，用手轻轻地抚摸着我的头，说："宝贝，不要轻易否定自己。你平时学习很认真，你要看到自己的优势。默写作业完成得不理想，我们一起来找找原因，下次做得更好就可以啦。"看着妈妈坚定的神情，我的心情也恢复了平静。

在我懵懂无知时，她的笑容指引着我。还记得我小学五年级的时候，班级组织为贫困山区的孩子捐款捐物，我看着房间里心爱的衣服和书籍，舍不得放弃。她走进我的房间，为我讲起山区故事，说到动情处，她眉头紧皱，脸上写满了严肃和认真。讲完故事，她又露出了那个熟悉的笑容，说道："一件衣服，一个玩具，却是他们整整一年的快乐，我们要有同理心！"于是，我精心挑选了许多衣服和玩具，第二天捐献的时候我想着小朋友们收到礼物时开心的笑容，我也笑了起来。

当我跌倒受伤时，她的笑容抚慰我。儿时总有磕磕碰碰，是她把我抱在怀里，对哇哇大哭的我露出了温柔的笑容，又拍拍我沾满尘土的衣服，鼓励我重新前进……

她，就是我的妈妈。妈妈的笑容驱散了我心底的所有阴霾，让我看到明媚的阳光；妈妈的笑容让我变得更加善良，成为一个更好的人；妈妈的笑容使跌倒的我获得勇气，继续奔向更加美好的未来！

我家的小狗——小米

我有一位形影不离的好朋友，它就是我家的小狗——小米。

小米的样貌俊俏，妈妈说："咱家小米可是十里八乡的小美狗。"我对此十分认同。它那一身纯白的毛色就像穿了一件白色的毛衣，衬得它可爱又温柔。它的眼睛黑而有神，像两个宝石。俊俏的外表使小米走到哪里都会吸引路人的目光。

爸爸这样评价小米："小米是个'吃货大王'，不得不服！"为什么这么说呢？这还得从一件事说起。一次，爸爸带小米去叔叔家。刚到门口，它像是嗅到了什么珍馐美味，拔腿就跑到了厨房门口，激动地在厨房门口上蹿下跳，好像在说："我要吃，我要吃！"婶婶见状，赶紧递给小米一块骨头，它连忙用两只前腿紧紧地抱住骨头，生怕下一秒骨头就溜走了。只见它眯着眼睛左啃啃右舔舔，嘴里时不时发出

“吸溜”的声音，那滑稽的动作惹得大家开怀大笑。很快，小米就吃完了这块骨头，可它还不满足，露出了可怜巴巴的表情，婶婶只好再给了它一块，谁知不一会儿又被它吃光了，就这样，排骨一块又一块地进了小米的肚子，“吃货大王”的称号也就这样坐实了。

小米还非常爱捉迷藏。还记得我和小米第一次玩捉迷藏，那情景真是有趣极了。游戏一开始，它就展现出了聪明才智，用“噔噔噔”的跑步声迷惑我，我无奈又轻蔑地说：“好你个小米，就这点小伎俩，看我不马上把你找出来！”谁知，我失算了，我翻遍了家里所有的橱柜、纸箱，都没有见到它的身影。一个小时后，小米见我一直找不到它，终于大摇大摆地从我的书包里跳出来。它看到我焦急的样子，似乎忍不住幸灾乐祸起来，四只小脚在屋里到处蹦，仿佛在说：“嘿嘿，还是我厉害！”

这就是我家俏皮又漂亮的小狗，听了我的描述，你有没有喜欢上它呢？

冬日里的冰糖葫芦

在北方的冬天里，最不可少的零食就是冰糖葫芦。多少北方人的冬日童年记忆都是被那一串串红彤彤、甜滋滋的冰糖葫芦填满。“糖葫芦儿，冰糖儿多哩呦”，在一声声的吆喝声中，北方的冬天拉开了序幕。

小时候，年幼的我总是拉着妈妈往吆喝声的源头走。那一支支穿满晶莹剔透的红果的小棒被一圈圈地、整齐地插在稻草秸捆扎成的草靶上，然后微微探出街头，诱惑着来往的行人。而我也每每经受不住冰糖葫芦的诱惑，摇晃着妈妈的手，想要得到一根美味的糖葫芦。

等冰糖葫芦拿在手上，我总忍不住端详一番，焦糖色的外壳在阳光下晶莹剔透，在小小的巷子里闪闪发光。红红的、圆滚滚的山楂被包裹在冰糖外壳中，在光滑的小木棒上排队，还有零星散落着的几粒白芝麻为它们送上点缀。每一颗圆润饱满的山楂都像一颗上好的玛瑙一样，让人看着就心生欢喜。糖葫芦散发出的香气更是让人垂涎三尺，我忍不住一口咬上去，“咔嚓”一声，冰凉的酥脆糖衣裹挟着软糯的山楂，给齿间带来了美妙的口感，而山楂果的酸味与糖衣的甜味又完美相融，那般酸甜可口，让人忍不住再吃一个。等回过神来，一串糖葫芦就已经吃完了，真是让人回味无穷。

那一串串冰糖葫芦出现在冬天里的大街小巷，给萧瑟的冬天带来了一束束火红，给饱受寒冷的人们带来了一丝香甜。几个孩子人手一串糖葫芦，顶着红扑扑的脸蛋在巷子里打闹、大笑，卖糖葫芦的老爷爷举着草靶慈祥又欢喜地看着打闹的孩子们，一幅和谐温暖的画面让我至今难忘。

如今，糖葫芦不再是冬天的专属，草靶木棒已经被玻璃展柜所取代。卖糖葫芦的老爷爷推着小车慢慢远去，吆喝声也渐行渐远，逐渐消失在冬天的白雾中。而记忆中热闹的巷子、软糯酸甜的冰糖葫芦，也就这样在时间里被慢慢淡忘了。

栀子花开

盛夏的清晨，餐桌上摆放的那束栀子花如往常那样，散发出沁人心脾的芳香，驱散了我因为早起而产生的烦闷。像是被它吸引一般，我不自觉地朝前走去，看着那洁白的花瓣，记忆的阀门也被花香一点点撬开，儿时的点滴不由地在我脑海浮现。

儿时的我寄住在外婆家，外婆家院前有一排栀子树。每到夏天，原本落叶了的栀子便会重新长成最茂盛的模样，开出最洁白无暇的花。儿时的我是调皮的，无论是潺潺的小溪，抑或是茂密的山林，总会变成我潇洒肆意的天地。玩累了回家，院前总有外婆与栀子花一道等待着我的身影。儿时的记忆并不清晰，只有那一抹绿白相间的色彩和一位徐徐而行的老人，成为记忆中难以忘却的美丽。

再长大一些，我也终于成长为一个懂得驻足欣赏的小小少年。初夏的清晨，薄雾还未完全散去，为栀子蒙上一层朦胧的面纱，晶莹的露珠任意地挂在绽放的花瓣之上，带给栀子别样的可爱。温柔的阳光适时轻轻地洒过来，显得栀子的花、叶都格外的透亮。细细看那花，有的还是小小的、浅绿色的花苞，包裹得紧紧的，像是害羞的小姑娘，还没有准备好向世人展现她的美丽；而有的已经全绽开了，最外层的六片水滴状的花瓣开得最好，稳稳地拖住了层层错落的小瓣，中间那醒目的黄色花蕊旁，还包围着几根细条，那坚挺的模样好像士兵一样，默默守护着花芯，呵护着它的成长。我想，外婆给予我的关爱，也正是这样默默的守护吧！

如今，又到了栀子花开的季节，搬来城市里的我却只能买上一束栀子，来找寻记忆中的景象与味道。那束栀子花，不仅装饰了我的家，更承载着我记忆中最难忘的祖孙情谊。

我的闹钟

我房间的书柜上，摆放着一个精巧的闹钟。那个小闹钟陪伴我度过无数个清晨和夜晚，也给予我不竭的暖意。

小闹钟造型精巧：最上方两个大大的铜铃被镀上了一层耀眼的金色，就像是为闹钟装上了小熊的两只小耳朵；圆形的表盘周围均匀分布着标识了阿拉伯数字和罗马数字的12个时刻，表盘中央则画着一只造型精巧的九色鹿。特别的是，到了夜晚，闹钟上的数字便会显现出淡淡的荧光，美丽动人。每当清晨，架子上的小闹钟便会“叮铃铃”地响起来，好像在说：“小主人，时间是金，要珍惜时光啊！”那时，我便会揉揉自己惺忪的睡眼，从床上爬起来，迎接自己一天的生活。到了晚上，它会默默地陪伴着我，看我在灯下奋笔疾书，也带给我攻克难题的勇气。

这个闹钟是爷爷送给我的生日礼物。记得那天一打开包装盒，精致小巧的它便闪亮地出现在我的眼前。也是从那天起，我愈发地认识到珍惜时间的重要性。

以前每到周末，我便会肆无忌惮地睡到日上三竿才起床，美好的周末时光就这样因为我的懒惰白白流逝了。可有了闹钟之后，它清脆的铃响便会像小百灵鸟一样提醒我：要充分利用好每分每秒的时光。如今的每个周末，我会伴着清晨的微风，或是在小区的小广场上锻炼身体，或是去一家心仪已久的早餐店享受美味的早餐；回到家后，我会抓紧时间完成老师布置的各项作业，然后用剩余的时间来培养一些有意义的兴趣爱好。

这便是我爱不释手的闹钟，它陪伴和指引着我稳步前进，努力成长。

第二章

胸藏四季美景

写景是通过对山川河流、岛屿海滩、四季田园、太阳月亮、雨雪风霜等自然景观或历史遗迹、园林、建筑等人文景观的生动描写，来表达作者的情感和观点。好的景物描写可以让读者沉浸在文字中，身临其境地感受到情景的氛围。

同时，多多进行写景作文练习，也可以让我们更好地了解自然和社会环境，增强对生活的感悟和体验。通过观察并描写身边的景物，我们可以更好地理解和体会到自然的美丽和人文的魅力，同时也可以培养我们的环保意识和责任感。

01 景物的写作技巧和注意事项

通过写景作文，我们可以锻炼自己的观察、描述与想象能力，使自己的写作水平得到提升。

在进行景物描写时，我们要注重对细节的观察，多运用修辞手法，把握语言的节奏、抓住情感并注意文章整体结构，使文章更加生动且富有感染力。具体来说，写景作文需要注意以下写作技巧。

观察细节

在描写景物时，对细节的刻画可以使作品更加真实生动。作者需要仔细观察想要描写的景物，捕捉景物的色彩、光影等与众不同的细节并付诸笔端，以此更生动地表现景物的美丽。如通过描写花瓣的纹路与触感、风吹过树叶的声音、鸟儿的啼叫等，让读者切身感受到景物之美。

用语生动

在写作中，要运用生动形象的语言来描绘景物。例如用形容词以及比喻、拟人等修辞手法，使我们的写作内容更加丰富。我们可以将景物比作其他事物，或赋予景物人的行为和感情，让读者产生更深刻的印象，拥有更真切的阅读体验。例如，“太阳像一个红色的火球，缓缓地落下海面”是运用了比喻的手法来形容太阳的颜色和运动方式；“树枝在风中舞蹈，欢快地唱着自己的歌”是通过拟人的手法来描绘树枝在风中摇曳的姿态与风吹树叶的声音，赋予树枝生命力与音律美，增强了写作的感染力和艺术性。

注重语言的节奏

写景作文需要注重语言的节奏，这样可以使文章读起来更加流畅且朗朗上口，让读者在阅读时感受到一种韵律之美，从而更容易被吸引，沉浸在文章的氛围中。在写作中，我们可以运用排比、对偶等修辞手法来增强文章的韵律感，让读者在阅读时感到愉悦和轻松。此外，作者在运用语言时，也可以选用一些具有韵律感的词语、句式和段落结构，来增强文章语言的美感。

抓住感性情感

写景作文的目的不仅是简单地描写景物，更是通过对景物的描绘来传递作者的情感和思想。一切景语皆情语，因此在描写景物时，还要注重情感的表达。通过对景物赋予情感的描写，既可以让读者更深刻地感受到景物的美好和意义，还可以使读者更加深入地理解作者的内心世界，体会到作者对景物的感受，整篇文章也会更加丰富、深刻和有内涵。

注意整体结构

严密的整体结构对于作文来说非常重要。在描写过程中，按照时间、空间、主题等方面进行组织和呈现，能够使文章更加有条理，读者也能更好地理解和感受所描写的景物。同时，通过叙述一个小故事或者结合自己的经历和感受来展开描写，也能够让文章更加生动有趣，引起读者的共鸣。

02 描写名山大川的素材

好句好段好素材

黄山是一位清秀的女子，伫立在新安江畔。“绿杨烟外晓寒轻”，那随风飘拂的“绿丝绦”定是她轻柔的丝发。那么，“水是眼波横”的新安江水定是她清澈的明眸了。

两岸的山峰变化成各种有趣的姿态：有的像飘洒的仙女，有的像持杖的老翁，有的像献桃的猿猴，有的像脱缰的野马。

一座孤峰拔地而起，迎着阳光，俨然一位披挂着紫袍金带、威武不屈的将军。

夕阳西下时，山岭被艳丽的晚霞笼罩着，好似一片燃烧的火海。枫叶欲燃的香山以它特有的风光吸引了我。站在山脚下，往山上一望，嗬，一座座山头就像铺上了红色的地毯，又似一朵朵晚霞洒在了山腰之间，到处红艳艳的一片。

清晨，在淡青色的天空中，云雾笼罩着凤凰山，显得宁静而安详。凤凰山好似一位哲人，在洞察人世间的一切；又仿佛是一个酣睡的婴儿，做着甜甜的梦。

每至早晨和傍晚，眺望环山，别有一番大自然的风韵。早晨，千山初醒，在青青苍山中，乳白色的云纱飘游山腰，像仙女在轻轻起舞；傍晚，夕阳映照重峦，霞光倾泻万山，转眼间日暮西沉，晚照消退在黄昏降临的苍茫山野中，峰巅却聚着一片彩霞，经久不灭。

远远望去，雪山连绵起伏，山上云雾缭绕，有的雾笼罩在山顶，就像给山戴了一顶白色的羽绒帽；有的雾盘旋在山腰，就像给山系了一条银色的缎带。

忽见前方奇峰异峦在云雾中若隐若现，如仙女们秀颜上裹着轻纱，真是美极了。你看，那从山顶直泻而下的瀑布，好似神奇灿烂的银河一般。这景观真是达到了半似人间、半似仙苑的境界啊！太阳照在香炉峰上，雾霭经阳光透射呈现出一片紫色烟雾，笼罩着山峰，犹如人间仙境一般。这幅天然形成的“水墨画”比任何画都更富有诗情画意，别具一番风味。

冬日的庐山，其境其景、其情其韵堪称江南一绝。一场大雪，顿时使她成为一片浩瀚无垠的白色海洋。此时的庐山宛如一个充满灵气的虚静世界，明净淡雅如水晶，神清气朗如真空，韵味无穷。

露出云层的群山好似岛屿，一簇簇、一抹抹地悬浮着。眼前的山粗犷而冷峻，予人一种刚正不阿、力争上游的质朴美，似一幅凝重的画。

夏日的黄河美丽无比。黄河两岸绿树成荫，枝繁叶茂，垂柳倒映，水鸟飞翔。登上拦河大坝，举目远眺，河水浊浪排空，像母亲的血液输入平原儿女的条条“血管”，滋润着肥沃的河套平原。

我们来到了黄河边，这时的黄河正在退潮，我们趁着这大好时光，一起走进了河床。啊！好漂亮啊。这里的沙泥真稀，脚踩上去软软的、柔柔的，这种感觉真爽啊！泥沙在阳光的照射下，还不时地泛着金光，我抓起一把泥沙，仔细地观察这来自黄土高原的黄土，这时我想起了刘禹锡的诗句：“九曲黄河万里沙，浪淘风簸自天涯。”是啊，黄河千里迢迢，奔腾不息，却能在我们利津与渤海相汇，这也是我们利津的一大骄傲啊！

天门中断楚江开，碧水东流至此回。两岸青山相对出，孤帆一片日边来。——李白《望天门山》

横看成岭侧成峰，远近高低各不同。不识庐山真面目，只缘身在此山中。——苏轼《题西林壁》

03 描写江河湖海的素材

好句好段好素材

叮咚叮咚，清脆悦耳的河水声是那么柔美。那是大自然的旋律，是一首动听的歌。阳光下的河面波光粼粼，像有无数的小星星在闪烁，美丽极了。

这条河像嵌在绿色帐幔间的一根银弦，淙淙流淌着。水花欢快跳跃，滋润着萋萋芳草，催开了簇簇鲜花。

江面浪花跳跃，江水欢快地唱着歌儿。不时有几只白色的江鸥在浪尖上掠过。江面上的轮船满满地装着货物，发出轰轰声，在飞快地行驶，为辽阔的江面增添了不少生机。

江水汹涌着奔泻而来，如利箭离弦，如骏马脱缰，如猛虎出山，大声吼叫着直冲而去。

朝霞染红河水的时候，从淡淡的晨雾中驶来了一片片洁白的帆影。流光溢彩的河面上，仿佛绽开了一朵朵白莲花。

山脚下流淌着一条小河，河里正有几只鸭子在悠闲地游来游去。河面上荡着一片花瓣簇拥而成的“花船”，或许是因为上游有一片花树吧！河水清澈得可以看见河底的沙石，高天的流云也倒映在其中，一群群小鱼在河里、“云里”欢乐地遨游。

河水静悄悄地流淌着，闪动着粼粼水光，就好似闪动着的明亮的眼波，一齐凝视着秋天山野的秀色。

夏天，小河涨水了。火热的太阳照得小河波光鳞鳞，孩子们像泥鳅一样在河里穿梭往来。河面上溅起一朵朵水花，小河两岸的欢笑声传遍了山村的每个角落。

你看那湍急的流水，时而如狂奔的野马般一泻千里，时而又在峡壁和礁石间急速地迂回，发出声震峡谷的呐喊。

只是轻轻地一瞥，竟可以看到河面下的游鱼和细石的每一个细节：鱼儿的鳞片闪闪发亮，而石子的纹理精致而秀气。河面好似流动的玻璃，毫无瑕疵，干净而透澈，让人的心情也愉悦了起来。

瀑布飞快地冲下来，像一匹银缎，又如一条轻纱。风一吹，如烟似雾，水珠仿佛一朵朵白梅，微雨似地落着。

盈盈的湖水一直荡漾到脚边，又缓缓地退回去了，像慈母轻拍着将睡未睡的婴儿。

湖上泛着一片青烟似的薄雾，远望微山，只隐约辨出灰色的山影。

湖是静的，宛如明镜一般，清晰地倒映出蓝的天、白的云、红的花、绿的树。

湖水在枯草丛里微微低语，远处不时传来一两只小鸭的扑翅声，使月夜下的湖面更显得孤寂和冷清。

蒙蒙的雨丝像珠帘垂落在湖面，湖里欢快的鱼群随之翩然而动，追逐雨水漾起的波纹，溅起银珠似的浪花。

一泓湖水像小婴儿一般悠然自得地睡着。有时它从小睡中醒来，漾起涟漪，静静的湖水就像无数绚丽的星星那样令人着迷。

放眼望去，天苍苍，水茫茫，烟波浩瀚，水天一色，仿佛水在天上，天在水下，十分壮观。

湖中挺立着密密的荷叶，在荷丛中盛开着数不清的荷花，有白的，有粉红的，迎风摇曳，好似在炫耀它们无比姣美的面容。

海水就像天色一样蔚蓝、明净，锦缎似的闪着银色的光辉。就在这样陷入了沉睡般的平静海面上，远远望去，可见许多只挂着白帆的渔船随风荡漾。

一道残阳铺水中，半江瑟瑟半江红。——白居易《暮江吟》

山随平野尽，江入大荒流。——李白《渡荆门送别》

04 描写岛屿海滩的素材

好句好段好素材

海浪一波接着一波，有节奏地拍打着岸边的礁石，绽放出无数纷飞的水花。近处的浪花时不时涌上沙滩，撞击着礁石，发出阵阵欢呼声，好像在欢迎远客的到来。远处的海浪一个接一个，一排连一排，相互追逐着、奔腾着，煞是好看。

沙滩上站立着一排排椰子树，椰树下有舒服的沙发，树下还爬着三三两两的螃蟹。蓝蓝的海水与蓝色的天空交相辉映。海鸥在天际自由地飞翔，它的歌声打破了夏日的沉寂。

小岛被大树笼罩着，远远望去，像一个郁郁葱葱的绿草球。遍地都是花，“千朵万朵压枝低”。

我们从厦门码头出发，一路坐船环绕鼓浪屿。只见整座小岛被大海包围，岸边礁石形态各异。而海水一浪推着一浪地拍打着礁石，发出一阵又一阵的惊涛声，有时声如擂鼓，有时声如鸣沙。间或激起万丈水花，浪花一朵朵飞溅，相继开放，好似一片白浪花海。

岛上草青花盛，春夏季一片葱绿，且四周的海水是靛青的，还有两处砾石滩。小岛就这样静静地浮在海上，看着那靛青的海水不停地把一层层白浪推向石滩。

徜徉在金沙滩，碧波涌涌，人头攒动，眼前的景色无疑会让你沉浸在海的怀中，陶醉在物我两忘的境界里。即使弄一身沙子，一个浪头卷过来，沙子瞬间就被冲洗得无影无踪，整个人清清爽爽。

“哗！哗！”海浪拍打着礁石，溅起了几尺高的水花，洁白而晶莹。海浪涌到岸边，轻轻地抚摩着细软的沙滩，又恋恋不舍地退回，一次又一次地在沙滩下画出道道银边，像是给浩浩荡荡的大海镶上了闪闪发光的银框，使大海变得更加迷人美丽。

突然，海风向我们吹来，浪更大了。浪花时而跳跃，时而翻滚，时而奔腾。白色的海鸥在蔚蓝色的天空中展翅翱翔，忽上忽下；满载而归的渔船来来往往，似乎正在传达着收获的喜悦。

灿烂的阳光照在沙滩上，像铺了一地的金子。沙滩上有许许多多、各种各样的贝壳——有的像五角星，闪闪发光；有的像小海螺，诉说着大海的故事；有的像小扇子，扇来了大海的清风。

大海有时像一只咆哮的猛虎，汹涌澎湃，掀起阵阵狂澜，猛烈的海浪不时拍打着礁石，溅起一片片晶莹的浪珠；有时又像一个活泼俏皮的小孩，欢快地跳跃。

海又恢复了平静，仿佛在积蓄力量，准备发起下一轮的冲击。一排排的海浪仍在向海边涌来，但它们都温柔了许多，刚才还热闹非凡的海面一下就变得安静起来。

在阳光的照耀下，海面上波光鳞鳞，闪烁着五光十色的光环。极目远眺，可见影影绰绰的点点白色船只，或是迎风破浪，或是随波起伏。近处能看到颜色各异、大小不一的各种舰船，不知疲倦地穿梭于港口码头。此刻的大海最温柔、最美丽。

沙滩上还有许多大人和小孩。小孩们有的拿着小桶在捉螃蟹；有的挽起袖子，相互泼着海水打水战；有的拿着游泳圈，正准备游泳；有的正在那儿用沙子堆城堡。

小岛中间被一条蜿蜒的小溪分割。溪水缓缓流淌，清澈见底，卵石也是洁净如洗，一束束阳光将小溪照得粼光闪闪。小溪旁有很多小柳树，倒影映在溪面上，如美人照镜。

南海惊涛卷玉缸，北山野烧展红幢。——杨万里《晨炊叱驭驿，观海边野烧》

05 描写四季的素材

好句好段好素材

春天是生机勃勃的，春姑娘踏着轻盈的步子来了，一切就像刚醒来的样子。我慢慢地张开眼睛，一开门雨悄然而落，淅淅沥沥的，像在弹着一首美妙的乐曲，这是雨爷爷在给我们“洗脸”。花草也跟着雨的乐章苏醒了过来，蝴蝶、蜜蜂成群结队地在花草中飞舞。小孩子欢快地在草地上放着风筝，清脆的笑声是多么悦耳！

绵绵春雨把大地染绿了，软软春风把河水熨暖了。几场潇潇春雨后，山青了，水绿了，山下那一条汩汩流动的溪水，愈发湍急起来。

暖流融化了岩石上的冰层，滴下的第一颗细小的、晶莹的水珠向人们宣告着：春天又来到了。

初春是一个脚步轻巧的画家，当你察觉到它的到来时，它已经把每个角落都印上了色彩——桃花的粉红、迎春花的娇黄、梨花的雪白，当然更多的是青草的嫩绿。

阳春三月，春风送来凉丝丝、甜润润的气息，令人爽快而惬意。露水吻湿了片片绿叶，整个山林散发出如酒似蜜的清香。如期盛开的三月花，一团团，一簇簇，掩映在绿叶丛中。

春天的花儿是大自然的杰作，温婉轻柔地随风摇曳。那橘黄色的花瓣在清晨露水的洗礼下显得那么娇嫩多姿，仿佛剔透的水晶，一碰就碎。

春天的歌最欢快：暖风是指挥，草地是谱子，花儿是观众，鸟儿是领唱。当树枝开始摇摆，便知暖风开始指挥，青草最先映入眼帘，花儿开始呼唤，鸟儿随即争相歌唱。一曲曲乡村摇滚便自山中、林间、田野传遍四方。

夏天来了，窗外的树影日益浓重，渐渐变成一片树荫，密密实实地遮盖住院子里的小石桌。

夏天的田野艳阳高照，没有一丝风，就像蒸笼一样闷得人透不过气来。青青的秧苗无精打采地耷拉着脑袋，青蛙在田埂边"呱呱"地拼命叫喊，听了更加叫人心烦。泥鳅也热得在水沟里上下翻滚，吹着小泡。

八月的骄阳像张开的火伞。中午的天空亮得耀眼，好像一大张烧烫了的白色马口铁板。路边垂柳的细枝一动不动，树影缩成了一团，蒙着一层尘土的叶子都蔫蔫地打卷了。柏油路面也被晒得软软的，向远方望去，寂静的马路上，似乎有一片透明的蒸汽在升腾。

夏日的荷塘在经过了春季的孕育后，整个水面都已铺满了荷叶。它们有的挺出水面，如伞，如亭亭的舞女的裙；有的漂浮在水面上，如一轮圆盘，如一方罗帕。

初夏时节，各色的野花都开了，红的、紫的、粉的、黄的，像绣在一块绿色大地毯上的绚烂斑点；成群的蜜蜂在花丛中忙碌着，吸吮着花蕊，辛勤地飞来飞去。

夏日，天热得发了狂。太阳刚一出来，地上已像是着了火，一些似云非云、似雾非雾的灰气，低低地浮在空中，使人觉得烦闷。

树林间积着半尺深的枯叶，风一吹，便旋转着飞扬起来，又均匀地铺散下去，掩盖了那一条倾斜着盘旋至山顶的小径。

北国的秋野色调丰富多彩：这边一抹紫，那边一片黄，黄紫之间还点缀着翠绿。

秋天到了，天空蓝得透明，像一块蓝玻璃，上面还飘着雪一样白的云朵。在那白云下面，一长串大雁正排成“人”字形的队伍，轻快地往南飞去。

深秋的山坳里，空气凉爽而清新，浮动着一团淡淡的、半透明的雾，几声婉转的鸟鸣袅袅地从那雾中飘来。

深秋的天空像大海一样湛蓝，朵朵白云犹如扬帆起航的轻舟，慢悠悠地飘浮着。

秋天像一位年逾不惑的中年人，落尽繁华，丰稔而睿智；秋天像色彩之神，使大自然变得绚丽多彩；秋天像欢乐之神，为人们带来了丰收的喜悦。

秋天虽不像百花盛开的春天那样缤纷多彩，也不像绿树成荫的夏天处处充满生机，却以诱人的秋色和金黄的果实吸引着人们。

一层薄薄的白雪，像巨大又轻软的羊毛毯子，覆盖在这广袤的荒原上，闪着寒冷的银光。

花儿凋谢了，叶儿枯黄了，灰色的云笼罩了天空，森林似乎忧伤了起来。随后雪落了，属于冬天的白色毡子便盖住了大地。

天空灰蒙蒙的，好像风刮起的飞沙弥漫在空中，混混沌沌；一会儿清雪飘扬而起，雪花片片，银光闪烁，世界顿时明媚了起来。

冬日的大地白得耀眼，经常看见大朵大朵洁白的雪花自天上飘落，好像轻盈的少女在空中旋转起舞。

春天随着落花走了，夏天披着一身的绿叶在暖风里蹦跳着走来了。——刘易斯·卡罗尔《爱丽丝漫游奇境》

以鸟鸣春，以雷鸣夏，以虫鸣秋，以风鸣冬。——韩愈《送孟东野序》

天街小雨润如酥，草色遥看近却无。——韩愈《早春呈水部张十八员外》

06 描写日月的素材

好句好段好素材

一轮红艳欲滴的朝阳喷薄而出。最初它像一盏悬挂在空中的扁圆宫灯，顷刻间，成了高高升起的滚圆火轮，喷射出万道金幅，撑起绚丽的火伞，给万物罩上一层灿烂的光芒。

渐渐地，东方泛起了一波波红霞，而下面却黄得发亮。金色再加以上层渐变的红色，红黄相间，仿佛是作画时不小心将颜料打翻在宣纸上，再用妙笔随意挥洒几下。

太阳像挣脱了地平线的束缚，从清晨的雾气中露出了涨得通红的面颊。它像一个害羞的小姑娘，慢慢用手拨开美丽的面纱，悄悄地窥探着万物。

万道金光射穿玫瑰色的彩霞，给大海撒下一片碎金。光点随着微波漾动，像是金蛇起舞。

朝阳像巨大无比的橘红色火球，光芒喷薄而出，像火焰一般的鲜红，像钢水一般的夺目，像火炬一般的耀眼。

艳丽的初阳已被黛色的山峦托举起来，它尽着自己的力量，把光芒射向浩瀚的林海，云朵被照得像金色的船只，在天空中飘来荡去。

突然之间，墨蓝色的云雾里矗起一道细细的抛物线，如同沸腾的溶液一瞬间被泼向天空，然后像一支火箭一直向上冲，这就是光明的白昼自夜空中迸射出来的一刹那。

旭日露出小小的一角，辉映着朝霞，好似刚从高炉里倾泻出来的钢水，光芒四射。

天色陡然发亮，天边的层云镶着金色的边。云彩流动翻涌着，渐渐地染上微红带金的颜色，整片云霞如火般燃烧起来，远处连绵的山峦在日出的映照下显得格外瑰丽，宛若一幅美丽的油画。

不知过了多久，那抹红色越来越亮，天空也披上了绚丽的彩锦。顿时天边霞光万道，那轮红日露出了光亮的额头，整个天空被映照得光彩夺目。

太阳爬到了天空高处，它的颜色也渐渐由朱红变为金黄，散发出耀眼的光芒，这时你已经不能直视太阳。它散发的光芒让整个大地变得暖洋洋的，整个世界都被它唤醒，重新焕发出生机与活力。

月亮越升越高，大如玉盘，光滑灿烂。那轻柔的光环伴着月亮，为它增加了几分美丽。

天上的月亮是那样明朗。月亮从东方天际悄悄地露出笑脸，她像一个文静的姑娘，把柔和皎洁的银光洒向人间。

月亮有时如小船，装载了绵绵的愁思；月亮有时如玉盘，盛满了人们无尽的思念。

月亮渐渐升上天空，散发出洁白的光辉。那是一轮灿烂的满月，它像一面光亮明净的银盘，从那平静的大海里涌了出来。

只见深蓝色的天空中挂着一轮明月，圆圆的、亮亮的，像一盏银灯给大地洒下一片银色。月亮是那么明亮，那么纯洁。

没有风，淡青色的天幕上，月亮从墟虞的云光里，探视下界的秘密。——茅盾《子夜》

月光如流水一般，静静地泻在这一片叶子和花上。薄薄的青雾浮起在荷塘里。叶子和花仿佛在牛乳中洗过一样；又像笼着轻纱的梦。——朱自清《荷塘月色》

突然间，一轮红黄色大圆镜似的满月从海上升了起来。这时并没有万丈光芒来护持它。它只是一面明亮的宝镜，而且并没有夺目的光辉。——巴金《海上生明月》

清晨入古寺，初日照高林。——常建《题破山寺后禅院》

月下飞天镜，云生结海楼。——李白《渡荆门送别》

07 描写雨雪风霜的素材

好句好段好素材

如丝的小雨从空中降落。雨滴是那样小，雨帘是那样密，像给群山披上了蝉翼般的白纱。

雨如万条银丝从天上飘落下来，屋檐垂下一排排水滴，像美丽的珠帘。

窗外正下着蒙蒙细雨。密密的雨点好像在为一支小舞曲伴奏着，使我不禁被窗外的世界所吸引。

雷声响过，大雨就像断了线的珠子一样不断地往下落。

秋雨如烟如雾，无声地飘洒在那空地上的瓦砾堆里、枯枝败叶上。雨滴淋湿了地，淋湿了房，淋湿了树。

风追着雨，雨赶着风，风和雨联合起来追赶着天上的乌云，整个天地都浸在雨水之中。

自天际滚来了团团乌云，一瞬间倾盆大雨从天而降。

一霎时，雨点连成了线，哗的一声，大雨铺天盖地从天空中倾泻下来。

狂风卷着暴雨，像无数条鞭子，狠命地往玻璃窗上抽。

下雪了，每一片雪花都轻柔地盘旋而落，成了大地上雪层的一小部分，汇成了让大地银装素裹的美景。

大片大片的雪花，从昏暗的天空中纷纷扬扬地飘落下来。霎时间，山川、田野、村庄全都笼罩在白蒙蒙的大雪之中。

松树苍翠地站在白皑皑的雪地里，随着凛冽的西北风摇晃着身子，发出尖厉刺耳的呼啸，像是在蔑视冬天。

漫天雪花像春天的柳絮一般不停地飘舞着，除了卷着浪花的海水以外，整个的山冈松林已经成了无限幽静秀美的银白色世界。

雪花落在操场上，操场上就如铺了一层厚厚的棉花一样。风一吹，洁白的雪末飘飘洒洒，像一只只白蝶在翩翩起舞，真是美丽极了。

冬天大雪纷飞。漂亮的小雪花像一个个小精灵，蹦蹦跳跳地落了下来，给人们带来了一丝丝寒意。

雪花漫天卷地落下来，犹如鹅毛一般纷纷扬扬，轻轻落在房顶上、草地上、山峰上。整个屋外都是一片闪闪发光的银白色的世界。

微风拂过窗栏，轻轻拍动着风铃，丁零零地奏出了美妙的旋律。透心清凉的微风，吹走了人们一天的疲倦。

傍晚，凛冽的寒风追着太阳，嘲笑般地吹刮着，发出“呜呜”的啸鸣。

春风迈着她那轻盈的步子，迎着灿烂的阳光，在路边、在田头，撒下了许多绣花针似的小草，染绿了无边无际的原野。

和煦的春风悠悠地吹着，像一只温柔的手在抚摸着我的头发和脸庞。

秋风如同一支神奇的画笔，给树叶涂上浅红、嫩黄、深紫、翠绿等各种各样的色彩，绘出了一幅五彩缤纷的山水画。

松柏常青的叶子上涂了一层薄霜，像喷洒了银粉似的耀眼。

凌晨，寒霜浸人。千家万户的屋顶上都罩上了一层用薄薄玉屑铺成的白绒毯子。

这里的玻璃窗上开满了奇形怪状的霜花：有的像一丛丛茂密的灌木，有的像飘浮在天空中的一片片白云，有的像热带生长的椰子树，有的像连绵起伏的山峦。

08 描写古代遗迹的素材

好句好段好素材

气势磅礴的万里长城是中华民族的骄傲与象征，它凝聚着我们祖先的血汗和智慧，代表了坚强不屈的民族精神，而现在更是闻名遐迩的世界文化遗产。

布达拉宫以丰富的文化典藏屹立于世界文化之林。宫殿里拥有无数珍宝：有闪闪发光的黄金珠宝；有珍贵稀有的翡翠玛瑙；有价值连城的文物古董；有神秘莫测的佛像灵塔；还有精美绝伦的壁画经书，简直美仑美奂，让人眼花缭乱。

武当山，又名“太和山”，位于湖北西北部，是国家AAAAA级风景区，也是世界文化遗产之一。作为著名的山岳型风景名胜区，武当山堪称自然景观与人文景观的完美结合，以其绚丽多姿的自然风光、规模宏大的古建筑群、源远流长的道教文化、博大精深的武当武术著称于世，被誉为“亘古无双胜境，天下第一仙山”。

莫高窟坐落在河西走廊西端的敦煌。它始建于十六国的前秦时期，后来经历了北朝、隋唐、五代、西夏以及元朝时期，才形成了如今的巨大规模。莫高窟有洞窟735个、壁画4.5万多平方米、泥质彩塑2 415尊，是世界上现存规模最大、内容最丰富的艺术宝库。

大足石刻位于重庆市大足区宝顶镇大足石刻风景区，是重庆市大足区境内所有石刻造像的总称。迄今公布为文物保护单位的石刻多达75处，造像5万余尊。其中，北山、宝顶山、南山、石门山、石篆山石窟最具特色。

大足石刻是历史遗留下的一颗璀璨明珠，也是佛教艺术的瑰宝，它记录和展现了佛教最鼎盛时期的文化，神秘且引人向往。在古今中外的雕塑史和佛教史上，大足石刻都有不可替代的历史价值和艺术价值。

三星堆遗址，您是一片神奇的土地！您目睹了千秋万载的风云变迁，您见证了载入史册的王朝更迭，您传播了流芳万世的灿烂文化。您遐迩闻名、溢彩流金，您是一颗璀璨的东方明珠，永远闪烁在我们的心中。

走进凤凰古城，先映入眼帘的是青色的砖瓦、斑驳的墙壁、灰色的石板路，仿佛一下子就走进了久远的历史。再往里走，小桥流水、青瓦矮楼，一盏盏火红的灯笼，一艘艘随波荡漾的小舟，屋檐下坐着的安静慈祥的苗族老人，木桥上迎面走来的哼着歌的苗家姑娘——一切都显得那么和谐安宁、淳朴自由。

初到凤凰古城，正值炎炎夏日，江水映着阳光，闪耀着金色的涟漪，不像是水，倒像是一条飘扬的丝带，荡漾着小船上的姑娘那不加修饰的歌声，映衬着姑娘淳朴的微笑。沿江歌唱，大概是古城人们对游客表达欢迎的一种方式，飞扬的歌声承载着他们的热情。

登上雄踞洞庭的千古名胜岳阳楼，极目远眺，眼前一片水波浩森，令人不禁想起范仲淹笔下的名句——“衔远山，吞长江，浩浩汤汤，横无际涯，朝晖夕阴，气象万千”。

眼前是徽派建筑所共有的灰瓦白墙和高大门楼，除却门楼墙壁上精致的雕花，屋顶的雕花更是精雕细琢、美丽绝伦。整个建筑里有一套贯通的水系，再加上绿树成荫、群山呼应，令人仿若置身仙境。

御花园的亭台楼阁之间点缀着生机勃勃的翠竹和奇形怪状的石头。那些怪石堆叠在一起，突兀嶙峋，气势不凡。

每一座城市都有它自己的灵魂，对于千年古都西安来说，它的灵魂就是盘踞在城市中心的古城墙。

滕王高阁临江渚，佩玉鸣鸾罢歌舞。画栋朝飞南浦云，珠帘暮卷西山雨。——王勃《滕王阁序》

姑苏城外寒山寺，夜半钟声到客船。——张继《枫桥夜泊》

描写景物的范文

厦门看海记

今年暑假，我们一家来到了美丽的“鹭城”——厦门。

没有见过海的我对大海有着别样的憧憬。在驶往厦门的高铁上，我不住地往窗外张望，那个湛蓝色的世界正徐徐映入眼眸。

我们到达海滩恰好是下午，正是人潮汹涌之时。大海似乎也在无声地回应着这里的人们，白色的海浪不时拍打着岸边，激起层层浪花，好似在低吟浅唱，海鸥则在一旁时不时附和着。

激动的我站在沙滩上，迎着轻盈的海风，向海的那边望去。远方是一条海天相接的地平线，远远望去，大海正如倒过来的天空。太阳不知何时从云层后面偷偷溜了出来，刺眼的阳光直勾勾地冲进海底，海面上顿时闪烁着镀金般的碎影，跟随着海浪一同起伏。范仲淹曾用“浮光跃金，静影沉璧”形容岳阳楼的美景，今天的我竟在现实中也邂逅了这样的独特美景。

很快便到了傍晚，准备离开海滩时，我们听到当地人说今天晚上海边有“蓝眼泪”。好奇心的驱使下，我们等来了夜晚的海。那是与白天截然不同的宝蓝色的海洋，既如一滴令人心醉的蓝色泪滴，也如银河里的星星坠落到了人间。

大海为我呈现了万般美丽，让我情难自抑地爱上了它——我爱海，爱它湛蓝清澈的海水，爱它温柔缱绻的浪花，更爱它海纳百川、包罗万象的胸怀！

马王堆的记忆

一个晴朗的夏日，我随妈妈来到了湖南博物院，开启了一场难忘的湖南历史文化之旅。

要知道，震惊世界的马王堆汉墓出土的文物便在此处保存。马王堆展厅在馆内三楼，这里展出了西汉长沙国轪侯利苍和他的夫人辛追的古墓遗迹。纯色洁净的釉瓷、千奇百怪的彩俑，诸如此类的文物五花八门、琳琅满目，让人惊艳不已。展厅的一侧摆放着一张二十五弦瑟，看着丝弦整齐地系在木柄上，我不禁想象着辛追夫人怀抱古瑟弹琴的模样。展厅另一侧还陈放着一件黄色的印花锦袍，它轻薄而精致，上面的花纹清晰可见——辛追夫人是不是曾将它穿在身上，在宅屋内安静地刺绣呢？

从种类繁多的文物中穿过，我们来到一个摆放着彩绘漆棺的展厅。听讲解员介绍，这个棺椁就是辛追夫人沉睡的大盒子了，它一共有四层，其中第二、三层最为精美。四层棺椁将遗体紧紧围住，从两千年前留存至今，这才将辛追夫人的故事带到我们眼前。

沿着标识向前，映入眼帘的是一个深不见底的大坑，浅褐色的泥土层层向下延伸，直至到达底端。原来这就是辛追夫人的墓坑。据说足足有十余米呢！下至一楼，辛追夫人的遗体就在这里，被安放在很厚的玻璃下。我好奇地上前端详着，发现她的皮肤完好。她只是安静地躺在那里，就能让人全然感受到她知性端庄的气质了。

游览画上了句号，而今天的所见所闻也在我心里留下了深刻的印记。原来文化真的可以穿越时间，将曾经的故事带到我们身边，给人震撼心灵的力量啊！

四时山景

黄果树瀑布浩大壮观，贡嘎雪山神圣秀丽，漓江山水巧夺天工……走遍万水千山，归途的终点却仍有一处始终牵动我的心房——那是老家的后山。我不知道它的名字，但却并不妨碍我书写它的美丽。

春来，雨来。淅沥的山雨倾泻而下，松软了大地，也唤醒了山中的生命。此时的后山俨然变成了五彩的花园：鹅黄色的迎春花悬在壁崖间，绯如朝霞的映山红遍地错落，粉红含羞的樱花纷纷洒落……“山青花欲燃”，山水之间，春是后山的画师，点缀出最绚丽的颜色。

夏至，满山翠绿，颇有“佳木秀而繁荫”之美，而这里也变成了暑期我与小伙伴们玩乐的天堂。后山的油桐木已经长得又大又粗，爱心形状的宽大树叶层层相叠，洁白的花蕊早已脱落，取而代之的是一个个藏匿在叶间的青绿的果。我们矫捷地攀爬上树，摘下这果子当作自己的武器，毫不留情地投射“炮弹”。山林里，孩童的笑语响彻云间，与那满山的绿意一同描画着夏日最美画卷。

“自古逢秋悲寂寥，我言秋日胜春朝。”秋晨是凉爽而清新的，秋晨的后山更是朦胧而梦幻的，层层白雾笼在山间，好似一层薄薄的细纱。行于山间，便如置身仙境一般。浓雾之下，漫山遍野的黄叶在秋风中发出脆响，似在奏响秋的赞歌。

终于，冬来了，她带着一片片晶莹的雪花，降临在了后山之上，为大地铺上雪白的新装。花、草早已不见了踪影，只偶有几根残败的枝丫落于白雪之上；鸟、兽则安然入了眠，在睡梦中期待着春的到来。

春来携雨，夏临带风，秋至夹霜，冬立捎雪。后山四时之景各有不同，但都美不胜收，给人带来无尽的欢乐。

海上日出

金秋九月，适逢假期，我和家人来到素有“海上明珠”之称的青岛。旅程中最让我记忆犹新的，便是那摄人心魄的海上日出了。

夜深人静之时，我们便来到闻名遐迩的日出观赏地——小麦岛，静静等待日出的那一刻。远方的天空突然闪烁起白色的光影，那光影跃动着，似乎在同那帘幕一般的深紫色层云相抗争。倏忽间，那白光仿若耗尽了所有的力量，复又被浓重的深紫所吞噬了，一切重新归于静谧。看着这一幕，我心中莫名生出几分哀婉的感伤。

然而，不多时，远处深紫色的云雾悄然褪成了淡蓝，几乎是转瞬间，海水的尽头显出鱼肚白。当太阳的边缘从深厚的海面中破茧而出时，霞光在整条天际线处弥散开来，近处的云霭虽仍黯淡，此刻也被慷慨地浸染上一缕金辉。

滩岸间，游人们开始骚动起来。此时，朝阳像破壳而出的雏鸟，不断向上耸动着它的脑袋，仿佛要将积蕴已久的力量在这一刻尽数喷涌而出。即便太阳只露出不到半边，熠熠闪烁的光芒也已经将远方的浮云浸润成一道道红绸，那红绸横向延展，像舞女翩若惊鸿的水袖；又像横亘在星河与汪洋之间的鹊桥。

很快，旭日已悬置于海平面之上，天空也由赤红逐渐变得蔚蓝，霞光万丈，夜色已然褪去，朝霞慷慨地将万物包裹其中，赋予其又一个崭新的开始。粼粼的海面上，一束金光直直地从天涯海角延伸至咫尺，海鸥飞鸣，逆光的轮船在眼帘中唯余一道剪影。

恍惚间，我已是泪眼婆娑。想来，日出之景之所以千百年来一直为人所追寻，想必是因为那股在绝境中也依旧笃定，直至绝处逢生的生命伟力吧！

第三章

感悟成长之路

成长是人生的历程，在不同的阶段，每个人都会有不同的经历。在写作中，描写成长的经历和感受可以让读者更好地感受主人公的成长之路，同时也可以让读者在共情的过程中更好地领悟生活的道理。

要积累成长之路的写作素材，需要进行多方面的观察和记录，同时也需要不断地反思和总结自己的经历和感受，这样才能为写作提供充足的内容。

1
2

01 成长之路的写作技巧

成长之路是写作中的一个重要主题，因为它是每个人都有的普遍经历，可以引起读者的情感共鸣，同时也能够体现出作者的思考和感悟。在描写成长之路时，可以从个人经历和感受来进行展开，通过描述自己的所经历的挫折、成长和改变，来表达对生活和人生的理解与思考。这样的写作方式不仅能够让读者更好地了解作者，也能够激发读者的共鸣。

此外，描写成长之路也能够增加作品的情感厚度和思想深度，使作品更加生动和有感染力。写成长之路的故事可以借助以下技巧。

选择有代表性的事件

在写成长之路的故事时，可以选择一个有代表性的事件，更好地展示主人公的成长过程。这个事件可以是一次具体的经历、一个重要的决策、一次挫折等；或者选择一个主题，如家庭、友谊、勇气、坚韧等，根据所选主题来选择事件，围绕自己的成长经历展开。

用情感贯穿全文

成长之路的故事通常都带有一定的情感色彩，可以用情感表达来贯穿全文，让故事更有温度、更有感染力。在描述主人公的成长过程时，可以通过对细节和情感的描写来建立与读者的情感共鸣。情感可以来自于自己的感悟，也可以来自于与人的互动。情感表达可以更好地让读者感同身受，如通过描写主人公的内心矛盾和挣扎，让读者更能够理解写作内容。

注重故事结构

故事结构也是写作中需要关注的要素之一。可以按照时间顺序或者事情发展顺序来展开故事，让故事情节逐渐递进至高潮点，让读者在阅读中产生一种期待的感觉。

注意语言表达

在写成长之路的故事时，语言表达要清晰流畅，可以用具象化的语言来表现情感，使读者更容易理解写作内容。此外，还要注意语言的节奏感，给读者一种舒适的阅读体验。

利用象征手法

在成长之路的故事中，可以使用象征手法来表达主人公的内心世界或成长含义，如用一个物品或场景来象征主人公的某种心理状态，或表现主人公在成长过程中的某种转变。

引用名言或格言

在适当的场合引用与主题相关的名言或格言，可以更加深刻地表现主人公的成长过程。

运用细节描写

对细节的具体描写可以让读者更好地感受到情境、理解故事背后的情感和意义，也可以让故事更加生动有趣。

02 关于成长之路的素材

好句好段好素材

我们只有仰望星空，心怀梦想，才会一往无前，才能茁壮成长。

我们可能会迷茫，会看不清来路、看不到去路。但是只要迈开腿，一直走在路上，不断进行尝试，就一定能找到自己的心之所向。

真正的成长就是这样吧，学会变得豁达，去体谅别人的难处，去包容身边的不完美。就这么不断提高自己的思想，完善自己的品行，做一个向上向善的少年。

成长的滋味多种多样，但所经历的每件事都在促使我们完善自我，变得更加强大。

成长带给我的东西太多太多，它教我冷静，让我勇敢；使我看到不同的风物，遇到各色的人群；还带给我梦想成真的巨大满足感与成就感。成长，真是人生中的最大乐趣。

我在想，即使我们没有那么优秀，但是我们一直在不断变得成熟和沉稳，这也许就是一种成长吧！

成长如同一片天空，有乌云密布，也有阳光明媚。回头看看自己的成长道路，也是如此的跌宕起伏，那些时光纵然一去不复返，亦在我心中留下了深深的痕迹。

成长，是每个人都必经的人生之路。时光在指尖点点流过，汇入苍茫的大海，从呱呱坠地的婴儿到蹦蹦跳跳的小学生，这是年龄的增长；从懵懂无知到懂得承担责任，这是心智的成长。

“路漫漫其修远兮，吾将上下而求索。”每个人在成长的道路上都会经历种种考验，因为只有这种挑战才能促使我们增加信心，更好地成长。

成长的意义被挫折和困难所赋予，若无那些靠咬牙坚持所克服的苦难，人生的道路也未免过于单薄。与其在哀嚎和退缩中荒废生命，不如直面挑战与磨难。

我想用青春的热血给自己树起一个高远的目标，不是为了享受一种光荣，而是为了追求一种境界。目标实现了，便是光荣；目标实现不了，人生也会因为这一路风雨跋涉变得丰富而充实。在我看来，这就不虚此生。

时间从指尖不经意地弹落，往昔的格子爬满了蜘蛛的足印。它正在里面结网，把每一个格子都尘封起来，只是有的地方密密麻麻、模糊难辨，有的地方稀稀疏疏、明朗清晰。这种感觉是用灰土裹着的黄金，如果不去品它，便永远不知道它的真正价值，那就是成长的故事。

人不能墨守成规，要勇敢地接受新鲜事物，只有不断地尝试、创新，才能一直与时俱进。

在尝试新鲜事物的路上，遇到这样或者那样的困难，也不要全盘否定。只有越挫越勇、总结经验、不断学习，才能开阔视野，让自己得到成长！

成长是行走，一边得到一边失去；成长是负重，一边痛苦一边成就；成长是耕种，一边疲劳一边收获。

岁月长河里的点点滴滴，慢慢地都成为了成长的足迹。道路上那些深浅不一的脚印，记录着你我的青春时光，诉说着青春故事。这一切都深深地烙印在了我的心底，留下了永恒的回忆。

泪水是成长的一部分，是悲伤、难过的见证。笑容也是成长的一部分，是喜悦、快乐的见证。伤痕是成长的一部分，是受伤后选择勇敢坚强的见证。

成长从来不是一个过去时或者是完成时，它一直都是现在进行时。只有不断地成长，才能明白人生的可贵；只有无惧人生的苦难，才能品出成长的滋味。

困惑要解决，而不是放任它不管。在解决之后，困惑将转化为成熟的经验，带着我们走向成功的彼岸。

时间不会为谁停止，长大是必然的，只是每个人的方式不同。对一个尚未成熟的少年来说，成长或许就在某一个发人深省的瞬间。

其实我们每个人都是一棵小树，无论怎样的风吹雨打，带给我们的都是一种磨炼与成长。在人生道路上，我将把目光从过去收回，将过去成长的足迹都满满当当地铺在脚下，大步向前。

一杯水，却能带给人无限温暖，让人心生暖流。就如成长一般，或许道路不会一帆风顺，但是路上也会有鲜花与微笑，也总会有一个又一个美好的瞬间，点缀着我们成长的足迹，让我们时时感到温暖，时时感到幸福！

伏尔泰曾说过：“人生布满了荆棘，我们的唯一办法是从那些荆棘上迅速跨过。”跨过人生的荆棘和坎坷，我依旧是那个朝气蓬勃、自信满满的追梦少年。

成长就是克服一个个的困难，努力成为最好的自己的历程。在成长的路上，我们会遇到一个个的挫折，是这些挫折更好地锻炼了我们。

成长像一场暴雨，淋湿我们平日里依赖的遮盖物，让我们无处可逃。在这场风雨中，我们跌跌撞撞、狼狈不堪，但是最后在阳光重现之际，我们成为了更好的自己。

成长就像一壶捉摸不透的茶，时而甜，时而苦，时而醇，我们永远猜不到未来会经历什么，但我们可以在经历之后吸取教训，努力成长为一个更优秀的人。

成长是艰难的跋涉，沿途蜿蜒曲折、荆棘密布。可只要执着向前，路就会在脚下延伸，成长即路。

成长是这个世界上最动人心魄的奇迹，它能一次次点燃希望，它有着无畏的信仰，它更是泥泞中昂然不屈的力量。

成长路上，我们在坎坷中不断前行。我们感受过“山重水复疑无路，柳暗花明又一村”的豁然开朗，我们也感受过“会当凌绝顶，一览众山小”的雄心壮志。

磨难面前，有人低头、有人退缩、有人畏惧，只有敢于面对、勇

于挑战，才能真正成长。

每个人成长道路上都有星星般的点点微光，在挫折的催生下，这些微弱的光芒就会成为比阳光还要耀眼的璀璨虹光。

成长，就像坐上了一趟单行的火车，一路上有人上车，有人下车，在相逢别离之中，人渐渐成长，也懂得了更多的道理。

时间如流水，从不给人停留的机会。它只会在我们的回忆中留下某些成长的证据，而那些就是我们的成长足迹。

虽然义卖的钱杯水车薪，但这段经历让我深深体会到“只要人人献出一点爱，人间永远是春天”这句话的涵义。

世上无难事，只要肯攀登。这次活动使我懂得了，只有用自信的魔法，才能摧毁前进路上的绊脚石，把我们的人生变得更加精彩！

能用众力则无敌于天下矣，能用众智则无畏于圣人矣。这次比赛让我感受到团结的伟力，种种惊天动地的壮举仅靠一个人的力量是不可能完成的，古往今来皆是如此。唯有团结众力，才能成就辉煌。

通过这次爱心义卖，我明白了：金钱是无法衡量一个人的心灵的，无论捐钱数量多少，只要你有一颗博爱之心，有一份感恩之情，这就足够了，因为这些是多少金钱也买不来的！

通过这一次比赛，我懂得了团结的力量是多么可贵，我也明白了一滴水只有融入大海才不会被蒸发；鲜艳的一朵花无法展现出惊人的美；一个人的力量是渺小的，但是当大家凝聚在一起时，那股力量是无坚不摧的。这就是团结的力量。

我从地上爬起，迈开大步，奋力向终点冲去。一路上，风猛烈地刮着，刮得我的脸上一阵阵剧痛。终于，在我的努力下，我迎来了属于我的掌声。

经过了这次长跑测验，我明白了做事不能半途而废的道理。无论结果好坏，只要你坚持下去，你依旧可以赢得别人的尊重与赞美。

那次比赛我始终记在心头。那种初次参赛的紧张，那种心脏怦怦直跳的感觉，将一辈子铭刻在我的心中。

我们在草地上你追我赶，都拼命地抢着足球，想踢进对方的球门。说时迟那时快，我方刚想从侧边把足球踢进球门，就被对方迅速拦截了下来。但我们没有气馁，而是再次调整自己的状态，重新投入下一轮的进攻之中。

这次的拔河比赛在大家的欢声笑语中落下帷幕，获胜的我们脸上自然洋溢着喜悦与自豪，但同时我们也明白了拔河背后的真谛——团结就是力量。未来的我们将会带着这团如火般的凝聚力，共创一个和谐友爱的班集体。

颁奖时，金黄的太阳将它那最后的光辉抛向球场，也照亮了我手中的拍子。输赢并不重要，更重要的是享受过程。这次比赛令我受益匪浅。

顿时，我胆战心惊，手心冒出一层冷汗。可看到熟悉的钢琴和评委老师信任的目光，我定了定神，对自己说："机会只有一次，相信自己一定可以的！"

"宝剑锋从磨砺出，梅花香自苦寒来。"每一次坚持都是人生中一滴宝贵的水珠，水多成河，只要坚持就会成功。

他的脸憋得像个大红苹果，牙齿咬得紧紧的，发出咯咯响声，使出了浑身的力气，汗珠也齐刷刷往下掉，而他的手早已被勒得通红。

手臂上的青筋虬结如蚯蚓一般，即便如此他仍然没有松开手，而是咬紧牙关，坚持不放弃。

我越想越难过，嗓子好像被堵牢了，说不出一句话，泪水已经不受控制地流了下来。我把头深深地埋在了膝盖里，把自己缩成一团。在恍惚中，我听到了老师在提醒大家不要气馁，还有第二轮，好好加油。

我重新挺起胸膛、摇起跳绳，继续跳起来。汗水从我的脸颊流下，但是我丝毫不在意，而是继续坚持着。

我哭了，脑海里回想着那不堪回首的一幕幕。我心里纠结着，既疼痛又绝望，还有对自己的愤怒与痛恨，一切的一切，都随着泪水的落下，似潮水一般涌上心头。

望着眼前精心准备的那碗汤，我的心里像吃了蜜一样甜。我伸了一个懒腰，躺在沙发上想象妈妈回家后的惊喜的情形，脸上不禁浮现出一个微笑。

我的心里像有十五只吊桶打水——七上八下的，久久不能平静。

他觉得他的心像是被一把钝了的锉刀残忍地割开，悲痛从伤口流出。

晚上，她的心情变得愉快，像阴云突然裂开了一条缝隙，透过了一丝阳光。

我心里顿时绽开了一朵花。那感觉就像在炎炎烈日下劳作，正值饥渴难忍之时，忽然饱餐了一顿黑子红瓤的西瓜，心里甜滋滋的，痛快极了。

她笑了，你看，她的眼睛眯成了一条缝，如同天上的新月，眉宇间溢出一股自豪。她微微弯起嘴巴，满意地点点头，两颊的酒窝简直能装二两酒。

妈妈训我的语速越来越快，像机关枪一样“哒哒哒”地扫射而来，仿佛要把我淹没在那滔滔不绝的“话海”里。甚至她那原本匀称的五官也纠缠在一起，眉宇间凹陷出无数条“沟壑”。

看着她时而高兴、时而悲伤、时而愤怒的表情，我知道，她陶醉在书海中了。最后直到汤水沸腾溢出，汤汁溅在她手上产生疼痛感，她才从书海中醒了神。

我来到妹妹的房间门口，推开房门，但是响声并未使她惊觉，她反而一直埋头看书。她的眼睛直直地盯着书，两只脚一荡一荡的，像是已经遨游在了书中的世界，嘴里还嘟囔着：“孙悟空可真厉害啊！”

她的语气中带着一丝愤怒，眼神中透着犀利。老师用手扶了扶镜框，再次看向我，我不敢与她对视，我害怕那强大的气场将我吞没。

有人说校园生活索然无味，有人说校园生活紧张有趣，而对我来说，校园生活是多姿多彩、充满惊喜的。

在我童年的记忆港湾里，有许多姹紫嫣红的花朵，随着几度潮涨潮落，落下的花瓣早已悄然融入了岁月的长河里，每当我在童年的港湾里寻找那飘逝的花瓣时，心中总会涌出一股慕恋之情。

生活中我们总会遇到很多美好的事，对我来说，能让生活变得更美好的事无疑是爬山了。因为爬山让我的视野更开阔，让我既能看到山上的美丽景色，还能呼吸到新鲜的空气。

生活，犹如一个奇妙的万花筒，色彩缤纷。我喜欢回首过去，缓缓旋转时光的按钮，看纷杂繁复的记忆碎片慢慢汇拢，最终拼接成一幅幅绚烂多彩的画面。

每个人眼中的生活都有所不同。有好有坏、有悲有欢、有离有合、有阴有晴、有圆有缺。有怒发冲冠，也有暗暗叹息；有无可奈何，也有奋力一搏；有激流勇进，自然也有望而却步。

生活也许就是这样，我们总会被黑暗所笼罩。所谓真实，就是永远不乏挫折和失败，但所谓真实，也是永远不乏光芒，不乏希望与爱。而生活里的我们如何去等待月亮，如何收集月光，也许才是直面真实生活的真谛。

我想，生活的意义，大概就是这么简单吧。每个人的生活都不是绚丽多彩的，都有暗淡无光的时候。为他人灰暗的瞬间随手添上一抹亮色，不过是举手之劳而已，这不仅能帮到别人，也能让自己的人生熠熠生辉。正所谓赠人玫瑰，手有余香，大概就是这个道理吧！

生活中的味道不仅仅是表面地停留在味蕾上，更多的是停留在我们的内心深处与成长的痕迹中。

生活就是这样，有时酸如柠檬，有时甜如蜜枣，有时苦如黄连，又有时辣如青椒。人生需要不断咀嚼，只有不断品味人生，才能获得新的感受、新的启示、新的味道。

生活像一架飞机，载着人们纵览世界风云；生活像一艘小船，托着人们尽观气象万千；生活就像一片海洋，生活中的小故事就是一朵朵波澜壮阔的浪花；生活就像一片孤舟，在行驶的路上多了朋友的陪伴才不会孤单；生活就像一个五味瓶，装满了酸甜苦辣咸；生活就像一只风筝，在蓝天上自由翱翔！

成长是每个人一生中最珍贵的经历，每一次成长都像是小鸟破壳、种子破土，收获一个全新的自己。成长不一定是轰轰烈烈，有时候成长就藏在日常生活中。

我们总是憧憬未来，想要脱离眼前的生活，总说生活不止眼前的苟且，还有诗和远方。但是又有多少人知道，他们苦苦追求的远方在哪里呢？是那遥不可及的理想国，还是那避世的乌托邦？

在平淡的生活中，我总希望能收到一份意外之喜，也总以为只要自己好好等待，一切就能如愿以偿。

我的校园生活似一条闪闪流淌的小溪，它欢快地奔流着，泛起一朵朵晶莹的浪花，唱响了一支支欢快、动听的歌。

生活是陆游“山重水复疑无路，柳暗花明又一村”的豁然开朗；生活是李白“长风破浪会有时，直挂云帆济沧海”的积极向上；生活是李商隐“春蚕到死丝方尽，蜡炬成灰泪始干”的乐于奉献。

挫折是成功的垫脚石，是美好生活的添加剂，我们离不开它。只有经历过挫折，成功才会显得更加珍贵，生活也会更加丰富多彩。

当生活像一首歌那样轻快流畅时，笑颜常开乃易事；而在一切事都不妙时仍能微笑的人，才活得有价值。——威尔科克斯

学道至于乐，方能真有所得。——罗大经《鹤林玉露》

孤常读书，自以为大有所益。——司马光《孙权劝学》

伟大的成绩和辛勤劳动是成正比的，有一分劳动就有一分收获，日积月累，从少到多，奇迹就可以创造出来。——鲁迅

我学习了一生，现在我还在学习，而将来，只要我还有精力，我还要学习下去。——别林斯基

愈学习，愈发现自己的无知。——笛卡尔

在寻求真理的长河中，唯有学习，不断地学习，勤奋地学习，有创造性地学习，才能越重山跨峻岭。——华罗庚

知识是珍贵宝石的结晶，文化是宝石放出的光泽。——泰戈尔

读书是学习，使用也是学习，而且是更重要的学习。——毛泽东

聪明在于学习，天才在于积累。——华罗庚

学习是劳动，是充满思想的劳动。——乌申斯基

天赋如同自然花木，要用学习来修剪。——培根

哪里有天才，我是把别人喝咖啡的工夫都用在工作上的。

——鲁迅

成长某种程度上就意味着从与别人的互动中不断学习如何客观地看待自己。——安格斯·班克罗夫特《米拉的猜想》

成长之路的范文

成长之路

人生路漫漫，我们一直在成长。而那段英语演讲比赛的经历，无疑是我成长道路上重要的转折点。

那时，一年一度的英语演讲比赛即将举办。我向来英语不错，对此充满了期待。只不过我的性格过于怯懦，面对这样的机会，我连为自己争取一个机会的勇气都没有。

放学回到家中，弟弟知道了这件事，认真地对我说道："如果因为胆小而强制缩回举起的手、闭上发声的嘴，机会便会如同流沙一般从指缝间流走。姐姐，你为什么不勇敢一点，牢牢抓住它呢？"是啊，时不我待，若是我这次选择了放弃，那就真的错过了。

第二天下课后，我鼓起勇气走向老师，可紧张无法抑制，它令我微微发抖，甚至有些目眩。我努力镇定下来，但心中仍然犹豫不决："要不算了吧，只是一次比赛而已，不参与也没有关系。"可这样的念头冒出来时，心底又涌上感慨："真的就这样放弃吗？真的甘心吗？真的不试试吗？真的要因为一次又一次胆怯而不断遗憾吗？"我回想起弟弟对我说的那句话——"为什么不勇敢一点？"是啊，既然都下定了决心，又怎能轻言放弃？终于，我鼓足勇气，加快脚步追上老师，说出了自己的诉求。

我听着自己的声音从不断颤抖到逐渐平稳，也听见老师对我温柔的许诺和鼓励——我做到了，我争取到了这个机会！

准备比赛的过程比想象中艰难很多。毫无经验的我需要一切从零开始，演讲选择什么主题，如何让自己的发音更加清晰准确，该用什么语气，该做什么动作和表情，这些对我来说都是挑战，但我没有产生过退缩的念头，因为我记得自己当初是如何鼓起勇气的，也知道自己应该勇敢一点。就这样，我不断打磨自己的演讲稿，在最终的比赛上，我成功摘取桂冠，收获了满意的成果！

成长之路上，我不再怯懦，而是与勇气相伴，昂首阔步，勇敢前行。

在挫折中成长

前行的路上并不全是坦途，坎坷与崎岖才是人生常态，只有迎难而上，才能收获成长。以前的我并不懂，直到那一次……

那是一个闷热的下午，知了在枝头有气无力地叫着。手中那张薄薄的成绩单，像是沉重的判决书，宣判我的失败。我在心中不禁发问：难道辛勤的汗水不能换来满意的答卷？往日轻快的步伐也变得沉重起来。回到家，我和爸妈打了招呼后，便将自己关在房间里。爸妈似乎看出了我的不对劲，气氛一下子凝住了。

吃过饭后，爸爸面色温和地对我说："孩子，生活并不是一帆风顺，我们要有'乘风破浪会有时，直挂云帆济沧海'的决心和志气。"我一下子呆住了，对呀，一场小小的考试就把我打败了吗？我不禁想起"交响乐之王"——贝多芬，他有着极高的音乐天赋，却遭遇了双耳失聪的巨大打击，但他却未向命运屈服，创作出了震惊世界的《命运交响乐》。想到这，失落已然消散，成绩不再是一座难以逾越的大山，我要直面挫折，勇敢地登上最高峰。

我再次全身心沉浸在学习中：朝阳升起时，我已捧着课本背诵了许久佳句名篇；下课休息时，我常常去询问老师不懂的题目；回到家中，我早早就将作业做完；月上树梢时，我还在复习今日所学的知识……时间流逝得很快，月考再次来临。这次的我却是信心满满，当我答完考卷出考场时，只见花儿在枝头摇曳。

很快，成绩出来了，我拿着那张薄薄的成绩单，脸上尽是自豪，爸妈也对我竖起大拇指。我又想起了爸爸的那句话，心中渐渐明白一个道理——成长之路如一艘小船在大海中航行，面对暴风雨不要慌张，沉着勇敢地去应对，待雨过天晴后，便可看见那抹绚丽的彩虹。

“宝剑锋从磨砺出，梅花香自苦寒来。”成长之路上，让我们凭着少年的朝气与毅力迎难而上，在挫折的洗礼下收获成功。

成长之路

炙热的阳光铺洒，嘹亮的蝉鸣响起，盛夏来临了。我怀揣着复杂的心情开始了学习游泳之行，殊不知自己也将开启成长的第一个宝藏。

学游泳那天，我既兴奋于和水亲密接触，又害怕呛水、溺水。刚开始时，水中荡漾的波纹都让我恐惧，我紧紧抓住教练，不敢松懈半分。好在教练十分耐心，不断引导安抚我，我开始短暂地尝试松开手。这一点小进步给了我信心，看着教练眼中的鼓励，我暗下决心：“你可以的，勇敢一点，还有教练在呢！”狠心松开教练的手，我发觉自己并没有像预想的那样沉入水中，也没有摔出浮板。我适应了水的触感和浮力的支撑，迈出了游泳的第一步。

接下来学习划水动作。我努力模仿教练的动作，但四肢不协调，手动脚也动，游了半晌还在原地。看见身边游动自如的人们，我心里满是沮丧，不禁打起了退堂鼓。可教练鼓励我说：“第一次游泳，能够勇敢尝试就很了不起了！来，我们再勇敢一点，一定能学会！”是啊，怎能像个胆小鬼，就这么半途而废呢！我咬咬牙，继续尝试。反复练习后，我掌握了正确的划水动作，也学会不断调整姿势和力度，让自己能在水中稳定地浮起来。终于，我能自如地划动手臂和蹬动双腿了，那种顺畅和轻盈让我欢喜不已，更让我有勇气继续下去。

学游泳遇到的困难还有很多：有时，我会呛水，咳得停不下来；有时，我会摔倒，直接沉入水中。但是，我不再害怕，我知道这些困难是成长的一部分，也知道要勇敢面对更多的挑战，很快，蛙泳、仰泳和自由泳都被我拿下，我学会了游泳，也战胜了自己！

如今踏入游泳池，我心中满是自信和轻松，我知道这是游泳带给我的宝藏，它让我变得更加勇敢，让我有勇气面对更多挑战。成长之路漫漫，而我有勇敢做我的盔甲，助我无惧无畏，奋力前行！

第四章

沉淀中外经典

读后感是一种常用的应用文，常常用简洁的语言来概述所读书籍或文章中使自己印象深刻的内容，再围绕感触最深的一个方面，将自己读后的收获、感想或见解，集中、凝练、具体地表达出来。

“读后感”的“感”是从“读”中产生的。“读”是“感”的基础，“感”是“读”的延伸和拓展。因此，要写好读后感，首先要对文本进行深入阅读与理解，其次找到触发你感想的部分，最后针对你的感受进行延伸，做到有感而发。

01 读后感的写作技巧和注意事项

读后感，顾名思义，先读，再写感受和想法。在实际写作过程中，很多孩子会把它写成这样的结构：先复述书本内容（有些还复述不完整，只写了开头第一章），然后介绍这本书阐明的道理，最后是联系实际谈感受。

这样的读后感看似完整，但写出来的文章却难有特色。但是，不用这种套路，又能如何写读后感呢？

下面，我们就来说说读后感的写作技巧。

认真阅读文本

读后感，最重要的是“感”。“感”从“读”中来，从思考中来，因此“读”很重要。在动笔之前，一定要把文本读透，真正掌握、理解原文的中心思想。

边读边做阅读笔记是读好、读深、读透文本的有效手段。阅读笔记不仅包括好词好句的勾点圈画、摘抄点评，还包括对内容的概括、阅读后的感受和思考等。当然，我们在做读书笔记时可以有所侧重，抓住最能触发你的点多做笔记，为接下来的写作做好准备。

选好切入点

一篇文章，可以找出许多“感”点，但写一篇读后感时只能重点论述一个中心。因此，在开始动笔前应对众多有所感触的点进行筛选比较，找出感受最深、角度最新、现实针对性最强，自己写来又觉得顺畅的一个方面，作为读后感的中心。

记录和引用重要的语句或段落

记录和引用是读后感写作时需掌握的一个重要技巧。这样可以帮助我们更准确地表达自己的看法，使我们的论证更加有力。我们可以在阅读时做好笔记，将重要的语句或段落记下来。在引用时，需要注意避免滥用，只引用那些真正重要的、具有代表性的语句或段落，不要过多引用或重复引用，以免影响文章的整体效果。

例如，在写《钢铁是怎样炼成的》一书的读后感时，我们可以引用保尔·柯察金的经典语录——“一个人的生命是应该这样度过的：当他回首往事的时候，不因虚度年华而悔恨，也不因碌碌无为而羞耻”，借此抒发自己应当珍惜时间、奋发向上的感想。

提出自己的感受或见解

读后感不仅是我们对书籍或文章内容的概括和评价，也是对自身感受与思考的表达。阅读完原文后，我们可以描述自己在阅读时的情绪变化，在阅读中产生的观点，还可以写出自己在阅读过程对故事情节、人物性格、主题思想等方面的感触与体会。

联系实际

大多出色的读后感，总是受原文内容或情感触发，从而引起的对生活、学习、思想等实际问题的思考。在写读后感时，我们可以把作者的经验教训与自己的切身体会联系起来，使读后感更真切，更有感染力。例如，我们读的是一篇描写友谊的故事，可以结合自己的生活经历，说说自己与朋友之间的故事，或者谈谈自己对友谊的看法和体会，这有助于读者更好地理解我们的观点。

02 读后感素材

好句好段好素材

中国文学

《朝花夕拾》无疑是当时社会的现实写照，字里行间描绘的画面，仿佛照片一般定格了鲁迅爷爷过去经历的人生。其中不但有温馨的回忆，更有理性的批判，这自然是难能可贵的。

“朝花夕拾”本来的意思是“早晨就盛开的鲜花，傍晚时再采摘”。《朝花夕拾》是一本回忆过去的书。《朝花夕拾》中的“鲜花”是与众不同的。这朵“鲜花”能带领着反抗旧社会的人走向胜利。

在《西游记》中，我最欣赏的是孙悟空这一人物形象：小时候看动画片，为他七十二变、降妖除魔的本领点赞；长大了看书，惊叹他的神通广大外，更多的是感慨他的初心。是什么让他三番被冤枉甚至两次遭贬后仍坚定回归，无怨无悔护师父周全？毫无疑问，是他的初心，无论遇到什么样的艰难险阻，他始终不忘保护唐僧去西天取经的初心，最终也成就了自己。

“满纸荒唐言，一把辛酸泪。都云作者痴，谁解其中味？”曹雪芹曾用这样一段自白形容自己写《红楼梦》时的体会，真是引人遐想，回味无穷。

要问我在《红楼梦》的众多人物中最喜欢谁，我会说是刘姥姥。刘姥姥是一个粗俗的乡村老太太，却凭借自己的生活经验与智慧，在荣国府左右逢源。第一次进荣国府，她小心谨慎，打通关系，与赫赫有名的贾家建立了关系。第二次进荣国府，刘姥姥八面玲珑，装疯卖傻，以超高的搞笑能力博得了贾母和众人的好感。第三次进荣国府，刘姥姥大义凛然，解救出了被卖到青楼的巧姐，展现了一个农村老太太最朴实的善良。

《水浒传》中，我最喜欢“智多星”吴用。他熟读兵书，精通兵法，文思如泉，一身正气。排兵布阵是他的强项。“智取生辰纲”“三打祝家庄”，每次战斗都能体现他的足智多谋、运筹帷幄。他为大家想出了许多奇妙的好点子，事后大家都佩服不已，真不愧是“智多星”啊！

《水浒传》里的人物都刻画得十分传神，性格鲜明。例如，“花和尚”鲁智深。在他得知郑屠欺负金翠莲父女后，主动向金氏父女赠送银两，帮助他们逃跑。后又故意激怒恶霸郑屠，三两拳就打死了他。通过这一系列的故事情节和对人物的刻画，一个粗中有细、嫉恶如仇、见义勇为的真汉子——鲁智深的形象便跃然纸上。

《水浒传》里值得我们学习的东西可太多了。不必说林冲的坚忍不拔、果敢坚决，也不必说鲁智深的嫉恶如仇、真率不羁，更不必说燕青的处事机敏、多才多艺，单是水浒英雄们最基本但又最可贵的精神——义薄云天的气概，都能令我们受益匪浅。

“大江东去，浪淘尽，千古风流人物。”虽然三国英雄都早已随着滚滚浪花远去，但历史的长河淹没不了英雄的风采，这些英雄人物的故事给了我极大的人生启发。（《三国演义》读后感）

读过《三国演义》，我被书中人物的生动形象所吸引，为跌宕曲折的情节所震撼，也为作者的绝妙文笔所折服。我会继续阅读经典名著，继续了解我国优秀的传统文化。

从《隆中对》至《出师表》，诸葛亮一生鞠躬尽瘁，死而后已。虽然蜀国最终没能完成统一天下之大业，他也没及“即当归隐”之日，但诸葛亮神机妙算之盛名，实在不负流芳千古，而我们也能从他的故事中学习他的谦虚、谨慎、忠心等品质。（《三国演义》读后感）

《俗世奇人》这本书中，作者讲述了很多跟普通老百姓不一样的人，谓之奇人。“码头上的人不抢活不成，一抢就生出各样空前绝后的人物”，这就是对奇人最好的描述。

“红岩上红梅开，千里冰霜脚下踩，三九严寒何所惧，一片丹心向阳开。”听着这首《红梅赞》，我不禁又想起了《红岩》这本书。

“夕阳如鲜血般染红了天际，一棵松树巍然屹立在悬崖上。”我摸着书架上《红岩》的封面，心中久久不能平静。

纵观全书，祥子的悲惨沦陷不仅是由于外人的推波助澜，他自己内心的崩塌也是导致悲剧的关键。就像作者所言，“他不再有希望，

就那么迷迷忽忽地往下坠，坠入那无底的深坑”。（《骆驼祥子》读后感）

曾经祥子的善良、热情、执着、有理想，是值得我们学习的。他的事例也警示我们，遇到困难时要用自己的坚持去化阻力为动力，不要被困难击倒，这样才能成就更好的自我。

“一篇叙事诗，一幅多彩的风土画，一串凄婉的歌谣。”这是著名作家茅盾对《呼兰河传》的评价。

山纵然高，但不及父子情高；海固然深，但不如父子爱深。这感人肺腑的情感，是我从课文《小抄写员》中感受到的。

“为什么我的眼里常含泪水，因为我对这土地爱得深沉”，许多人都很喜欢这句诗，因为，在字里行间，我们能够感受到艾青对祖国这方热土的痴爱，这份爱荡涤人的心灵。读艾青的诗，仿佛他的情感融入了每一位读者的心里。（《我爱这土地》读后感）

读了朱自清写的《匆匆》后，我受益匪浅。我知道了时间是一去不复返的，它不会为了谁而停下前进的脚步，更不会为了谁而倒流。“嘀嗒嘀嗒”的声音是时间行走的声音，它时常回荡在我的耳边，提醒着我时间正流逝，要珍惜每一分每一秒。

生活处处皆学问。从《灰尘的旅行》中，我不仅了解细菌的奥秘，而且充分学习到了作者观察生活和思考问题的态度和方法。对待生活中的万物，我们都应该保持好奇心，不仅要观察它的表象，更要透过现象看到它的本质。

读了《灰尘的旅行》，我不仅领略了大自然的奥秘，了解了细菌的各种知识，而且在观察事物上开辟了新视角，养成了科学的学习方法和思维模式，在今后的学习生活中能够更好地进行探索和创造。

一部《傅雷家书》，表现的并不只是傅雷先生对他两个儿子的教诲，还有广大父母对孩子的正确教育方式：成绩不是第一位，人格的培养应是最重要的。良好的人品，才能让一个人的文化素养得以提升，才能使一个人取得更加优异的成绩，才会让人懂得什么是感恩以及怎样去感恩。像伟大的物理学家霍金一样怀着一颗感恩的心去感受这个世界，会发现原来世界上到处都留下了爱的足迹。

我捧起《儒林外史》细细品读，时而为当时士人名流的庸俗可笑而叹息，时而又为贪官污吏的卑鄙丑恶而愤怒。吴敬梓以其幽默诙谐的语言，深刻揭露了封建社会科举制度的腐朽黑暗。

外国文学

《红星照耀中国》是美国著名记者埃德加·斯诺的不朽名著。它展现了中国共产党为民族解放作出的不懈努力，表现了共产党人乐观向上、甘于奉献、奋力拼搏、勇往直前的红军精神，并且向世人宣告：红色革命精神如一颗光华璀璨、熠熠闪光的红星，永远照耀着朝气蓬勃的中国。

斯诺在《红星照耀中国》中写道：中国共产党及其领导的革命事业犹如一颗闪亮的红星，不仅照耀着中国的西北，而且必将照耀全中国，甚至照耀全世界。在80多年后的今天，革命事业已经照耀了全中国，而中国也在中国共产党的坚强领导下走上了繁荣富强的道路。

《红星照耀中国》提醒着我，即使身处和平年代，也不要忘记无数革命先驱曾在狼烟四起中横刀立马，在民哀国殇之时挺起了民族的脊梁，为了我们今天的幸福生活冲锋陷阵、赴汤蹈火。

《汤姆·索亚历险记》是美国作家马克·吐温创作的一部经典小说。该书生动又风趣地讲述了主人公汤姆的冒险经历，对美国虚伪庸俗的社会习俗、伪善的宗教思想和刻板陈腐的学校教育进行了讽刺与批判。文中跌宕起伏的故事情节给我留下了深刻的印象，作者更是以细腻的文笔将每一个人物的性格特点描绘得十分鲜明。

《汤姆·索亚历险记》是美国作家马克·吐温所撰写的小说。故事的主人公汤姆·索亚天真活泼、热爱探险、追求自由，他不堪忍受束缚个性、枯燥乏味的生活，幻想干一番英雄事业。

《爱丽丝梦游仙境》的主人公爱丽丝是一个拥有金色头发的小姑娘，而在她身边围绕着许多稀奇古怪的小动物，真是有趣极了。看着封面上的图片，我的脑海里浮现出许多疑问：这位主人公身上发生了怎样的故事？那些小动物又是怎么回事？

爱丽丝的善良、友爱与王后的自私自利、目中无人形成了鲜明的对比，作者通过这种方式传递着他的态度，也想让读者具备明辨善恶的能力。这本书令我明白了：在生活中我们要敢于反对那些仗势欺人、蛮不讲理的人。

爱丽丝的经历仍旧让我记忆深刻。爱丽丝像一个勇士一样保护别人。在生活中我们也要像爱丽丝一样，有一颗善良、纯真、勇敢、无所畏惧的心，善待我们身边的动物朋友们，在面对邪恶时绝不退缩。

保尔·柯察金本是一个生活在底层的人，后受到朱赫来开导，加入了苏维埃。他在战争中成长起来，更加坚定了自己的信念，后来虽然因为疾病不得已退居二线，可他仍然坚持以笔代枪，继续为革命事业而努力奋斗。（《钢铁是怎样炼成的》读后感）

我们每个人都有可能和哈利·波特一样，会生活在艰难的环境中，但是我们不能自暴自弃，面对困难时不能被打败，而是要依靠自己的力量想方设法去解决问题，为自己拼搏出一片天地。（《哈利·波特》读后感）

在《海底两万里》中，海底世界是那么美丽壮观，如果没有敢于冒险、善于探险的尼摩船长，我们将永远不会知道海底世界是多么瑰丽多姿。在这部书中，尼摩船长就像一个谜，他憎恨陆地人，发誓永不登陆，并且坚守誓言，没有再登上过陆地。是什么经历让他有如此深仇宿怨呢？我妄加揣测：定是陆地人的不友善甚至肆意妄为的行为深深地伤害了他。

《绿野仙踪》讲了一个叫多罗茜的女孩被一场龙卷风刮到了一个陌生而神奇的国度——奥芝国，她迷失了回家的路，而在那里她陆续认识了没脑子的稻草人、没心的铁皮人和一只胆小的狮子。他们在旅途中互相帮助、携手并肩、历经艰险，遇到许多稀奇古怪的事情，最终实现了各自的愿望。

《昆虫记》是由法国杰出的昆虫学家让·亨利·卡西米尔·法布尔为昆虫谱写的乐章，它是一个奇迹。或许在人类即将迈进新时代的大门、地球即将迎来生态学时代的这一紧要关头，它会为我们提供最珍贵的启示。

《昆虫记》一书以细腻的观察和绝妙的描述带我们领略了一个前所未见的昆虫世界，各式各样的昆虫以其独特的习性牢牢地吸引了我们的注意力。每个动物都有自己的杀手锏，例如，萤火虫的杀手锏是它的麻醉药，它外形看似柔弱却是不折不扣的“杀手”，它喜欢猎杀蜗牛，轻轻地把麻醉毒素注入蜗牛体内，便能使它们动弹不得，任其宰割。

在法布尔的笔下，这些昆虫充满灵气，它们这一生都在忙碌，每一个生命都有自己的使命。我们可以从中看到法布尔对生命真挚的热爱和崇高的敬畏。

《昆虫记》并不单单是写昆虫，而是从昆虫的习性上反映社会人生。法布尔不仅把昆虫写得活灵活现，还把哲理写得朴素风趣，真不愧是有着“以昆虫为琴，拨响人类命运颤音的巨人”这一赞誉的人，他身上追求真理的品质值得我们学习。

一次偶然的机会，我读了《爱的教育》这本书，它诠释了爱的含义，展现出了种种美德，还记录了长辈们对我们的教育和关爱。《爱的教育》这本书生动地描写了一个叫安利柯的小男孩成长的故事，记录了他一年之内在学校、家庭以及社会上的所见所闻。

《爱的教育》这本书中写尽世间千千万万种爱，把爱描写得淋漓尽致。书中没有夸张华丽的修饰，更没有华而不实的语言，而是以日记的形式为我们讲述了生活中最朴实的情感。

高尔基的《童年》形象地讲述了主人公阿廖沙的童年时代。阿廖沙自小父母双亡，与外祖父脾气十分不相投，但是外祖母很是宠爱他，而外祖父又很讨厌外祖母宠爱自己的外孙，因此更加讨厌阿廖沙了。然而就是在这样充满磨难的环境中，阿廖沙坚持下来了，并健康地成长了。

《柳林风声》这本书令我感慨万千，在作者绘声绘色的描写中，我感受到了友谊的珍贵与温暖，也明白了每个人都应该以真心待人的道理。“一方有难，八方支援”，当这个世界需要我们的帮助时，我们应当伸出援手，尽己所能去帮助他人。

每当捧起《海伦·凯勒自传》这本书的时候，我总会不自觉地代入主人公的视角，完全融入了那个看不见也听不着的世界。而海伦·凯勒在那样绝望的世界里依然能够乐观地生活，这样的态度带给我深深的震撼。

海伦·凯勒曾说过这样一句话：“身体上的不自由终究是一种缺憾，我不敢说从没有怨天尤人或沮丧的时候，但我更明白这样根本于事无补。因此，我总是极力控制自己，使自己的脑子不要去钻这种牛角尖。”看，海伦·凯勒这样一个身体极度不自由的人，还能这样乐观地面对生活，向命运发起挑战，我们又有什么理由去埋怨生活的苦和命运的不公呢？

读了《爱迪生》这本书以后，我懂得了：汗水是把愿望变为现实的条件，不付出辛劳的汗水，就不会有智慧和灵感，也不会成就真正的天才。

读后感的范文

读《小英雄雨来》有感

这个暑假，我读了一篇令我感动不已的小说——《小英雄雨来》。

小说中的一个情节让我印象深刻：一次侦察任务中，雨来不幸被特务抓住，鬼子命令雨来带路走出地雷阵。面对敌人的长枪尖刀，雨来心想的是“这是个把他们诱入地雷阵的好机会”，并且故意表现出为难与害怕，不叫敌人起疑心。读到这里我心头既敬佩又担忧，敬佩雨来在面对危险时的临危不乱、心思缜密，又为雨来落入敌人手里而担忧。当看到雨来带领敌人走到“这儿是中国的土地”这行大字旁边时，我心头一热，不禁为雨来的爱国情怀所打动。读到这里，雨来已经成了我的榜样，他无畏的品质非常值得我去学习，他强烈的爱国精神值得敬仰！

读这本书时，我也真切感受到了侵略者的残忍，以及广大人民敢于抗争的不屈精神与爱国情怀。如今早已不是战争年代，但今天的幸福生活是许许多多像雨来一样的英雄用鲜血和生命换来的，我们应该珍惜这来之不易的安定与和平。

读书使人明志，这本书让我找到了自己的人生方向。新时代的我立志做一名小“雨来”，热爱祖国，热爱学习，做一个对社会有用的人，肩负起建设祖国的重任！

读《钢铁是怎样炼成的》有感

夕阳西下，大地沐浴在彩霞的余晖里，我又一次读完了《钢铁是怎样炼成的》这本带有自传意味的小说。

这本小说主要分为两个部分：第一部分主要讲述主人公保尔·柯察金的少年经历和他在战场上殊死拼搏的英勇表现；第二部分主要讲述保尔面对艰难的工作环境依然能乐观面对，并且勇敢抗击病魔的故事。

我之所以如此热爱这本书，是因为我被主人公保尔钢铁般的意志所打动。在筑路时，保尔带领“潘克拉托夫小分队”克服匪徒的干扰以及艰苦的生存条件，以超人般的意志把铁路修到了林区；在保尔失去工作能力，党组织不得不解除他的工作后，他并没有放弃自我，而是不断地增强自己的写作能力；最后他全身瘫痪，双目失明，甚至动过一丝自杀的念头，却很快又从低谷里走出，忍着精神和生理的双重折磨，最终写出了《钢铁是怎样炼成的》这部旷世神作！

这本书也让我受益匪浅。我曾无比热爱舞蹈，却因一次比赛场上的失利而放弃了舞蹈。但与保尔相遇后，我被他顽强奋斗、乐观豁达、钢铁般的意志所鼓舞，再次选择回到舞蹈的世界。

所以，朋友们！别轻易被一时的困难所打倒，想想前辈保尔那如同钢铁般的意志，把遇见的困难当作挑战，终有一天，我们定会翻越困难的高山，到达成功的彼岸！

第五章

巧用书信

书信是人际交往中必不可少的工具，常用于沟通交流、表达感情和发表意见等。无论是在学校还是在社会中，书信都是人们普遍使用的一种沟通方式。其独有的书写格式一般包括称谓、问候语、正文、结尾、署名和日期六部分。积累和掌握一些优秀的书信素材可以让我们写作更轻松。

01 书信写作的格式

书信有固定的格式，通常包括称谓、问候语、正文、结尾、署名及日期六个部分。

称谓

称谓指的是收信人，不同的收信人，称谓也会有所不同。书信的称谓要放在第一行顶格写，后面须加冒号“：”，之后该行没有其他内容。称谓之前可以加一些修饰词，如“敬爱的”“尊敬的”“亲爱的”等，完整称谓即“尊敬的××老师”“亲爱的××先生/女士”等。如果不知道收信人的姓名，可以使用“尊敬的/亲爱的领导/同事/朋友”等通用称谓。

对不同写信对象要有不同的称谓。若是写给亲属，直接写称谓（如爸爸、奶奶），不需要姓氏；非亲属则需要在称谓前加入姓氏或者名字（如赵叔叔、李阿姨）；给平辈（如哥哥、妹妹、同学、朋友）的信可以直接用名字或昵称；给老师的信通常只写其姓氏或者名字，后面再加“老师”二字，最好不要连名带姓地称呼；如果是德高望重的前辈，可以在姓氏后加“老”，如“李老”“孙老”等，以示尊敬。

另外，称谓和最后的署名需要对应，明确自己与收信人的关系。

问候语

问候是一种文明礼貌行为，也是对收信人的一种礼节，体现写信人对收信人的关心，如“您好！”“近来一切可好？”这一类的话。问候语要简洁，点到为止，写在称谓的下一行，自成一段，段前空两格。

正文

书信的正文，即写信人对收信人说的话，是书信的主体。在书信正文写作中需要注意三点：一是明确写信的意图，可以是劝诫、回复、告别、道歉、致谢、致贺等，最好在正文开头就表明写这封信的目的，使整个书信内容更清晰明了；二是要有顺序和条理，最好一件事就是一个段落，把事情写完整，并突出真实的情感；三是即使是写信也要详略得当，不能把最近发生的事情都叙述一番，要做到事例挑重点、叙写有重点。

结尾

书信结尾要写上自己的祝福或感谢的话语，即正文写完后，加上一个能够表达敬意、祝福的结尾。比较常用的是“此致敬礼”。“此致”可以写在正文之后，也可以另起一行空两格；“敬礼”需要写在“此致”的下一行，顶格写，后加叹号，表示诚意与尊重。除了“此致敬礼”，也可以不写“此致”，另起一行空两格直接写“敬礼”“平安”“健康”等祝福。

署名

信的最后需要标明写信人，写在书信的右下角。最好在署名时写清楚与收信人之间的关系，如“女儿×××”。切记，署名要与书信的称谓相符。署名一般在另起段。

日期

在署名之后，另起一行在右侧写明日期。除了署名和日期，也可以在结束位置写上自己所在的地点，特别是正在旅行时，可写明自己在哪个地方写下了这封信。

02 书信写作的技巧

书信属于应用文体，是人们传递信息、交流情感、表达思想见解的重要工具。书信的种类比较多，大致可分为两大类：一类是一般书信，即写给亲戚朋友的书信；另一类是具有特殊功能的应用文，如慰问信、感谢信等。

掌握书信的写作技巧，不仅可以让我们的沟通交流更顺畅，还能提升我们的书面表达能力。

格式规范

书信有独特的格式和布局，包括称谓、问候语、正文、结尾、署名、日期等部分。在写作中，书信的格式要规范、完整，以示尊重。书信写作的格式口诀如下："称呼顶格打冒号，先向亲友问个好。正文每段空两格，一件一件不乱套。事情谈完写祝福，健康快乐常祈祷。署名日期别漏掉，工整写在右下角。"

明确身份

明确身份，在称谓上要明确收信人的身份，在署名上要明确写信人的身份。

收信人与写信人的身份，对书信的内容也有诸多限定。身份不同，在信中所谈的内容肯定有所不同；对长辈和平辈，语言表达肯定有区别；对非常熟悉的人和一般性认识的人，说话的尺度也会有所不同。只有明确了这些，我们才可以决定在信中写什么、怎么写、以谁的口吻来写。

意图明了

书信的主要功用是传达信息和情感。在写信前，只有明确写信的意图（如传递信息、联络感情、表达敬意、寻求帮助等），写作才有方向。如果是为了传递消息，则要把消息内容写清楚；如果是为了交流联络，可以把自己的近况、学校或家乡的变化告诉对方，也可以分享自己在学习或生活中的趣事，或者自己正在学的一些本领；如果是为了求助，开头应该有礼貌地表示自己需要帮助，再详细写出自己遇到的问题。

表达得体

写信前先要了解写信对象及其处境，在表达时要注意谦敬，不管是感情色彩，还是语体色彩都要恰当。例如，写给同学的信，应平易亲切；而写给长辈、师长的信，应带有敬意。

与此同时，书信的本质是为了交流，因此，在写作时要身临其境，仿佛对方就在你的面前。从语言上来说，我们往往要增强与对方的互动性，这样便于情感交流和话题讨论。

情感真挚

书信最大的特点是抒情性。抒发自我的真情实感，便于拉近写信人与收信人之间的距离，增强书信的感染力。书信体缺少真诚，就失去了它感人的魅力。

在写信时，写信人可以借助对方熟悉的声音、物象、情景传情达意，使情感表达更真实，进而引起对方的情感共鸣。另外，还可以借助意蕴深刻的词语、不同的句式来增强情感表达的感染力。

03 写给师长的书信

在学生的成长过程中，老师扮演着不可替代的角色，他们不仅向学生教授知识，更是引导着学生在人生道路上稳步前行。学生写给师长的书信可以表达对老师的感激之情，或者是请求老师给予帮助或建议。

给师长写信，可以加深师生之间的联系，加强彼此之间的信任和沟通，进一步促进学生的成长。同时，学生掌握书信素材也能够提高写作水平，在写作中更加得心应手。

全稿素材

尊敬的×老师：

您好！

我是您的学生×××。给您写信，主要是想向您表达我的谢意和敬意。

您是我的恩师，教授我知识，引导我成长。在您的引导下，我渐渐明白了学习的重要性，也是在您的帮助下，我取得了不少进步。感谢您对我的悉心教导，感谢您对我的帮助和鼓励。（表达感激之情）

同时，我也想对您说一声抱歉。在平时的学习生活中，我有许多做得不好的地方，也曾让您感到失望和担忧。在上周一，我没有按时提交我的课外实践作业，您因为要等我的作业，而耽误了一些时间。但是您始终没有训斥我，而是积极联系我，帮我解决问题。事后，您才告诉我，我一个人晚交作业的行为，给老师和学校的工作造成了一定的负面影响。对此，我感到非常自责和愧疚。我想对您说，以后我会尽一切努力，保证这样的事情不再发生。（为自己的错误道歉）

我深知自己的不足，也知道应该努力改进，争取在学习和生活中取得更好的成绩，不辜负您的期望和教诲。（表达自己的改进想法）

最后，再次向您表达我由衷的感激与尊敬之情。您是我们的楷模，我会努力学习，成为一个有用的人才，为社会做出自己的贡献。

祝您身体健康，工作顺利！

此致

敬礼！

学生×××

××××年××月××日

尊敬的×老师：

您好！

我是您的学生×××。感谢您一直以来的教导和关心让我在学校里度过了快乐的时光。（表达感激之情）

您曾说：“每个人都有自己的优点和潜力，只是需要我们去发现和利用它们。”这句话一直激励着我去发现和利用自己的闪光点，不断提升自己。

在去年的演讲比赛中，您耐心地指导我，给了我很多建议。在您的帮助下，我在比赛中取得了不错的成绩。之后，我开始积极主动地参与团队活动，与同学们一起组织各种文艺节目，我也因此得到了更多的锻炼。

×老师，您让我明白，在人生的道路上，我们会遇到许多挑战和困难，但只要我们坚定信心，找到自己的优点并且好好利用它们，成功就不会遥远。（回顾演讲比赛的经历，表达对老师的教导的感激）

除了对我们的日常教导，您还经常组织各项班级活动，让我们在玩中学习，在学习中玩。我们一起去郊游、参观博物馆、做手工、看电影……这些活动不仅丰富了我们的课余生活，还让我们更加了解彼此，增进了与同学间的友谊。（回顾课外活动，表达对老师的感激）

最后，再次感谢您在学习上对我的教导，在生活上对我的帮助与关怀。（再次表达对老师的感激）

祝您工作顺利，身体健康！

此致

敬礼！

学生×××

××××年××月××日

好句好段好素材

时光荏苒，岁月如梭，转眼间又到了毕业季。今年的夏天，我将告别我的小学生活，告别一起生活的老师和同学。回望过去，想起您和我们在一起的点滴，想起您曾为我们付出的辛苦，想起您对我们说的话，我的内心既有不舍，也有感动。

有人说老师是辛勤的园丁，用知识的甘露不断地滋养着我们。待我们这批花苞成长为鲜艳的花朵之时，您会欣慰地对我们展露笑颜。

老师，您是大树，为我们遮风挡雨；您是路灯，照亮我们前进的方向；您是云朵，用知识的甘露滋润我们茁壮成长。和您相处的这些日子，我将把它保留在记忆的相册里，终生难忘！

时光飞船从不停歇，我对您的感激也从未停止。想对您说的话，千言万语都说不尽，但它们最终汇成了一句话："老师，谢谢您！"

您像遥挂于夜空中的北斗七星，每当我们迷失方向时，总能跟随着您不熄的光芒，踏上探索求知的道路。

亲爱的老师，感谢您一如既往的辛勤付出，感谢您不分昼夜的温暖相伴，在这里，我想发自内心地对您说一句："您辛苦了，我爱您！"

俗话说"春蚕到死丝方尽，蜡炬成灰泪始干"。老师，在短短两年里，您如同杜甫笔下的春雨那样"随风潜入夜，润物细无声"，为我打开知识之门，让我一步步走向光明的未来。

岁月飞逝，转眼间六年时光已悄然溜走。这六年的故事就像一个个糖果包，有甜，有酸。您也把我们从一个个小豆包培养成了懂事的少年。想起您的谆谆教导，我心中万分不舍，可我知道，我必须要和您说再见了。

04 写给同学的书信

当我们步入校园，同学便成了我们朝夕相伴的伙伴。同学不仅是和我们一起学习的伙伴，更是与我们互相关心、互相支持的好朋友。

书信作为一种重要的交流方式，是我们与同学深入交流彼此的想法、了解彼此的情感、加强彼此间信任和理解的重要方式。我们可以通过书信分享自己的经历、感受等，也可以对同学的生活、学习进行关心和鼓励。在相互交流中，我们学会如何表达自己的情感、如何与人沟通、如何尊重他人以及如何建立友谊等。这些技能不仅在学生时代非常重要，在未来的人际交往中也非常有用。

因此，学会通过书信的形式与同学交流十分重要。

全稿素材

亲爱的×××：

展信舒颜！

好久没有见面了，希望你和你的家人一切都好。

虽然现在我已经转到了新的学校，但我依然很怀念和你一起度过的时光。（表达对同学的思念）你最近在忙些什么呢？学业上有没有什么新的收获？我相信你一定在很努力地学习，努力肯定能够给你带来好的成绩。（对同学近期生活的关心）

最近我在读一本很不错的书，读完后我感触颇深，我也想分享给你。书名是《窗边的小豆豆》，这本书讲述了小豆豆在巴学园不断成长，逐渐变成了一个大家都能接受的孩子的故事。希望你也能读一读，读后我们可以一起交流。

这个学期，除了学习绘画和篮球之外，我还在学习书法，希望通过练习，让自己的字写得更好看。不知道你有没有培养新的爱好呢？非常期待能有时间和你一起打篮球。（分享个人生活，表达对同学的关心）

最后，再次向你表达我的思念和祝福。期待和你再次相见！

你的朋友×××

××××年××月××日

亲爱的××：

你好！我写这封信是想和你分享我最近的生活，同时也想了解你的近况。（表达对同学的关心）

这个学期，我们年级又增加了一些课程，因此我需要花更多的时间来学习。现在的我每天都很忙碌，但是我一直在努力平衡学业和课余生活。上个周末，我参加了一次帮助弱势群体的志愿者活动。这次活动不仅让我感受到了帮助他人的快乐，同时也培养了我的社会责任感和团队合作精神。我在这次经历中收获了许多，也希望有机会和你一起参加这样的活动。（分享个人生活，表达希望与同学一起参加活动的愿望）

除此之外，我也一直在坚持锻炼身体，希望能在保持健康的同时放松心情。你最近有没有参加什么有趣的活动呢？非常期待和你一起分享你的学习、生活的趣事。（询问同学近况，表达关心）

最后，我想和你约定一个时间，一起去吃饭或者看电影，好好放松一下。（约定活动）希望你在忙碌的学习生活中也能够照顾好自己。

期待你的回信！

你的朋友×××

××××年××月××日

亲爱的×××：

你好！

因为最近正忙着准备期末考试，我在学校里的时间很紧张，所以没怎么联系你，但是我依然很想念你。学习之余想起我们在一起的时光，我总是会感到很温暖。还记得我们在校园里一起散步、一起打球的日子吗？那是我和你最美好的回忆之一。（表达对同学的思念）

不知道你最近有没有遇到什么有趣的事情？我还记得你说你要去旅行，那会是一趟怎样的经历呢？我最近在新的学校里认识了一些新朋友，他们人都很好，不过我最怀念的，还是你在我身边的感觉。（表达期望了解同学近况，并分享自己生活）

最近有些事情让我感到烦恼。首先是我需要适应新的环境，认识新的老师、新的同学，有时会感到压力很大。其次，新学校的教学内容可能和我们原来的学校存在一些差异，我觉得学科难度增加了，这便需要更加努力地学习。不过我相信，只要我们坚定自己的信念，克服困难，最终一定能够获得成功。（分享自己的烦恼和想法）

希望在期末考试中你也能够达到自己的目标，希望你过得开心，身体健康，期待你的回信。（表达对同学的祝愿）

你的朋友×××

××××年××月××日

好句好段好素材

还记得吗？我们初次见面时，是在一年级的第一堂课，那时的我们是多么幼稚，对未来充满了好奇！不知不觉中，我们已经到了六年级。

这六年来，你我一直是亲密无间的朋友，谢谢你一直以来对我的鼓励与陪伴。有你在我身边，真好!

算起来你走的时间也不短了，繁花满树的时节过去了，绿意盎然的景色泛黄了，落叶飘飞的季节落幕了，大雪纷飞的日子即将来临。虽然我们很久没见面了，但我依然牵挂你，想要与你分享我的开心和成绩。每当我想起你，心中就充满了暖意。我们虽然现在暂时见不到面，但以后一定会重逢的，对吗?

我想告诉你一个好消息，我不像以前那样胆小了。这多亏了我妈给我报的一个小红军训练班。训练班里有很多活动，参加这些活动之后，我不再是过去那个胆小如鼠的我了，现在的我非常勇敢。

同是寒窗苦读，怎愿甘拜下风?同是风华少年，怎能甘居人后?相信自己一定可以勇攀高峰，创造辉煌!

在我们的生命长河中，每一段经历都有着它的意义和价值，让我们变得更成熟、更自信、更勇敢。无论这段经历令我们感到快乐还是痛苦，都是值得我们珍藏的成长记忆。我相信，每一段经历，都是独一无二的宝藏，都是我们难以忘怀的珍贵回忆。

愿你像那小小的溪流，把高高的山峰作为生命的起点，一路跳跃，一路欢腾，坚定、勇敢地奔向生活的大海。

05 写给亲人的书信

父母和兄弟姐妹是我们生命中最坚强的后盾和最亲密的伙伴。在生活中，我们可能不能经常与亲人见面，或者无法通过口头交流表达内心深处的情感，这时，我们就可以选择书信交流。

在生日、节日等特殊日子里，给亲人写封信，或表达对亲人的关心、思念、感激和祝福，或倾诉内心的感受、分享生活的喜悦与忧愁，记录生活中的点点滴滴，留下永久的纪念或回忆。

相比口头交流，书信可以更加仔细地选择措辞，使得我们能够更准确地传达自己的情感。与此同时，在写信的过程中，需要组织语言、选取素材，这也能在一定程度上锻炼我们的语言表达能力和写作能力。

全稿素材

亲爱的爸爸妈妈：

写这封信的时候，我正想念着你们。（表达对父母的思念）

我离家求学已经有一段时间了，因为每次回家总是匆忙，未能有机会与你们深入交流，所以我想通过这种方式分享我在学校的学习和生活。（表达写信的缘由）

初次离开你们，独自在学校生活，我遇到了许多困难，但是我一直在努力克服它们。在这里，我结交了一些新朋友，我们一起学习、共同生活、彼此关心，这令我感到温暖。同时，这段时间，我也变得

更独立了，学会了洗衣服、整理床铺、叠被子。（分享个人生活）

在这里，我还想感谢你们。谢谢你们一直以来对我的养育和关爱，并且放手让我成长。（表达对父母的感谢之情）

最后，我希望你们在繁忙的工作和生活中照顾好自己，不要担心我，我会认真学习，不辜负你们的期望。（表达祝愿和自己的打算）

再次感谢你们，亲爱的爸爸妈妈，我爱你们。

你们的孩子×××

××××年××月××日

亲爱的哥哥：

我写这封信是想告诉你，我很想念你。能成为你的妹妹，对我来说，是一件幸运且幸福的事。（表达对哥哥的思念）

我们一起度过了许多美好的时光。一起成长的点点滴滴，酸甜苦辣、或喜或悲，如今回想起来，都令我感到幸福。还记得以前我们一起去公园玩时，你教我骑自行车，那耐心而温柔的话语让我心生温暖。我们还在公园玩了许多游戏，玩得不亦乐乎，这份快乐令我记忆犹新。即使我们现在生活在不同的城市，很少有机会见面，我们之间的关系也并没有疏远，反而变得更加深刻而亲密。（回顾成长经历，表达对哥哥的思念）

写到这里，我想让你知道，我一直都在想念着你。我知道你也面临着各种挑战，但是我相信我们一定能够克服一切困难。

最后，我想对你说，感谢你一直以来对我的支持和鼓励。希望你一切顺利，身体健康。（表达对哥哥的感谢与祝愿）

你的妹妹×××

××××年××月××日

亲爱的哥哥：

展信佳！

时至农历八月，中秋佳节，圆月高悬，我与家人齐坐一堂，餐桌上，却不像往年那样，有你在旁边。手里的月饼还是一如往常的甜，这让我不由得想起了儿时的那些时光。

哥哥，还记得外婆院前的那棵枣树吗？入秋后，那棵枣树也结出了一个个硕大的果实，绿中泛红，看上去诱人极了。以前每到这个时候，你都会矫健地攀爬上树，而我也会很默契地找来一块大大的布，平铺在枣树的下方。一旁专心钩织的外婆总会笑吟吟地叫你“小猴子”，又一直唠叨着让你再小心仔细一些。你摇着树，我则在下面用布兜住枣子，有时候，你还会冷不丁地朝我头上扔上几颗，直到我生气地和外婆告状，你才肯罢休。

现在，我只能自己用长长的杆子摘这满树的枣儿，那些枣还是那么大、那么红；洗上一些，放进嘴里，还是和记忆里那样脆、那样甜。只是没有了你和我争抢最大最红的那颗，反倒失了些趣味。

作为一名戍边战士，你远离了熟悉的家乡，告别了最亲近的家人，义无反顾地远赴祖国最西部。提起你，我的心中满是自豪，儿时你守护了我的成长，现在，你又扛起了保家卫国的大任。哥哥，我对你的思念无法用文字表达，只愿你一切顺利，平安健康。

期盼回信！

你的妹妹×××

××××年××月××日

好句好段好素材

记忆里，这是我第一次给您写信，纵然有万千的情感，可是提起笔的刹那，我却不知该如何向您表达。

我想对您说，谢谢您对我的爱。您的爱是无私的，您的爱是伟大的，您的爱更是不求回报的；您对我的爱，如天上的繁星，叫我数也数不清。

今天能以这样的形式来向您吐露一下我的心里话，我发自内心地感到高兴。回望成长的点点滴滴，我想要谢谢您，不但给我了生命，而且还给予了我无边无际的爱。

妈妈，您对我的爱犹如滋润的春雨，让我茁壮成长；您对我的关怀犹如和煦的微风，轻抚我的脸庞；您对我的鼓励犹如一盏明灯，指引我前进的方向。

爸爸，我深爱着您！感谢您养育了我，教我如何做人；感谢您对我的疼爱，让我幸福成长；感谢您对家默默的奉献，让温暖长存！我对您的爱是无法用言语来形容的。

如果说母爱柔情似水，那么父爱便是深沉如山。您不会用太多华丽的词藻来表达对我的爱，却能够陪伴着我一起跨过成长路上的风风雨雨。您正如那高山，在我的身边沉默不语、巍峨耸立，给予了我沉甸甸的爱与陪伴。

感谢您这么多年来对我无微不至的关心与照顾。《孝经》有言：夫孝，天之经也，地之义也。虽然现在的我还年幼，无法替您遮风挡雨，但我可以帮您做一些力所能及的小事。

您对我无微不至的关怀与鼓励，我始终记挂于心。任时光百转，我对您的爱漫过晴天，硬如磐石，任凭时间蹉跎，亘古不变。

从我呱呱坠地到成为一名小学生，少不了您无微不至的呵护；从我咿呀学语到现在出口成章，少不了您的谆谆教导；从我跌跌撞撞迈步到现在健步如飞，少不了您的鼓励与帮助。

爷爷，您放心吧！我一定会好好长大，像风雪中绽放的梅花那样，凌寒傲雪，积极向上，不辜负您对我的期望。

您无声的爱仿若无垠的大海，藏着对儿女的希冀，藏着对家人的呵护。不过您也要注意身体，我希望您健健康康地陪我长大。

回忆起与您在一起时的点点滴滴，我发现每一个画面都像电影的慢镜头——缓慢、清晰却又如梦一般无法抓住，光与影中，兀然出现了那把吉他的影子，也让我想起了曾经那段美好时光！

123作文训练法

落笔最有神

2 高效构建场景

笔神作文 —— 编著

SPM 南方传媒 | 广东人民出版社
·广州·

图书在版编目（CIP）数据

落笔最有神：作文123训练法 / 笔神作文编著. —
广州：广东人民出版社，2023. 9
ISBN 978-7-218-16711-4

Ⅰ. ①落… Ⅱ. ①笔… Ⅲ. ①作文课—小学—教学参考资料 Ⅳ. ①G624. 243

中国国家版本馆CIP数据核字(2023)第117098号

LUOBI ZUI YOUSHEN:ZUOWEN 123 XUNLIANFA
落笔最有神：作文123训练法
笔神作文 编著

出 版 人：肖风华

策划编辑：严耀峰 钱飞遥
责任编辑：严耀峰
责任技编：吴彦斌 周星奎
项目执行：赵 丹
特约编辑：宋嘉伟 万 慧
插 画：尹红玉
封面设计：青空工作室
装帧设计：熊施丽 杨淇富

出版发行：广东人民出版社
地 址：广州市越秀区大沙头四马路 10 号（邮政编码：510199）
电 话：（020）85716809（总编室）
传 真：（020）83289585
网 址：http://www.gdpph.com
印 刷：广州市樱华印务有限公司
开 本：787毫米×1092毫米 1/16
总 印 张：32 总 字 数：400千
版 次：2023 年 9 月第 1 版
印 次：2023 年 9 月第 1 次印刷
总 定 价：140. 00 元(全4册)

如发现印装质量问题，影响阅读，请与出版社（020-87712513）联系调换。
售书热线：（020）87717307

序言

PREFACE

作文是展现语言表达能力的重要组成部分，也是培养逻辑思维和创造力的有效方式。很多学生觉得写作文很困难，不是无话可说，就是说不到点子上。久而久之，写作成了痛点，甚至成了挥之不去的梦魇。因此，找到一种能够快速提升写作水平的方法，迅速掌握写作技巧，成了许多学生梦寐以求的事情。

《落笔最有神：作文123训练法》是一套专为6至15岁学生提高写作能力而编写的书籍，它通过系统的训练方法，引导学生从素材积累到逻辑构建，再到实战技巧的全方位提升。这套书共分为4册，每册都独具特色，又相互衔接，形成一个系统的作文训练流程。

通过《重点积累素材》这一册，大家可以学习到如何收集丰富的素材，在写作时有更多的选择和灵感；进入到《高效构建场景》的学习，可以掌握如何在作文中合理安排和展示情节，使作品更加生动有趣；通过《速成实战技巧》可以学习如何快速构思并完整展开自己的想法，提高写作的效率和语言表达的准确性；《多维观点表达》将引导大家从不同角度思考问题，帮助形成独特的观点并清晰地表达出来。

为了帮助大家更好地掌握写作技巧，本套书使用了大量生动有趣的讲解方式。这样的讲解方式使抽象的规则和技巧变得更加易于理解。同时还使用了实用的案例，通过具体的写作示范，激发大家的写作灵感，提供需要的指导，帮助大家更好地应用所学的技巧，学会正确组织思路、合理安排文章结构，并且能够流畅表达自己的想法。

《落笔最有神：作文123训练法》的特别之处在于，它以生动有趣的讲解和实用的案例为辅助，让大家能够轻松理解和掌握写作技巧。相信通过这套书的训练，写作会变得简单易行，大家都将受益匪浅，能够更自信地应对各种写作任务。

目录
CONTENTS

第一章 卡片式构建场景

第二章 五感法构建场景

第三章 符号式构建场景

第四章 迷宫式构建场景

第一章

卡片式构建场景

在写作中，构建一个清晰、生动的场景是非常重要的。而卡片式构建场景是一种有效的方法。卡片式构建场景是指通过多种卡片，如时间卡片、空间卡片、人物卡片、细节卡片、情感卡片等，逐步构建场景，使得场景更加丰满、生动。本章将介绍卡片式构建场景的基本概念和方法，以及如何使用这些卡片进行写作的案例。

01 时间卡片

时间卡片是指在写作过程中，将时间作为一个元素，将事件发生的时间点、时间跨度等信息以卡片的形式记录下来。

使用时间卡片的好处在于，可以帮助作者清晰地掌握事件的时间线，使得场景构建更加连贯，读者也能更加容易地理解事件的发展过程。在使用时间卡片时，可以根据事件的发展过程，将时间划分为不同的阶段，例如起始阶段、中间阶段和结束阶段等。对于每个阶段，可以记录下事件发生的具体时间点、时间跨度以及事件的主要内容。此外，在构建场景时，还可以使用时间跳跃的手法，将不同时间点的事件穿插在一起，使场景层次丰富而不失条理。

在本章节中，我们将介绍卡片式构建时间场景的方法，帮助读者更好地掌握时间的表达方式。

题目1：我的学校生活

时间卡片

时间	活动	情感
上午7点	起床、洗漱、吃早餐	倦怠
上午8点	上学	期待、好奇、兴奋
上午8点半	上课	认真、专注、好奇
下午3点半	放学	轻松、愉快、满足
下午4点	参加兴趣班	喜爱、快乐

范例

或许在你的眼中，每一天都千篇一律。可平凡的一天，也有许多乐趣呢！

早上七点，灿金色的阳光透过窗户，映在我的眼皮上，轻轻将我唤醒。我洗漱好后坐在了餐桌旁，桌上已经摆满了爸爸妈妈一起准备的早餐。我坐得笔直，笑容满面地看着热气腾腾的豆浆、满溢金黄油脂的咸鸭蛋、金黄酥脆的煎饼、松软香甜的豆沙包，还有各种新鲜的水果。爸爸迫不及待地伸手拿起他喜欢的豆沙包，享受地咀嚼着，还不时吧嗒两下嘴。一顿狼吞虎咽之后，我伴随着鸟儿的歌声踏上了上学的路。

八点半，大家都端坐在教室，开始了一天的学习。朗朗的读书声回荡在校园的每一个角落，连小鸟都忍不住飞到窗户边，欣赏大家认真的模样。老师站在讲台前，耐心细致地给我们讲解课文，我们也全神贯注地听着。尤其是在提问的时候，大家争先恐后地举起了手，就像一丛丛小树林似的。

忙碌的学习结束后，放学铃悠悠响起。我背上书包走出校门。午后三点半的阳光非常温柔，照在我的身上，一整天的疲倦随之散去。四点的时候，我走进了绘画兴趣班的教室。宽敞的绘画教室窗明几净，我坐在画架前，跟随老师一起，认真地在素描纸上描绘出球体的光影变化。

这就是我的一天，规律而收获满满与乐趣十足的一天。

题目 2：我的一天

时间卡片

时间	活动	情感
一大早	起床、洗漱	积极、兴奋
离开家后	去上学	兴奋、欢快
上午第一节课	上语文课	紧张、懊悔、放松
第二节课	上体育课	积极、愉悦
放学后	晚餐、陪父母聊天	快活、感恩
晚上9点	洗漱、上床睡觉	满足、幸福、快乐

范例

一大早，慵懒的阳光透过窗户洒进我房间，我睁开了迷蒙的睡眼，准备迎接新的一天。我迅速洗漱完毕，换上整洁的校服后便踏上了去学校的路。

今天的天气真是好极了！“太阳当空照，花儿对我笑……”我哼着小曲儿一蹦一跳地走着，老师看见我得意的样子都忍不住笑了起来。上课铃声响起，这是一节语文课。当语文老师抱着教案走进教室，我才反应过来——今天老师要抽查文言文的背诵！回想起昨天晚上的场景，我刚写完书面作业就把所有事情都抛到九霄云外了，哪里还记得这古文。我赶紧将课本掏出来，十行当作一行快速地阅读着，想要一口气将整篇文章“吃进肚子里去”。看着同学们一个个走上讲台，流利地背诵着，我的心也提到了嗓子眼……

很快就轮到我背诵了，我不情愿地“挪”上了讲台。当同学们的目光都集中在我的身上时，我愈发紧张起来。我努力地回忆着，可不论怎么想，我的脑袋仍旧“空空如也”。我的心越跳越快，一颗颗豆大的汗珠从我的额头上冒了出来，我懊悔地低下头。直到语文老师招呼我走下讲台，并让我在课后重新完成背诵，我心里的石头才落了下来。经过这节令人难忘的语文课，我得到了一个教训：不能再落下任何一项作业了！

语文课后便是体育课了。课上，我们进行了各种各样的运动项目，如足球、篮球、乒乓球等。每个项目都有不同的规则和技巧，我恨不得长出“三头六臂”，想要一口气将所有的项目通通玩个遍！

终于放学了，刚进家门我就闻到了饭菜的香味。“是红烧肉！”我兴奋地叫道。妈妈笑了，说：“你可真是只小馋猫。”饭桌上，我们一家人聊天，分享一天的收获和心情，相互关心和鼓励。

晚上9点，我躺在床上，回想这一天的各种经历，满足地闭上了双眼，准备进入梦乡。

就这样，我平凡的一天又结束了，虽然途中发生了一些小插曲，但我仍旧感到幸福又快乐。

题目3：一个难忘的下午

时间卡片

时间	活动	天气
下午1点	刚到公园	阳光正好
下午1点至3点	在公园游玩	阳光明媚
下午3点	匆忙地寻找避雨之处	乌云密布，风渐渐变大
下午3点半	公园变得空荡荡	大雨倾盆而下
下午5点	孩子嬉戏、大人继续活动	大雨停歇、逐渐放晴

范例

那是一个夏日的午后，下午1点左右爸爸妈妈带着我去公园游玩，阳光正好，公园里人流如织，空气中弥漫着淡淡的花香和青草的味道，小鸟在树上欢快地唱着歌。

我和小伙伴们在草地上奔跑玩耍，父母们则在一旁喝茶聊天。跑道上，一些人穿着运动装在公园里慢跑。远处，一些老年人在散步，一些则坐在长椅上享受难得的惬意时光。他们互相交谈着，时不时地发出欢笑声，传递出浓浓的人情味。

这时，一个小女孩不小心把球踢到了湖里，她“哇”地哭了起来。大家还没反应过来的时候，一位老人便喊来了公园的工作人员，帮忙把漂在水上的皮球捞了上来。小女孩脸上还挂着眼泪，却笑了起来，连声说谢谢。老人笑着摸了摸她的头，温柔地安慰她。这一幕发生得太突然，大家这时才纷纷围过来询问，人群中发出赞扬和笑声。

下午3点左右，突然间，乌云密布，风渐渐变大，“轰隆隆”的雷声从远处传来，豆大的雨点“噼里啪啦”地落了下来。雨点击起尘土，空气中都有了大雨的味道。人们顿时慌乱不已，匆忙地寻找着遮蔽之处，避免被雨水淋湿。不到半小时，夹杂着雷鸣和闪电，大雨倾盆而下，仿佛一场自然的洗礼，将原本热浪滚滚的公园彻底洗涤清爽。此时，公园里空荡荡的，不见一个人。

不过，这场大雨来得快去得也快，5点钟便停了。大雨过后，空气中弥漫着清新的气息，让人感受到一丝凉爽和舒适。雨停之后，天空逐渐放晴，夕阳的余晖染红了天空。人们陆续从躲雨的地方回到公园里，孩子们又开始奔跑玩耍。挂满雨水的草地上，小孩子们在自由自在地奔跑、嬉戏，大人们则沉浸在雨后的美好中，享受着这份安宁与自由。

题目 4：我的周末

时间卡片

时间	活动	情感
周六上午9点	参加绘画班	兴奋
周六下午2点	家庭聚会	欢乐
周日上午10点	参观科技馆	好奇
周日下午4点	去公园玩	放松

范例

转眼之间，一周的学习结束了，又到了我最喜欢的周末。

周六上午，跟以往的每个周末一样，我去兴趣班学习绘画。绘画是我最喜欢的爱好之一，绘画时我可以放松心情，发挥自己的创造力，创作出属于自己的画作。而且老师给我们提供了很多不同的素材和颜料，让我们自由发挥。我还喜欢用彩色笔画出夏天的花草，用水彩画出梦幻的星空。每次画画，我都感到很兴奋和愉快。

结束绘画课程后，我参加了一场家庭聚会，度过了一个欢快的下午。愉快的周六在家人的欢声笑语中结束了。

周日上午，我一大早就醒来了，因为今天我要和家人一起去参观科技馆，这是我第一次去科技馆。在科技馆，我看到了许多以前从未见过的展品，例如，虚拟现实眼镜。

虚拟现实眼镜技术十分神奇，戴上眼镜就可以在一个虚拟的环境中体验不同的世界，探索不同的现象，还可以进入一个类似于真实的宇宙环境中。在这个虚拟环境中，我漫游在不同的星球和行星之间，观察行星的表面和环境，同时，我还体验了宇宙的视觉奇观，比如超新星爆炸、黑洞吞噬等。通过虚拟现实眼镜，我几乎就是身临其境地探索宇宙，对宇宙中各种现象的理解更加直观。

在科技馆，我还亲手制作了电路板和机器人。对这些新奇的科技我感到非常震惊，同时也佩服科学家们的聪明和无限的创造力。

科技馆之行结束后，我和家人一起去了公园。公园里树木苍翠、绿草如茵，空气非常清新。我躺在草地上，感到非常放松，阳光照在身上，暖洋洋的，掠过鼻尖的风都是自由的味道。

美好的时光总是瞬息即逝，而留下的珍贵记忆却绵长久远。这个周末过得非常愉快，感觉时间也过得特别快。通过参加各种不同的活动，我的生活变得更加丰富多彩。这让我更加珍惜生活，希望以后还能有更多的机会去探索和尝试新鲜事物。

02 空间卡片

空间卡片是指用来描述场景空间位置和特征的卡片，可以帮助作者更好地理解场景的环境和氛围，比如布局典雅的书房、神秘的森林、科技感十足的航天博物馆等。使用空间卡片可以让场景更加具体、形象、真实。在构建场景时，可以从整体到局部，逐步细化场景的细节，帮助作者更加清晰地想象场景。

使用空间卡片时，可以考虑以下几个方面：

场景的整体描述，例如场景的类型、位置、氛围等，这可以帮助作者更好地把握整个场景的基本特征。

环境细节，例如房间的布局、物品的摆放、墙壁的颜色、温度等，这可以让场景更加真实、具体。

视觉元素，例如场景的光线、色彩、纹理等，这可以增强场景的氛围效果，让场景更加生动、立体。

题目 1：我喜欢的一个地方

空间卡片

整体场景：家中书房

局部特征：光线柔和的灯具、木制书架、靠窗的座椅

物品分布：天花板上的吸顶灯；墙的两侧有书架，里面摆着书本；窗户旁有座椅

范例

说到我喜爱的地方，那当属于我家的书房了。

我家书房的布局很典雅，这是爸爸亲手设计的。刚进门，就能看到天花板上的吸顶灯，它温润的光泽和白色的柔光构成一层泛黄色的光环，给书房增添了几分诗情。墙的两侧放置了两排木制的书架，书本在上面有序的排列着，像方阵里的战士们整齐又严肃。而我就喜欢在这间典雅的书房里读书。

我总喜欢坐在书房靠窗的座椅上，沐浴着阳光静静地翻着书，不知不觉间仿佛来到了另一个天地。一会儿飞到了哈利波特的魔法世界，感受着魔法带来的神奇；一会儿又走到了鲁迅的三味书屋，感受着严肃的课堂氛围；霎那间又跑到了史铁生描写的地坛，感受着地坛的静谧与哀伤。书房里的天地总是独具风采，我的精神也在愉悦中得到升华。

我喜欢书房的这一片天地，我为它着迷！

题目2：神秘的森林

空间卡片（地点式）

地点	特点
一片森林	神秘、浓密、幽静
一条小溪	清澈、流淌、微凉
一座山峰	陡峭、青翠、高耸
一间破旧的小屋	古老、神秘、荒凉
一个黑暗的山洞	阴森、深邃、危险

范例

深秋的午后，子轩和雨婷决定去一片神秘的森林探险。他们走过一条迷雾缭绕的小路，进入了这片森林。森林中没有一点声音，只能听到树叶之间摩擦的轻微声响。由于阳光难以穿透浓密而高大的树木，森林里显得十分幽暗。子轩和雨婷在森林中小心翼翼地走着，不一会儿，他们就走到了一条小溪边。小溪清澈见底，还有一些小鱼在其中欢快地游来游去。远处还有一座陡峭的山峰，一眼望去，山上的草木郁郁葱葱，格外赏心悦目。

他们沿着溪流的方向继续前行，不久后便发现了一间破旧的小屋。小屋看上去非常古老，周围自由生长的杂草几乎将小屋的门遮住。子轩和雨婷好奇地走进去，发现屋子内部陈设简单，墙面十分斑驳，到处都有污渍，偶尔还会窜出一只老鼠。他们好奇地在屋内翻找起来，希望找到一些房屋主人的线索，但最后只发现了一张类似藏宝图一样的地图。

按照地图的指示，他们继续前行，最后来到了一个黑漆漆的山洞前。这个山洞看上去很深，里面一片漆黑，仿佛一个要将人吞噬的深渊，但子轩和雨婷还是决定进去看看。

进入山洞，穿过狭长幽暗的通道，首先映入眼帘的是颜色各异、千姿百态的钟乳石和石柱，再往里走，发现山洞顶上倒挂着许多蝙蝠。子轩和雨婷不敢惊动这些正在休息的动物，于是轻手轻脚地朝山洞深处走去。进入山洞深处，视线豁然开朗，山洞深处像一个空旷的大厅，周围的石壁上刻满了壁画，其中有一幅位于正中间，上面的图案十分神秘，子轩和雨婷都不知道它的含义，于是他们拿出纸笔，把图案描了下来，决定等出去之后再研究。

山洞探险结束后，他们决定原路返回，离开这片神秘的森林。

通过这次森林探险，他们不仅发现了许多奇妙的事物，学习了很多有趣的知识，还收获了深厚的友情。同时，他们变得更加勇敢，也更加珍惜自然的美好和神秘。他们感谢这个森林给他们带来的美好体验，也期待有一天能够再次回到这个地方，继续探索未知的世界。

题目3：航天博物馆之旅

空间卡片

地点	特点
航天博物馆	科技感、历史感、互动体验
太空舱展示区	真实、震撼、狭小
火箭发射模拟区	高科技、视觉冲击、音效震撼
航天飞船模型展示区	精细、复杂、惊叹
航天技术解析区	科普性、生动、互动

范例

周末，我和朋友来到航天博物馆参观。当我们进入博物馆时，首先映入眼帘的是科技感的布局构造。宽敞明亮的博物馆内部空间，设计精美的展品、别具一格的陈列方式都让我们惊叹不已。

接着，我们来到了太空舱展示区，看到了真实的太空舱展示。进入太空舱内部看到太空舱内装有各种航天设备，设计得非常紧凑，但并不会让人感觉拥挤。通过太空舱的小屏幕，我看到一个漂浮在太空中的地球，此时，仿佛自己置身于宇宙之中，真是令人惊叹！我仔细看着太空舱内部的设备和仪器，想象着航天员要在这个小小的太空舱里度过数周、数月甚至数年的生活，他们真是太伟大了！我的朋友进入模拟舱中，感受到了失重。他说，坐在模拟舱中就仿佛置身于太空中，尤其是听到飞行时所需要掌握的知识和应对措施后，感觉自己也成了一名航天员。

体验了太空舱之后，我们来到了火箭发射模拟区，看到了火箭发射时的壮观场景，听到了火箭发射时的轰鸣声。高科技的设备，视觉与听觉的冲击，仿佛我们正在见证火箭发射的瞬间。

接下来，我们来到了航天飞船模型展示区，看到了各种精细、复杂的模型。模型的细节处理非常到位，仿佛真正的航天飞船就呈现在我们面前。

最后我们来到了航天技术解析区，看到了神舟飞船、天舟飞船、中国空间站等各种科普性的展品和解析，生动形象地展示了我国航天技术的发展历程，让我们更加深入地了解了航天领域的奥秘。我和我的朋友都被展出的太空飞行器和航天装备所震撼，同时也深刻地感受到我们已经在科技领域取得了巨大的成就。

整个参观过程中，我们不仅是在欣赏展品，更是在与科技互动。博物馆内不仅有精美的展品，更设有各种互动体验区域。这些区域让我们对航天技术有了更深刻的认识。我很庆幸有机会参观航天博物馆，也感谢中国航天事业的发展给我们带来了如此神奇的体验。这次航天博物馆之行，让我们收获颇丰，也更加崇拜科技的力量。

太空，是一个无比神秘的领域，我们应该持续探索，突破自我，为人类的未来发展做出更多的贡献！

03 人物卡片

人物卡片是指用来描述场景中出现的人物的卡片。在人物卡片上，我们可以写明人物的性格、外貌、经历等信息，使我们作文中的人物描写更加丰富和生动。同时，我们可以将人物卡片与场景结合起来，运用人物卡片来推动故事的情节发展。作为写作中的“神奇”道具，充分运用人物卡片，可以揭示故事背景，帮助作者更好地理解人物的个性、品质和情感，引发共鸣；另一方面，人物卡片还可以营造氛围，给作者更真实的感受和体验，在写作中更能突出文章中心，升华主题等，让我们的写作内容更有感染力。

题目1：我的偶像

人物卡片

姓名：李老师

年龄：32岁

性别：男

外貌特征：整齐的黑发，瘦瘦高高，常穿白衬衫和黑色长裤。

性格特征：温和，负责，有耐心，认真，谦逊有礼。

经　　历：李老师除了是一名优秀的音乐老师，还是一名出色的音乐家。他曾在多个国际钢琴比赛中获奖，并拥有丰富的音乐教学经验。除了钢琴，他还会演奏吉他、小提琴等乐器。

范例

我的偶像长得非常帅气，一头黑发总是梳得整整齐齐，身材瘦瘦高高的。同时，他总是穿着干净的白衬衫和黑色的长裤，这几乎是他的标配，这穿搭也使我们可以在人群中一眼就认出他。他就是我们的音乐老师——李老师。

李老师是一个性情温和、负责的老师。他总是耐心地听学生的问题，并给予积极的回应和建议，就算是同一个问题，他也会不厌其烦、一遍又一遍地讲解。在课堂上，李老师会认真地教授乐器的演奏技巧和要点，并指导同学们练习正确的姿势和手势。

李老师不仅传授音乐知识，还引导同学们学会用音乐表达自身情感，找到适合自己的音乐风格。他鼓励同学们进行创意演奏，加入自己的个性和情感。在李老师的带领下，同学们纷纷开始发掘自己的音乐天赋，拓展自己的音乐想象力和感受力。就连我这么一个不怎么接触音乐的人对音乐的兴趣也日渐浓厚，觉得音乐就是一门特别的语言，能够直抵人心，传递出各种情感。

除了是一名优秀的老师，李老师还是一名出色的音乐家。他会演奏钢琴、吉他、小提琴等多种乐器，曾在多个国际钢琴比赛中获奖。但他本人非常谦逊有礼，从不炫耀自己在音乐上获得的成就。

不管是作为一名教育工作者，还是作为一名音乐家，李老师都非常值得我崇拜和尊敬。同时，他的教学方式也让我深受启发。我希望有一天能够像他一样，成为一名出色的音乐家，将音乐传遍世界每个角落，让大家都能听到我的音乐，感受音乐的魅力。

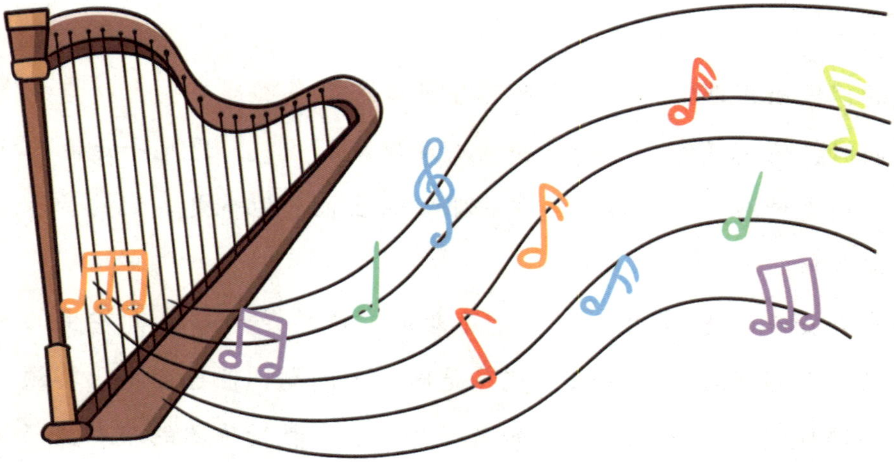

题目 2：我喜欢的老师

人物卡片

姓名：王老师

年龄：28岁

性别：女

外貌特征：个子不高，总是面带微笑，常穿白衬衫和黑裙子。

性格特征：温暖，有耐心，善于引导学生，关心学生，有责任心。

经　　历：王老师是一位小学语文老师。她非常热爱教育事业，对每一个学生都尽心尽力，深受学生爱戴。

范例

我最喜欢的老师是我们学校的语文老师——王老师。她个子不高，但小小的身体里好像总有用不完的能量，管理着班级的大小事务也从不说累；她笑起来非常温暖，像沙漠的一汪清泉，沁人心脾。白衬衫加黑裙子的穿搭显得她得体又优雅。

王老师非常有耐心，而且很善于引导学生，不论是学习成绩好还是学习成绩差的学生，她总是能够用不同的方法来激发他们的学习兴趣，帮助他们取得进步。记得有一段时间，我的成绩退步比较大，因而失去了学习的兴趣，王老师频繁地找我谈话，帮我分析学习退步的原因，指出我学习上的不足，教我一些改进的方法。根据王老师的方法，我调整学习方式，慢慢地成绩又恢复到以前了，尤其是语文成绩。我的语文作文还经常被王老师当作范文在班上传阅。渐渐地，我的自信心又回来了，我非常感谢她对我的关心和指导。

在她的课堂上，我们总是感到放松和自信。她不仅给我们传授语文知识，还教我们如何用文字表达自己的情感和思想。她的课堂总是充满了欢声笑语。正是因为遇到了王老师，我们对语文产生了浓厚的兴趣。

王老师不仅课上得好，她还非常关注学生的心理状态。她经常向我们询问学习情况和家庭情况，及时解决我们所遇到的各种问题。

王老师是一位非常热爱教育事业的老师，她对每一个学生都尽心尽力。她教给了我们很多语文知识，同时也教会了我们如何成为一个有爱心、有耐心、有责任感的人。我非常喜欢王老师，她让我感受到了教育的温暖和力量，让我对未来充满了信心和勇气。我相信，在王老师的帮助下，我一定能够在语文方面取得更大的进步，也一定能够成为一个优秀的人，为社会做出自己的贡献。

题目3：我的奶奶

人物卡片

姓名：（我的奶奶）

年龄：78岁

性别：女

外貌特征：头发斑白，脸上有皱纹，面容和善，衣着素净、整洁，戴一些简单而漂亮的首饰。

性格特征：性情温和，有耐心，友善，热情，乐于助人，热爱生活。

经　　历：一名家庭主妇，有着丰富的生活经验和人生阅历。

范例

我的奶奶已经年近八旬，但是她的心态却非常年轻，总能给我很多鼓励和帮助。奶奶的头发斑白，脸上有很多皱纹，总是面带微笑，让人忍不住想亲近她。奶奶通常会选择一些干净整洁、颜色素净的衣裳，还总会戴上自己做的一些简单而漂亮的首饰，看起来精致又和蔼。

在和奶奶相处的日子里，我总会感受到她对我的关爱和她的好脾气。她会为我做许多好吃的食物，陪我聊天、玩游戏，听我诉说一些烦恼。每当我遇到难题的时候，她还会耐心地帮我想办法，给我支持和鼓励，让我感到非常温暖。在家里，有时我会过于吵闹，像是在“大闹天宫”，把房间弄得很乱，奶奶也不会严厉地责骂我，而是耐心地教导我，带着我收拾满地狼藉的书本和玩具。

有一次，我在玩耍时不小心把奶奶很喜欢的一个花瓶打碎了，奶奶听到声音后跑过来，看到吓得不知所措的我，急切地拉过我的手，我本以为她要打我的手板心，没想到她却是拉过我的手查看有没有被花瓶的碎片划伤。看着奶奶惊慌的样子，我感到十分羞愧，同时又觉得十分温暖。

奶奶对周围的人也非常友善，她总是热情地帮助他人，尤其是老年人和孩子。她在街上碰到一些需要帮助的老人或者小孩，都会主动走过去询问他们的需要，尽力帮助他们解决问题。她总跟我说，花要叶扶，人要人帮，不管什么时候，都不能做一个冷漠的人。

奶奶虽然年纪已经很大了，但是她依然对生活充满了热情。她将自己的时间安排得满满当当，不浪费一丝光阴。她喜欢到公园里散步，呼吸新鲜的空气，欣赏美丽的风景，还会和朋友们一起跳广场舞。她也很喜欢看书，每天都会看一些新闻和书籍，让自己保持着旺盛的好奇心和求知欲。

我的奶奶是我生命中非常重要的人，她给我带来了无尽的温暖和关爱。我希望自己也能像她一样善良、耐心、热情，为自己和身边的人带来更多的幸福。

04 细节卡片

细节卡片是指用来描述场景中细节特征的卡片。在构建细节卡片时，我们要抓住描写对象身上那些细致入微的特点，例如颜色、形状、大小、纹理等方面，或为人物增添语言、动作等细节，能够使人物形象更加丰满立体，触动读者的情感和感受。运用细节卡片，我们能够将作文中的对象写得栩栩如生，为读者营造更为丰富的想象空间，使场景更加真实、饱满、有趣。

题目1：一场夏日的雨

细节卡片

时间：一个夏日下午

地点：小学校园

天气：阴沉，闷热

主要人物：体育课上自由活动的学生

人物活动：先享受雨的清凉，然后迅速跑到教学楼避雨

校园中的细节：

树木茂盛，绿树成荫

雨点密集，雨势越来越大，还有伴随着暴雨而来的风

雨渐停了，空气十分清新

范例

又是一个炎热的夏日下午，气温很高，让人感到有些喘不过气。突然，天空变得阴沉沉的，仿佛一场暴雨要来临。几分钟后，雨点开始“嗒嗒嗒”地落下。

校园里，体育课上正在自由活动的同学们惊喜地看到这突如其来的夏日雨，纷纷想要体验一下在雨中的感觉。他们跑到雨中，在雨中漫步，感受着细雨落在身上的感觉。一些同学抬起头，张开双臂，感受雨水落在身上所带来的凉爽；一些同学开始听雨声，似乎这“沙沙沙”的

雨声能唤起他们内心的某些感觉；一些同学则开始在雨中跳跃、奔跑，在雨中尽情释放自己；还有一些同学则在仔细观察雨落在地面上是怎么形成“小溪”的。在雨中，同学们好像回到了大自然的怀抱，大家都在享受着这片刻的宁静与放松。

校园里草木茂盛，绿树成荫，雨水在树叶和草丛上飞溅着，仿佛是音乐家在演奏一场美妙的交响乐。雨越下越大，同学们开始“撤退”，迅速跑到了教学楼里，观察着这突如其来的雨。密集的雨滴不断砸在地面上，响声越来越清脆。雨势越来越大，犹如倾盆而下，地面上的积水迅速增多，形成一个个水洼。雨点打在水洼上形成一个个水泡，又迅速被后来的雨点打破，泛起一圈圈涟漪。伴随暴雨而来的风，把路上的垃圾、树叶等物品吹得四处飞舞起来。

这场暴雨来得快，去得也快，雨点慢慢稀了，雨声慢慢小了，除了地面上还有积水、树叶上还有水滴滴落，几乎看不出刚刚下过大雨。雨后，整个校园都变得特别清新，空气中弥漫着一股清新的味道。同学们慢慢走出避雨的地方，开始寻找那些破碎的彩虹。这场夏日雨虽然来得突然，却让整个校园变得更加有生命力和活力。

题目 2：爷爷的花园

细节卡片

时间：春天，天气温暖

地点：爷爷的花园

天气：阳光明媚，没有云彩

气息：花香扑鼻

主要人物：爷爷，穿着一件灰色的工作服和戴着一顶草帽

花园中的细节：

不同种类的花儿，包括玫瑰、向日葵、紫茉莉等

蜜蜂采集花蜜

爷爷为花园的花花草草施肥、捉虫、剪枝

范例

爷爷有一个很漂亮的花园，里面种满了许多不同种类的花儿，有玫瑰、向日葵、紫茉莉等。红似火的玫瑰花形多样，花瓣重重叠叠，散发着浓郁的香气；黄色的向日葵花朵很大，中间由一个大圆盘构成，香气十分淡雅；紫茉莉花像是一个个小喇叭，香气清醇……每一朵花儿都有着自己独特的颜色和形状，非常美丽。站在弥漫着各种花香的花园里，我十分陶醉。

突然，我注意到了花园里的蜜蜂。它们忙碌地飞来飞去，不停地采集花儿的花蜜。看着它们的样子，我不禁想起了一句名言：“蜜蜂虽小，但它的劳动却是我们甜蜜的源泉。”

抬起头，我看到了爷爷在花园里忙碌的身影。记忆中，爷爷好像总是穿着那件灰色的工作服，戴着一顶破旧的草帽，弯着腰为花花草草施肥、捉虫、剪枝。只见他捉住一只小虫子，仔细看了一会儿，然后把它扔到了一边。

看着爷爷仔细为花草捉虫的样子，我好像看到了小时候爷爷照顾我的样子。原来，我也是被爷爷精心呵护长大的小花呀！

爷爷的花园是一个充满生机和回忆的地方。我喜欢在这里待上一整天，看着盛放的花儿，听着蜜蜂的嗡嗡声，感受着大自然的美妙。

题目3：美好的晨曦

细节卡片

时间：早晨

天气：晴朗

场景：清晨起床后，从推开窗到走上街头

自然：鸟儿在欢快地歌唱，草地上露珠闪闪发光

范例

天边的黑暗渐渐消散，取而代之的是一层淡淡的的红色，突然，一丝曙光穿透重重云雾，四周的景象随之变得清晰起来。

推开窗，远处的山峰在阳光照耀下格外美丽，窗台下的小花也随着太阳的到来开始绽放。草地上，一粒粒晶莹剔透的露珠在阳光的照耀下闪耀着迷人的光芒。每一粒露珠的形状都不一样，有的像水滴，有的像珍珠，有的则呈现出奇特的形态。走在草地上，你可以闻到空气中那沁人心脾的青草香。这是独属于清晨的自然美景，也是大自然赠予我们的小小礼物。

这个时候，一只小鸟儿清脆的鸣叫声响彻在空中，扰动了这充满诗意的世界。它的歌声像是一支欢快的乐曲，让人忘却了一切烦恼，沉浸在美妙的旋律中。另一只小鸟也跟着它一起唱了起来，清脆的鸣叫声呼

应着，让整个天空都充满了生机与活力。它们的“演奏”和谐而美好，叫醒了沉睡的世界。于是，美好而忙碌的一天又开始了。

随着时间流逝，人们陆续走上街头，步入新的一天。街上来往车辆川流不息，行人匆匆忙忙，公交车、小汽车、自行车等各类交通工具满载着上班族和学生，向着自己的方向前进——上班族们都穿着整洁的职业装，面带微笑，快步走向公司；学生们背着书包、穿着校服，朝着梦想前行。一路上，人们行色匆匆，充满了活力和干劲。他们一边享受着早晨的清新和宁静，一边准备迎接新一天的挑战。

远处又传来阵阵鸟鸣，微风吹过，树影摇曳，露珠在阳光下闪闪发光。这个清晨真美，大自然每天都在用新的姿态迎接新的一天。我们也要怀着美好的心情迎接崭新的一天。我相信，只要我们积极向上、充满希望，就能够迎来更美好的未来。

05 人物情感卡片

人物情感卡片是指用来描述场景中人物情感状态的卡片。情感是抽象的，因此在构建情感卡片时，我们可以运用比喻、象征的手法，并考虑人物的情感状态、心理变化、情感表达方式等各个方面，将人物的情感写得细腻而生动，丰富人物形象，帮助读者更好地了解人物的内心世界，使我们的作文更加引人入胜，激发读者共鸣。

题目1：我的好朋友

情感卡片

初识好朋友：好奇、兴奋、期待

建立友谊：喜悦、幸福

面对冲突：沮丧、害怕、矛盾

化解冲突：平静、不再害怕

感恩好朋友：感恩、珍惜、信任

范例

我有一个好朋友。

第一次和她见面是在一个夏日的傍晚，在夕阳的余晖中，我一眼就看到了那个扎着高马尾、笑得眉眼弯弯的姑娘。我想着，她笑得真好看，不知道叫什么名字，要是能和她做朋友就好了。

初识好朋友，感到好奇、兴奋、期待

再见面，她成了我的同桌，依然是高马尾，笑起来眼睛就弯成月牙。她笑眯眯地和我打招呼，介绍自己。大概因为我们是同桌吧，每天朝夕相处，很快我们就成了无话不说的好朋友。她会和我分享她暑假去乡下爷爷奶奶家的趣事，她说在那里可以肆无忌惮地在田野里奔跑、玩耍，在田地里抓蚂蚱，在小溪边抓螃蟹、钓小鱼，享受着大自然的气息，还可以自己做陀螺、风筝等玩具。我也会告诉她假期中遇到的好玩的事。就这样，我们一起疯、一起笑，相互陪伴度过了一年。

建立友谊，感到喜悦、幸福

面对冲突，感到沮丧、害怕

后来，我和她因为一些小事情发生了争执，其实我已经想不起是因为什么事情而发生的争吵了。我只记得争吵之后那几天的沮丧，做什么事情都提不起精神，想和好却又碍于所谓的面子不愿低头。最后，我们经过一番沟通与交流，解开了误会，也解决了问题，重新成为好朋友。但那种即将失去一个好朋友的恐惧与痛苦，我再也不想体验了。

化解冲突，内心变得平静，不再害怕

很遗憾，我们现在并不在同一所学校，但我们会在空闲时相聚，一起学习、玩耍，一起谈天说地，聊理想和未来。

我很庆幸，我遇到了人生中最好的朋友。我想，未来我和她都会遇到许多不同的人，但我们都不会丢下对方。我相信，真正的好朋友是不会走散的，我们会一起成长为更好的大人。

感恩好朋友，懂得珍惜友谊，信任朋友

题目 2：一节难忘的科学课

情感卡片

初识知识：震惊、新奇

深入了解：惊讶、震撼、感悟

发现问题：请教、思考、探究

获得收获：成就、满足、欣喜

范例

我记得那是一节科学课，它让我难以忘怀。

那一节科学课是讲生物知识的。上课一开始，老师就先让我们看了不同生物的图片和视频，我非常震惊，原来生物包括了动物、植物和微生物，而且很多生物是我从未见过的，很神奇。

初识知识

接下来，老师深入讲解了各种生物的结构和特点，我感到惊讶和震撼，原来这些生物竟如此复杂。我继续认真听讲，并思考这些生物的生命力、繁殖方式、生态环境等问题。

深入了解

在课堂上，我发现了一些问题，例如动物的生活习性与环境的关系、植物的变异现象等。我开始探究这些问题，一边向老师请教，一边和同学一起思考。随着不断地探究，我发现了更多的问题和答案。

发现一些问题

最后，老师为我们讲解了一些生物的应用和价值，例如生物制药、

生物能源等，我感到非常欣喜和满足，我意识到生物对于人类的重要性，也明白了为什么要保护生物多样性。 收获和感悟

我印象最深刻的，是老师为我们讲解心脏的结构和功能。他用粉笔在黑板上画出心脏的模型，并解释了心脏在身体中的作用。随后，老师让我们进行一个小实验，让我们能够听见自己的心跳声。老师向我们解释了心脏收缩时与舒张时的声音变化，我感到非常神奇。因为心脏是动物和人体最重要的器官之一，但是我们却不会特别关注它。这个小实验让我更深入地了解了心脏的奇特之处，让我对生物学产生了浓厚的兴趣。

这节科学课让我不仅初步了解了生物，还深入学习了生物的结构和特点。老师还教会了我们以新的方式看待我们的身体，并且激发了我对生物学的兴趣。我相信，在未来的学习中，我会更加认真地学习生物知识，发现更多的问题，并为保护生物多样性尽自己的一份力量。

题目3：一节课的感受

情感卡片

课前：欣喜、期待

课中：失落，沮丧

课后：遗憾，重新振作

范例

人的情绪是极其复杂的，一件事就可能让我们百味杂陈。上周的期末考试，就让我体会到了多种不同的情绪。

公布成绩那天是一个阴天，没有太阳，风愤怒地拍打着窗户，灰黑色的云朵随着狂风不停地变化形态。尽管窗外的天气不好，但我内心却十分欢喜雀跃，因为我在期待着自己的好成绩。（课前）

“叮铃铃……叮铃铃……”上课铃声响起，老师拿着一叠试卷走进教室，我眼睛紧紧地盯着老师手中的试卷。老师开始念分数了，我忐忑不安地听着老师报分数，不住地幻想着念到我的分数时同学们朝我投来的惊叹目光。“小涵，70！”一瞬间，我仿佛在冬天被人浇了一盆凉水，整个人从头冷到脚，大脑也停止了思考。我挪动着僵硬的双腿走上讲台，周围的翻书声、窃窃私语都渐渐模糊了。我垂着头站在老师面前，伸出双手，木然地接过试卷，转身回了座位。接下来的这节课，我都没办法集中精力，不敢看试卷一眼，总是盯着黑板走神。老师注意到了我的异常，课后，她将我叫到办公室，安慰我："知识点掌握得不错，就是计算能力有所欠缺，继续努力，下次肯定能考好。"老师的安慰如同一泓清泉，滋润了我心中枯萎的花朵。我又重新打起了精神，专心听课，为下一次考试做准备。

课中

短短一堂课、一次成绩的公布，就让我感受了多种不同的情绪。刚开始的欣喜、期待，就像刚出生的小鹿，在心里到处乱撞；随后听到分数的失望，就如同即将抵达彼岸的小船，最后却被风浪打翻，沉入海底；最后老师的开导，就像雨过天晴后突然出现的一道彩虹，让整个世界都变得明亮绚烂。

课后

一直以来，我都在考场上得心应手，我就像一只望着辽阔天空与原野、即将展翅翱翔的雏鹰，等待着每一次翱翔的机会。但很遗憾，我这次没有飞起来。不过，这次失败鞭策我继续努力前行。我相信，雄鹰是不会被打败的，终有一天我会翱翔在天空，让世人看到我的能力与成就。

综合应用 使用卡片式构建场景的方法

使用卡片式构建场景，可以帮助作者有条理地整合和展现各种要素，使得场景更加生动、真实，让读者更容易投入其中。在构建场景的过程中，需要先确定写作的主题和场景，以便为后续卡片构建提供基础。具体来说，使用空间卡片逐步描述场景的位置和特征，从整体到局部，逐步细化场景的细节；使用人物卡片逐步描述场景中出现的人物，从外貌到性格，从语言到行为，逐步揭示人物的作用和角色；使用细节卡片逐步描述场景中的物品、事件和环境特征，让场景更加真实、丰满、有趣；使用情感卡片逐步描述场景中人物的情感状态和情感变化，让场景更加感人、引人入胜、具有共鸣力。最后，通过对各个卡片的综合应用，优化场景的逻辑和节奏，使场景更加紧凑、生动、具有感染力。

例如，假设写作主题是一个发生在图书馆的故事。首先可以整体把握场景，确定图书馆的基本特征和环境，比如位置、装修、氛围等；然后使用空间卡片逐步描述图书馆的位置和特征，从外部到内部，逐步细化场景的细节；接着，使用人物卡片逐步描述图书馆中出现的人物，比如图书管理员、保安、学生等，从外貌到性格，从语言到行为，逐步揭示他们的身份和特点。紧接着使用细节卡片逐步描述图书馆中的物品和环境特征，比如装饰、桌椅、书籍的新旧等；然后再使用情感卡片逐步描述人物的情感状态和情感变化，比如喜怒哀乐、矛盾冲突等。最后再对各个卡片进行综合调整。

第二章

五感法构建场景

五感法是一种运用五种感官感受来描绘人物、事件和场景的写作方法。它利用人的听觉、视觉、嗅觉、触觉、味觉来描述一个情景或者实物，让读者通过阅读感受到作者所描绘的情境。运用五感法写作，可以使文章更加生动、形象，增强作品的感染力和真实感。

01 视觉描写法

视觉描写是场景描写最常用的手段，与传统写作方法相比，视觉描写在于它更加注重描述画面、情景、氛围等视觉元素，强调对细节和感官体验的描写，让读者通过阅读文字获得视觉上的美感和情感上的共鸣。通过形象化的语言来刻画场景和人物形象，使读者产生身临其境之感，达到良好的阅读体验和深刻的记忆效果。

运用视觉描写，可以通过描述颜色、形状、大小、纹理、光线和阴影等方面来呈现画面，例如描写一朵花的色彩、一座山的峻峭高耸、一条河的波光粼粼、一片森林的茂密繁盛等。

题目1：赏荷

夏天，亭亭玉立的荷花初次开放。大片大片的荷花看起来总会让人赏心悦目。宋代诗人杨万里就曾写过一首诗来描绘六月西湖的荷花，其中有两句非常有名——接天莲叶无穷碧，映日荷花别样红。为了欣赏这诗中所描绘的美景，我和家人在周末去了西湖的荷花池赏荷。

荷花池边的空气格外清新。荷花池中，深绿的叶子在水面上伸展，映着荷花池里碧绿的水，形成了一幅又一幅优美的水墨画。玫瑰红、白色、深红色、粉红色、橙红色等不同颜色的荷花高低有序、错落有致地在荷花池中绽放，它们搭配着蓝天、白云、绿叶，形成了一幅极为动人的图画。水边静静地立着瘦高的蒲草，阳光洒下来，草影落在周围的荷花上，形成明暗交错的画面。微风拂过，光影斑驳间，荷花显得更加神秘而高贵。

爸爸告诉我，荷花并不只是为了装饰环境而存在的，除了能供人观赏之外，它还有许多作用。它的花瓣、花蕊都可以入药。荷花落尽后，中间的莲蓬会长大，成为清甜可口的莲子，生吃、煲汤都是不错的选择。荷叶和荷梗可以作为包装和工业原料使用。除了这些看得见的，深埋于泥里的莲藕，更是一道天然无污染的美味食材。湖北有一道名菜就是将莲藕与排骨一起炖汤，味道极其鲜美。我一边看一边感叹，荷花果真全身都是宝呀！

在中国古代，荷花还常常被用来象征高尚的品质。周敦颐在《爱莲说》中写道：“予独爱莲之出淤泥而不染，濯清涟而不妖，中通外直，不蔓不枝，香远益清，亭亭净植，可远观而不可亵玩焉。”荷花不仅是一种花，更是一种特殊的文化载体。

赏荷能够让我们感受到风景的美好与神奇，也能够带给我们无穷的想象力和灵感。让我们走出城市的喧嚣，感受生命的真谛，享受大自然的馈赠，一起去赏荷吧！

题目2：春天的美景

在所有季节里，我最喜欢春天。因为春天意味着生机。春天来临时，被冰雪覆盖的大地会逐渐从沉睡中醒来，嫩芽破土而出，小动物们开始外出觅食，一切都美好而治愈。

春日的早晨，公园里绿草如茵，一朵朵粉色的小花在一片绿色中随风摇曳，仿佛在向每一个路过的人问好。阳光透过树叶的缝隙，照在青绿的草叶上，一颗颗晶莹剔透的露珠在阳光下格外明亮，像极了美丽的珍珠。

小鸟在树上欢快地唱着歌，好像在用歌声迎接春天的到来；几只燕子在低空中盘旋飞过，停留在电线上，像极了音乐老师的五线谱；花丛中，许多小蜜蜂“嗡嗡嗡”地忙着采蜜，它们的翅膀在阳光下闪闪发光；随着气温的升高，蝴蝶也开始飞舞在花丛之间。这些都是独属于春天的美丽风景线。

春天的天空也十分美丽。有时候蓝得像一块干净无瑕的蓝宝石，有时候又会有棉花糖一样的白云悬在其中，有时候还会出现神奇而绚丽的彩虹。夜幕降临时，天空中会出现点点星光，像一颗颗宝石在闪烁，为黑漆漆的天空点缀了一丝亮色。

这就是春天的美景，它充满生机和活力，让人感到快乐和幸福。我喜欢春天，也希望大家能感受到春天的美好！

题目3：黄山游记

这个暑假，我去了黄山，这是我第一次去那里，真是美得让人惊叹！

黄山是著名的风景区，以其独特的景致和深厚的文化积淀而闻名于世。在这里，奇峰怪石、云海日出等美景相互交融。

进入景区，首先映入眼帘的是千姿百态的松树，它们傲立在悬崖之上，枝叶婆娑，好像在跳着欢快的舞蹈，很有生命力。阵阵松涛回荡在峰壑间，浑厚、浩荡，令人惊叹。最著名的是那株迎客松，顶部仅有几株枝干，但长满了松叶，像一把“撑天大伞”，气势磅礴，是黄山景色之最。风景区里的奇峰怪石也令人称奇，随处可见的石头形状非常奇特，有的像一只猴子，有的像一条蛇，让人目不暇接。而山峰形似古树、奇兽、神像或人物，数之不尽。例如玉屏、莲花、天都、接引、蟹蝎、猴子、群峰等山峰，各有特色，引人入胜。在山上行走，左转右看，总能找到一座别具匠心的山峰。

在风景区里，一眼望去，云雾缭绕，山峰高耸入云，就像一条龙腾飞在天空之中，真是壮观。接着我们乘坐缆车到了山顶，从缆车上往下看，云海已经在峰峦中弥漫，阳光透过云层，景致宛如仙境。抬头看去，天边云彩满天，山峰、云海、日光汇聚在一起，呈现出美丽绝伦的景观，超出了想象，景色美不胜收。远处的山峰，近处的林木，都在云海中若隐若现，非常壮观。到了光明顶，云在山峰之间缭绕，像是一条条白色的绸带，让人感到非常的神奇。有时云海像是一个大洞，让人感到好像站在世界的尽头；有时云海像是波涛汹涌的海洋，让人感到恍如隔世。

黄山还有神奇的温泉。傍晚的时候，我们在山下的一个小旅店里泡温泉，进入温泉那一刻身体感觉非常舒适，仿佛一切疲惫都消失了。

回到家后，我回味着黄山的美。黄山以它的奇松、怪石、云海和温泉使人惊叹，成为全世界知名的风景区之一。我希望以后还能够有机会再去黄山，欣赏那里的美丽风景。

题目4：雪趣

清晨，拉开窗帘，窗外一片白茫茫的景象瞬间震撼了我。我立即起床，激动地冲出家门，感受着今年冬天的第一场雪。

漫天雪花飞舞着，像一群翩翩起舞的小精灵。它们形状独特，大小各异。有的像白砂糖，有的像钻石，还有的像玉屑。一些调皮的雪花轻轻拂过我的脸颊，带来些许凉意。我伸出手接住一片雪花仔细观察着它的模样。这片雪花呈六边形，每一边的花纹都非常整齐，精致又美丽。不一会儿，它就在我的手心化成水滴了。

午后，雪愈发大了，像棉絮似的，一团团落下。一排排房屋的屋顶上被洁白的雪覆盖，像一层厚厚的白绒毯。路旁的树木上也挂满了雪，好像穿上了一件美丽的白色外套。即使大雪覆盖了枝头，也没有阻止小鸟在树枝上欢快地嬉戏。

由于院子里积雪太厚，不方便出行。我和妹妹便拿出家里的扫帚和铁锹，开始清扫院子里的积雪。妈妈害怕我们感冒，不让我们打扫，但我们还是偷偷地干了起来。一边扫雪，一边玩耍。妹妹趁我不留神，抓起一把雪扔到我身上。我也不甘示弱，偷偷地捏个雪球，放在妹妹的头上。我们一起扫完院子的雪后，都快变成雪人了。我们彼此相视而笑，用冰冷的手去摸对方的脖子，然后不自觉地颤抖起来。

傍晚时分，雪终于停了。我和妹妹在院子的树下开始堆雪人。我们首先抓一团湿雪，轻轻滚动成一个大雪球当作雪人的身体，再抓一团稍微小一点的雪也滚动成一个雪球，比上一个小一点点，把它堆在第一个雪球上面当作雪人的脑袋。然后用手把两个雪球紧密地连接在一起，让雪人看起来更加真实。堆好雪人后，我们为它找来两个枣子作为眼睛，用核桃和红萝卜做鼻子和嘴，还把我的帽子戴在它头上。欢快的笑声回荡在我家院落上空。

这场雪真的是太美妙了。漫天飞舞的雪花，让我们仿佛置身于童话的世界；堆雪人、打雪仗，更是让我们沉浸在无限的童趣与雪趣之中。

02 声音描写法

声音是人们日常生活中不可或缺的一部分，它可以让人产生不同的情感体验。通过描绘声音的高低、响度、节奏、音调和音色等方面，可以让读者感受到情境的氛围。例如，可以描绘一支乐器的优美旋律、风的呼啸声、雷的轰鸣声、婴儿的啼哭声、嘈杂的车水马龙声、雨敲打窗户的声音等，这些声音描述可以让读者更加真实地感受到情境的氛围。

题目1：夜晚的声音

夜晚，我躺在床上还没睡着，窗外传来了一阵劈里啪啦的声音——发生什么事了？

我起身下了床，走到窗户边上，啊，原来下雨了！雨下得很急，雨点很大，我能听到它敲打着窗户的声音，仿佛在向我诉说着它们的故事。不一会儿，哗哗的雨声传来，就像是在给大地洗礼一样。

远处，不时传来汽车的轰鸣声，有时快有时慢，像是一首动感的音乐。风也呼啸着，好像有千万只小脚在追逐着什么，我忍不住闭上了眼睛，陷入了幻想。

在这风雨交加的深夜里，不知道什么地方的狗狗发出了狂吠，一只狗叫了起来，其他的狗狗也跟着一起，声音此起彼伏，尖锐而有力，让我有些害怕。

与白天的人声鼎沸不同，在夜晚，我好像置身于另一个世界中，周遭充满了各种奇怪的声音，这让我感觉既神秘又惊奇。

题目2：上学路上

“叮铃铃铃铃……”小闹钟刺耳的铃声突然响起，将我从睡梦中惊醒。我猛地睁开眼，发现时针已指向8点。我连忙起床，听着父母的唠叨声，换好衣服，洗漱完毕，冲出家门。

上学的路上充满了各种各样的声音。汽车的嗡嗡声，伴随着车轮滚动的声音，我感觉自己就像走在一台巨大的机器上。

我还听到了人们匆忙的脚步声。有些人在赶着上班，有些人则忙着送孩子上学。这些脚步声沿着街道清晰地传来，形成了一种特殊的旋律。有的脚步声轻快，有的脚步声沉重，不同的脚步声传递着人们不同的情绪和状态。在这样的脚步声中，人们擦肩而过，却不会感到任何阻碍。这是早上的独特氛围，一种忙碌而又振奋人心的气氛。

除了这些，我还听到了大自然的声音，风吹过路旁树叶所发出的沙沙声，树枝上鸟儿嘹亮的歌声……所有声音都在告诉我：新的一天开始了。

在路的尽头，学校的铃声传了过来，快要上课了。我快步走进学校，刚进校门，就听到一曲雄浑激昂的《义勇军进行曲》，这首歌让我充满力量和激情。我向五星红旗敬了一个队礼，慢慢地走向教室。

“明日复明日，明日何其多……”同学们的朗朗书声让我感到振奋，我也加入了他们，开始了新的一天的学习。

题目 3：清晨的小镇

清晨，我去小镇上买早餐。走在小镇的街道上，我听到了许多美妙的声音。

首先，我听到了小鸟的歌声。小鸟在树枝上跳跃，欢快地唱着歌。它们的歌声非常动听，让人心生喜悦。我想，这就是大自然给我们带来的礼物。

然后，我听到了摩托车的声音。摩托车的引擎声很响亮。我看到了一名送货员骑着摩托车，穿过了小镇的街道。

接着，我听到了小镇上的人们在交谈。他们说话的声音很洪亮。我看到了一群老人坐在公园的长椅上，聊天、打牌，和谐融洽的氛围，让人感到平静和舒适。

最后，我听到了路边小店传来的音乐声，一首非常舒缓的音乐，让人感到放松和愉快。我还听到了早餐店的吆喝声，中气十足。

在回家的路上，我又听到了许多声音。我听到了一名小孩高兴地尖叫着，原来他正在放风筝。我看到了一只狗在追逐一只猫，他们发出了打闹声。我也看到了一些人在锻炼身体，他们用力地呼吸着，发出了粗重的声音。

这些声音让我感到非常放松和愉快。这热闹的气氛大概就是小镇的魅力吧。

03 嗅觉描写法

嗅觉是人类最敏感的感觉之一，能够让人们体验到各种不同的气味，而这些气味可以让人产生不同的情感体验。通过描绘气味的类型、浓度和来源等方面，可以让读者更好地感受情境的氛围。例如，新鲜草莓的香甜味、海水的咸涩味、花草的清香味、柠檬的酸味、烤肉的香味，这些描述可以让读者更加直观地感受到场景中的气味，从而引发情感上的共鸣。

题目 1：香甜的桂花

每到桂花盛开的季节，我总会兴奋地朝着那阵阵淡淡的甜香而去。穿过花丛，我靠近那株散发出浓郁香味的桂花树，便立刻被那股清新的气息包围了。这种甜香如同一个轻柔的拥抱，让我顿时感到心旷神怡。

“丹桂花开八月中，天香飘落引秋风。人间亦有淮南树，一夜吹香到月宫。”桂花的芳香浓郁且持久，让人不忍离去。我闻着它，似乎就能倾听到它所有的情感，能感受到它沐浴在太阳下、被风吹拂的历程。桂花的香气是那样的自然、那样的真实，让我感觉仿佛置身在天然芳香的大自然中。

桂花的香气也常常浸透在我们的生活中，让我们不自觉地感到温暖和幸福。那些带有桂花香的糕点，咬下一口，仿佛就能感受到桂花的芬芳。这种花香，让人感到舒适。很多沐浴用品中也有桂花香，让我们在沐浴的过程中被桂花香所抚慰。

桂花香气的独特性让我难以忘怀。与其他花香不同，桂花的香气非常浓郁，可以持续很长时间，而且既有清甜、芳香的果香，又有温暖、柔和的花香，还有浓郁的蜜香。桂花还能缓解情绪、减轻疲劳，每当我闻到它，心情总是变得愉快、平静。

桂花的魅力不仅仅在于它那迷人的香气，还在于它的历史。数千年前，人们用它来祭祀祖先、煮茶、调制药物，还将它作为一种传统的烹饪调味料。桂花的使用，也反映了中国古代的文化和饮食习惯。

我深深爱上了桂花，因为它让我的生活变得更加美好。

题目2：楼道里的气息

我家住在一个高楼里，每次我从家门出去，都要经过一个长长的楼道。这个楼道有其独特的气息。

由于楼里有很多住户，大家几乎都在家里做饭，所以经常会闻到各种饭菜的香味。尤其是早上出门的时候，楼道里经常会弥漫着面条和豆浆油条的香味，让人胃口大开。

楼道里总充斥着各种不同的味道。有时候是清新的气味，闻着像沐浴露或洗衣液的香味；有时候是一股十分刺鼻的味道，应该是保洁阿姨用来清洁地面和楼梯的清洁剂的味道。虽然气味不算很好闻，但它告诉我，这个楼道已经打扫干净了。当然，为了杀灭一些害虫，保洁阿姨还会使用杀虫剂，那就会闻到杀虫剂的味道了。

除此之外，我还能够闻到其他一些气味。比如，有时候楼道里面的垃圾桶没有及时清理，就会散发出食物腐烂的酸臭味，让人禁不住加快脚步，快点逃离这里。

在这个楼道里，我还能够感受到温度的变化。夏天，楼道里会非常热，让人难耐；而冬天，楼道里有冷风嗖嗖地吹过，又让人禁不住打冷战。有时候，楼道里还会传来孩子们玩耍的声音，让人觉得这个楼道充满了生气和活力。

无论是闻到的气味还是感受到的温度变化，都让我觉得这个楼道里充满了烟火气息。它见证了这个高楼里居民的生活，也承载着大家的喜怒哀乐。

题目 3：腊梅

我家的花园里有一株腊梅，每年到了冬天，它便散发出一股诱人的芳香。腊梅花小巧玲珑，花瓣像是一只只淡黄色或淡紫色的蝴蝶，静静地盛开在枝头上。当你走近它，就会被它的芬芳所包围。

腊梅的香气是浓郁而又独特的，混合着木香和花香，充斥在空气中。冬天的清晨，当我在花园里漫步时，便能嗅到腊梅的芬芳。这种清香是那么独特，让人感到清新和平静。

我问妈妈："冬天花儿不是很少开吗？腊梅不怕冷吗？"妈妈笑着告诉我："这就是腊梅的独特之处啊！它在冬末春初开花，能抵抗严寒，不争芳斗艳，不仅送来芬芳，还传递早春的消息。"听了妈妈的话，我对腊梅产生了敬佩之情。它的花瓣虽小，不如荷花个头大，颜色也不像黄菊那么艳丽，香气也不及玫瑰浓烈，但它却有别具一格的美。

腊梅的香气也勾起了我对家乡冬天的回忆。每年冬天，腊八节前后，腊梅的香气会充盈整个城市，大家在腊梅的香气中煮腊八粥、吃腊八菜，十分温馨和幸福。

尽管腊梅看起来不起眼，但它的香气却迷人至极。它用自己的香味，给冬天增添了一份生机和活力，让人们感受到了生命的气息。

04 味觉描写法

味觉是一种感觉，人通过味觉器官可以感受到食物或其他物质的味道。描绘食物的口感、香气，可以让读者更加真实地想象出食物的味道，感受到所描写的情境氛围。例如，口感酥脆的炸鸡、甜美可口的蛋糕、咸鲜适口的海鲜、甜蜜的巧克力、香辣的牛肉火锅等，这些描述可以让读者联想到食物的味道，从而更沉浸在相应的场景中。

题目1：今天的美味

今天早上，我一起床就闻到了一股诱人的香味，让我想到了爸爸做的美味早餐。我飞快地穿好衣服，跑进厨房，果然看到爸爸端着一盘蓬松的蛋糕，里面还夹着一些新鲜的水果，果汁还在滴落。我把一块蛋糕放在嘴里，那浓郁的蛋糕香气混合着新鲜水果的味道，让我赞不绝口！

吃过早餐我去上学了，路上经过一家面包店，店里面飘出了新鲜出炉的面包香气。我嗅了嗅，香浓的烤面包气味弥漫在空气中，让我忍不住流下了口水。我决定，放学后买一些回家尝尝。

放学后，我和小伙伴一起去了一家汉堡店。汉堡里的肉饼煎得恰到好处，酸甜的番茄酱搭配清脆的生菜，这种味道令人难忘。我一口口地品尝着，直到最后舔了舔手指，意犹未尽。

回来时我还不忘买了早上看到的面包。到家后，我发现妈妈做了我最爱吃的糖醋鱼，我迫不及待地尝了一口，鱼肉入口即化，鱼的鲜美和汁水的酸甜在口中久久不散。晚上学习时，我拿出了放学买的面包，撕开包装，黄油混合着焦糖的香味瞬间弥漫了整个房间，捏一捏，面包松软得像一团棉花，咬上一口，奶香味在舌尖四散开来。果然和想象中的味道一模一样，奶香浓郁，好吃极了。

我决定把这些美好的味道记录在我的日记里，这一切将永远是我心中最美好的记忆。

题目2：美味的西瓜

夏天来了，天气越来越热了。从冰箱里拿出一个通体碧绿的西瓜，一切开，红色的果肉里嵌着少许黑色西瓜籽，让人看了就口水直流。

我拿起一块西瓜，先闻了闻，“瓜”香扑鼻，有一种甜蜜的香味，我不禁在心里感叹着，好香啊！西瓜瓤鲜红饱满，充足的水分正顺着瓜皮不停地往下流，看着就很好吃。接着我把西瓜瓤放到嘴里，咬下一大口，沙沙的西瓜瓤混合着清甜的西瓜汁瞬间充斥了整个口腔，还有一些汁水顺着嘴角缓缓留下。冰冰凉凉的西瓜汁顺着喉咙进入胃里，感觉整个人都舒爽了！西瓜不愧是夏日解暑必备。这时，我想起了妈妈还在厨房忙碌，她切好西瓜后自己都还没有来得及吃上一块呢，于是我赶紧放下手里的西瓜，从盆子里拿起另一块又大又红的西瓜跑到妈妈面前：“妈妈，西瓜真是太甜了，您也尝一下吧！”妈妈摸了摸我的头，很欣慰地接过西瓜：“谢谢，你长大了，也懂事了！”

看着妈妈吃完西瓜，我也把自己的西瓜细嚼慢咽地吃完了。我想，夏天的味道，一定是西瓜的味道，这一定是天使从天堂送来的珍贵礼物吧！

题目 3：外婆家的大馄饨

从小到大，我都爱吃面食，面条、饺子、烧麦、小笼馒头等，我都喜欢。虽然它们都有独特的味道，但是我对其中的一种面食情有独钟，那就是外婆包的大馄饨。

每次去外婆家，我都期待着能够吃上她亲手包的大馄饨。那是一种无法用言语形容的美味，每一口都让我感到幸福。

一到外婆家，就看到外婆已经准备好了所有的食材：白菜、猪肉、鸡蛋和一些调料。每一样食材都非常新鲜，闻起来都很香。我甚至能够感受到那些食材中蕴藏着的美味。

接下来外婆开始做馅儿了。她将猪肉剁成小碎块，加入蛋和调料搅拌好。我听着“啪啪啪”的声音，看着馅儿在外婆手中不断变形，我情不自禁地吞咽着口水。接着外婆手里拿着一张饺子皮，将馅儿放在中间，然后将皮子一边一边地包起来。她的动作非常熟练，每个馄饨都包得油亮油亮的。

外婆的大馄饨还有一个秘密武器——汤。汤里有鲜肉和葱花，是大馄饨的最佳搭配。等到水开了，外婆将馄饨放进锅里，等待它们煮熟。一个个像小元宝般的馄饨在滚烫的水中煮着，经过几次沸腾后，最终端上了桌子。

我迫不及待地夹起一个塞到嘴里。刚咬一口，里面的鲜汁涌了出来，烫痛了我的嘴唇，我急忙把它吐到自己碗里，然后“呼啊呼”地吹了一会儿。我的行为逗笑了家人，真是“心急吃不了热馄饨”啊！

等馄饨稍微凉了一点，我再次把它塞进口里，馄饨入口爽滑，馅儿味道鲜美，皮薄筋道，和着汤的味道，再蘸着和好生抽、辣椒油的调味碟，肉香混着汤鲜，那种滋味，每一口都让我感到非常满足。

题目 4：童年的味道

“……兴尽晚回舟，误入藕花深处。争渡，争渡，惊起一滩鸥鹭。”弟弟背书的声音，一下子把我拉回了小时候——那成片的荷叶，白里透红的莲花，以及那个让我永远怀念的莲子。

莲子果肉是微甜的，但里面的胚芽却又苦又涩。奶奶笑着跟我说：“这个莲子心可是好东西，可以入药，还可以泡茶，是清心火和治疗失眠的好东西呢。”“可是它为什么是苦的呢？”对于第一次吃没去掉芽的莲子的我来说，这个味道实在让人费解。奶奶思索了片刻，说道：“俗话说，吃得苦中苦，方为人上人。或许这个味道，对莲子来说是个好事吧。只有舍得将苦含在心中，才会结出又甜又丰满的果实。”

我若有所思，又吃了一颗莲子，同样还是没去掉里面的芽，一股苦涩的味道立马刺激着我的舌头，我嚼了嚼立马吞了下去。奶奶又拿出晒干的莲子心给我泡了一碗茶让我尝尝，我细细喝了一小口，一缕清香充斥了我的整个嘴巴，感觉整个人都精神了几分。这时，我才恍然大悟，原来“吃一点苦”也可以让人如此美妙。

这时，我才明白：一棵小小的幼苗要长成参天大树，需要经历一次又一次的风吹雨打；一株纤弱的小草要开出灿烂的花朵，需要积攒一天又一天的阳光雨露；一个青涩的少年要变得成熟稳重，需要踏平一个又一个的艰难坎坷。吃苦不仅是指味道，还是指一种品质和一种精神。

莲子的“苦心”让我永远怀念，只有将苦含在心中，坚守本心，才能蓬勃生长，收获生活的甜。

05 触觉描写法

触觉是人体五种感觉之一，是指皮肤与物体接触时所让人产生的感觉。通过描绘物体的光滑或粗糙、冰冷或温暖等触感，可以让读者更加真实地感受到场景的特性。例如，“柔软的绒毛”“冰凉的水”等，这些描述可以让读者更有身临其境之感。

题目1：我是一只小蚂蚁

我是一只小蚂蚁，每天忙忙碌碌地工作着。虽然我只有小小的身体，但是我的各种感官却非常灵敏。今天我要跟大家介绍一下我生活的世界。

在我们蚂蚁的眼里，泥土是最亲切的家园。每当我在地里挖洞，摸着细细的泥土，感受它的温暖和湿润，我就会感到特别舒服。泥土有一种让我们心情愉悦的质感，有时还会散发出淡淡的芳香。

在我们蚂蚁的世界里，草叶是一道美丽的风景线。草叶的触感非常柔软，就像是一张厚厚的绿色毛毯，我们在上面爬行时，就像置身于柔软的跳床里。有时候，草叶还会被露水打湿，这时候我们在上面爬行，会感觉到水滴一滴一滴地滑过我们的身体，非常有趣。

在我看来，树木是最高大的存在。树木的表皮非常粗糙，有时候我们在树干上爬行，会感受到它的凹凸不平和坚硬的质感。因为我们体型特别小，所以我们可以在树上行走甚至建造巢穴，树皮长出了很多小颗粒，我们也能清晰感受到这些颗粒在树皮上的存在。

我们蚂蚁都喜欢阳光，阳光是最温暖的礼物。阳光非常柔和，它会轻轻地抚摸我们的身体，让我们感受到它的温暖和舒适。有时候，阳光还会穿过树叶，形成一道道金色的光束，这时候我们就可以在上面跳跃，感受光线穿过身体的感觉。

虽然我只是一只小小的蚂蚁，但是我却认真地生活，积极地工作，享受着各种各样的自然环境，感受着这个世界的美好。

题目 2：触摸夏天

在山清水秀的乡下老家，我触摸到了缤纷多彩的夏天。

初夏时节，大地上的一切都变得绿油油的。原本嫩绿的小草褪去了春天赋予它的青涩，转身换上了夏日的深绿色服装。初夏的风是最宜人的。傍晚时分，我和家人畅游在田间小路上。晚风是一个画家，给蓝蓝的天空画上丝状的晚霞。风儿迎面朝我们扑来，我张开双臂和它握手，触到的是一片轻盈与柔软。随后，它调皮地从指缝间溜过，我轻轻握拳想要挽留，但它像绸缎般柔软丝滑，带着些许清凉，打了个招呼便匆匆而去了。

与初夏相比，盛夏时节给我的触感就更多了。炙热的阳光、扎人的麦芒、烫手的树叶、凉爽的冰棍、滚烫的自行车座……但我认为，冰冰凉凉的西瓜一定是盛夏的“代言人”。圆滚滚、绿油油的大西瓜自在地漂在井水中，我将它打捞上来，左手托住，右手先轻抚，带着水珠的瓜皮光滑又凉爽。再轻拍几下，托着西瓜的手心微微颤抖，感受到敲击的节奏，西瓜发出“嘭嘭”的浊音，说明已经熟了。

暴雨是夏天的专利，雷声一过，脾气暴躁的雨水便从天空中倾泻而下。这时把手伸出窗外，触摸到的水滴像是带着盔甲的。雨水像带着怒气般“啪啪”地打在手上，先是感到阵阵酥麻，带着点点疼痛，接着手掌里便炸开了数朵水花。顷刻间整个手臂就湿了，这时便触摸到了夏天最自然的清凉。暴雨过后，我开始用脚掌触摸这个夏天。在奶奶的呼唤声中，我和小伙伴们光着脚丫冲出屋外，跑过坚硬湿滑的水泥地，踩进门外路边上那一个个小水洼子里，使劲去踏洼子里的黑泥。双脚感受到的黑泥是柔软中带着几粒小石子的，低头看着稀软而黏稠的泥巴欢乐地在脚趾与脚趾之间窜进窜出，脚掌就开始酥痒起来。我们的笑声也给这个夏天增添了一抹独特的色彩。

乡下的夏天比城市里的更加多姿多彩，在这里，我触碰到的是无边无际的墨绿，是清凉无比的井水，是令人欢乐的水洼……这个夏天，离我好近，睁眼即可看到，伸手便可触摸。

题目3：冬天的雪

我走在街上，寒风凛冽，它像利刃一样刺痛了我的脸颊和耳朵，让我不禁紧了紧衣服。突然，一阵大风吹来，发出了“嗖——”的哨声，接着又“啪”地撞在了窗户上。路面的积雪已经变成了坚硬的冰块，即使穿着毛绒绒的鞋也抵挡不住这刺骨的寒意，脚踩在上面就像赤脚踩在地面一样，刺骨的寒意仿佛穿透了厚厚的鞋底直冲脑门，我不禁打了个寒战。

我缩紧了脖子，双手紧紧握拳，呼出一口气，这口气瞬间形成了一缕白色的气息。这股温暖的气息如同一只无形的手，在我的掌心微微挠了一下，然后消散在了空气中。突然，我感到了眉心一阵微凉，抬头一看，原来开始下雪了。雪花渐渐变大，从天空中纷纷扬扬地飘落下来，落在了我的头发、脖子和双手上。瞬间，冰凉的感觉扩散开来，让我感到异常的寒冷。我的手指已经被冻得通红，我赶紧把它们揣进了口袋里，这样一来，它们就躲进了一个温暖的空间里，从指尖开始一点一点地回暖。

在地面上，雪花松散地散落着，我踩上去，雪花立刻凹陷下去，印下了我的脚印。落在身上的雪花跌落下来，又落在了我的鞋面上融化了。雪的寒气透过我的鞋子和袜子，贴在了我的脚背上，异常湿冷。我赶紧跑进了家里。

冬天的雪花和冷风总是会让世界变得特别清晰、透亮，就仿佛一块擦过的玻璃。有雪的冬天总是会冷得势不可挡，但是，冬天来了，春天还会远吗？

题目 4：我最喜欢的一件礼物

我最喜欢的一件礼物是妈妈给我买的一条柔软的毛毯。那天，我和妈妈去逛街，在商场看到了这条毛毯。我立刻被它吸引了，而妈妈看在眼里，为我买下了它。当妈妈递给我这条毛毯的时候，我觉得自己拥有了全世界最好的礼物。

我非常喜欢这条毛毯，它上面有一些细小的图案和纹理，就像一朵绽放的花儿。淡淡的粉色使它看起来更有质感，每次把它抱在怀里，我都会回想起妈妈把它送给我时脸上露出的微笑。所以，这条毛毯对我来说不仅仅是一件物品，更是代表着妈妈对我的爱和关怀。

把毛毯抱在怀里，我感觉到它是那么温暖和柔软，想一直用手抚摸，舍不得放下。而且，这条毛毯还有着其他用途。它大小适中，我可以把它铺在地板上，和我的小狗一起躺在上面玩耍，让毛毯成为我们的秘密乐园。我还可以把它当成床单，铺在自己的床上，享受着它的温暖和舒适。

有时候，我还会带着这条毛毯去看电影或者阅读。我感觉它能让我静下心来，沉浸在电影的情节或书中的故事中。毛毯的触感总是能让我感到放松和舒适。

这条毛毯对我来说意义非凡，而它也已经成了我最好的朋友。我希望它能陪伴我一起长大。

第三章

符号式构建场景

符号式构建场景，是用一些有象征意义的符号为场景描写增添感染力的一种写作方法，它使我们的写作内容更加丰富、真实、有意义。这种方法需要我们挖掘符号的隐含意义，以此来更好展现我们想要描写的事物的特点。符号可以是各种形式的，例如颜色、形状、动物、自然等。它的表现形式灵活多样，可以让读者迅速而清晰感受到我们在作文中想要传递的思想感情。通过对符号的运用，我们可以把一个简单的场景转化成具有深层次含义的场景。

01 颜色符号

颜色是一种非常重要的符号，不同的颜色可以通过直观的方式传递各异的情感和信息，具有很强的感染力和表现力。常见的颜色符号有：代表热情、爱、勇气和力量的红色，在中国文化中，红色还代表喜庆和吉祥，所以在描写热情洋溢的场景中，我们可以使用红色来增强表现力；代表平静、安宁和智慧的蓝色，我们可以用它来描写冷静和理智的场景；代表生命、自然和希望的绿色，描写自然和环保的场景时，我们可以请它来帮忙；代表神秘、浪漫和高贵的紫色，它能在描写神秘和浪漫的场景时登场；代表活力、热情和温暖的橙色，它能很好地表达场景中温馨和欢快的感觉；而灰色代表沉闷、忧郁和沉思，我们可以把它融入悲伤和忧郁的场景中；黑色代表严肃和威严，在描写严肃和威严的场景时可以用黑色来表现。

巧妙地运用颜色符号，可以使文章更加生动有趣，让读者更好地理解和感受文章的情感和意义。例如，在描写春天的场景中，我们可以用明亮的颜色来表现春天的生机和活力，如绿色、黄色、粉色等。在描写夜晚的场景中，我们可以用深沉的颜色来表现夜晚的宁静和神秘感，如黑色、深蓝色、暗红色等。在描写悲伤的场景中，我们可以用灰色、深蓝色等冷色系的颜色来表现。课本上艾青先生的抒情散文诗《绿》，就是运用颜色符号表达情感的经典之作。

题目1：我的家乡

我的家乡是一个充满活力和热情的地方。它是一个小城市，有绿树成荫的公园、清澈见底的河流，还有热情好客的人们。

我的家乡四季分明。春天，万物复苏，一派生机勃勃的景象。桃花和樱花在阳光的照耀下绽放，不同的粉色交织在一起，看起来明媚又热闹，美丽极了。

绿色是夏天的主色调。绿色的树叶随着夏日的气息舒展开来，一棵棵大树像一把把大伞覆盖着整个城市，在热浪中带来凉爽的绿影；河里的水草随风摆动，让河水显得更加清凉。

秋天的时候，我的家乡变成了一幅金黄色的画卷。银杏树的叶子泛了黄，秋风一吹，像一只只灿烂的枯叶蝶在晴朗的秋日天空中飞舞。黄色的银杏叶和火红的枫叶遍布整个山坡，远远望去，好似一片金黄色的绚丽海洋。

冬天的小城银装素裹，雪花纷飞，整个城市被积雪覆盖，像睡在雪白的被子里，纯洁而安宁。白色的雪和灰色的屋顶交相辉映，形成了一幅肃穆的写意风景画。

除了这些美丽的颜色之外，我的家乡还有许多美食，比如糖葫芦、油炸鬼、烤馍馍等。这些甜滋滋、热烘烘的美食不仅仅让人们的味蕾得到了享受，而且代表着我的家乡那甜美而热闹的生活。

我的家乡是一个充满魅力和活力的地方，也是一个美丽而和谐的地方。这里的景色和美食让人留连忘返，难以忘怀。我非常幸运能够在这样一个美好的环境中成长。我相信，不久的将来，我的家乡会越来越美好，越来越繁荣。

题目2：美丽的桥

我的家乡有一座木桥，走在桥上，能够欣赏到如诗如画的风景。站在桥上往河边望去，最美的当属岸边那翠绿色的草地，它宽阔、平整，一直延伸到天边。来到草地上，我仿佛置身于一片绿色的海洋之中，沐浴在绿色的阳光下，感受着自然的勃勃生机，心情舒畅极了。

木桥的两头都是高高的树木。到了秋天，可以看到深绿色的松树、金黄色的银杏树，还有一些灰白色的柳树。这些树木立在一起，成了一幅色彩沉静的画卷，让人心旷神怡。

桥下是一条静静流淌的河流，河水的颜色是深深的蓝色，清澈见底，让人的心也平静了下来。河水中有鱼儿在穿梭，还有一些鸟儿在河面上飞翔。远处的山峦是淡蓝色的，与天空融为一体。看着这番风景，一种清新自然的感觉涌上心头。

木桥的颜色也很特别，它是红色的。这种红色并不是那种刺眼的红色，而是淡淡的、柔和的红色。这种红色给人一种热烈又温柔的感觉，让人们不由自主地被它流露出来的美丽所吸引。

站在桥上，水流声不断传来，像是在讲述一个个故事。从这桥上经过，我也会创造属于自己的故事，享受自然的美丽和宁静。

美丽的桥啊，你是大自然的杰作，是我记忆的根源，更是我心灵的寄托。

题目3：多彩的小学生活

不久，我就要结束我六年的小学生活了，当我回想起这六年的小学时光，心中便浮现出了一幅五颜六色的画卷。

橙色是我们校服的颜色，校服是我们属于这所小学的标志。这六年里，我穿着这件橙色的校服，与同学们一起度过了许多难忘的时光。

红色是我们学习时的颜色，代表着我们的勤奋努力。在我们的课本和作业本上，布满了红色的痕迹。这六年中，我们学习了很多的知识，有时会觉得很枯燥，可我们并没有放弃，而是坚持不懈，最终取得了应有的成绩。这段时间，我们一起度过了无数快乐时光，也共同面对了许多困难。红色的笔记中，藏着我们对学习的如火热情。

黄色是我们与老师们交流的颜色，在学习笔记和表格中，黄色标记是我们与老师交流的重要内容，代表着老师对我们的关切与温暖。这六年里，老师们一直给予我们耐心的指导和关怀，让我们在学习和生活中都得到了很好的帮助。黄色，是我们与老师们的连心桥。

绿色是我们体育课的颜色，我们的体育课大多是在绿茵场上进行的，绿色代表着我们的健康和活力。学校生活的体育活动多姿多彩，比如足球比赛、田径运动等，这些活动不仅让我们锻炼了身体，也让我们充满了活力。我们在绿色的草地上，展现着我们的健康和蓬勃朝气。

蓝色是我们阅读时的颜色，书本就像蔚蓝的天空和湛蓝的海洋，吸引着我们来阅读，蓝色则代表着我们阅读时安静而满足的感受。在这六年里，我们读了许多好书，从中汲取了很多的知识，也在想象中探索了更广阔的世界。我们在专注而平静的阅读中，找寻着智慧和梦想。

我们小学六年生活的颜色，是五彩缤纷的，代表着我们的成长和收获。这六年的时间里，我们一起成长，一起学习，各种鲜艳的颜色融合起来，就代表着我们成长的足迹和美好的回忆。

题目4：我的“小黄人”

我的笔袋是长方形的，大概17厘米长，不到一巴掌宽，它通体是金黄色，让人一看就感到温暖和亲切。笔袋上面印着一个十分滑稽的小黄人，它是动画电影《神偷奶爸》中的角色，瘦长的脸上，一双大大的眼睛惹人发笑。

这个小黄人的身体是淡黄色的，十分可爱。它身上穿着天蓝色的背带裤，俏皮又清新。小黄人戴着一副十分有趣的假眼镜，搞怪的模样令人忍俊不禁。它的小嘴巴里露出雪白的牙齿，有时候会发出奇怪的声音，给大家带来许多欢声笑语。

小黄人为什么是这种亮眼的黄色？我在学习美术时，老师告诉我，在基于红、黄、蓝的三原色生成的色相环中，对比色是最引人注目的色彩搭配，而黄色在色谱上属于暖色系，可以传达光明、活泼、积极、温暖的感受，看到黄色的事物会更容易感到亲切和放松。所以，小黄人那黄色的皮肤加上天蓝色的衣服，看上去活泼又愉悦。

每次我打开笔袋，小黄人总是那么滑稽可爱地看着我，仿佛在说：“小主人，你看我多可爱啊！”它总是能让我的心情变得欢快。而且这个笔袋很实用，我的文具在里面摆放得井井有条，笔袋总是用心地保护着它们，不管我放入多重的东西，它从不说重。它就像我的小管家，时刻为我着想，让我感到十分温馨和安心。

我的笔袋是我的“百宝箱”。它虽然不像一些更精致的笔袋，可以分隔成多层而口袋，但我觉得它是全世界独一无二的，因为它只属于我一个人，代表着我的个性和特点。

我很喜欢我的笔袋，尽管它不是最特别的，但我觉得它是最温馨的。每次我看到它，就像看到了一个好朋友，让我感到十分亲切和舒适。我想，我会一直爱着这个“小黄人”，也会一直珍惜我的笔袋，因为它已经成为我的好朋友和我的“百宝箱”。

题目 5：我的梦想

我的梦想是成为一名航天员。想象自己穿着一身白色的航天服，在一片深邃的夜空中，看着地球在自己的视野里变得越来越小，我的心里便激动不已。在太空中，航天飞船和中国空间站主体是白色调的，它们在漆黑一片的宇宙中显得那么夺目。

在我的梦想中，蓝色代表着广袤的天空和大海，太空看起来像是被覆盖在深蓝色的气体层中，环绕着蓝色的地球。我希望在宇宙中看到更加深邃的蓝色，感受更加壮阔的景象。

红色代表着勇气和热情，这正是我想要拥有的品质，让我勇往直前，追求自己的梦想。红色也是五星红旗的颜色，当鲜红的五星红旗在太空中展开时，骄傲之情油然而生。

黄色则代表着光明和希望，也是在茫茫太空中看到的太阳的颜色。我希望在追求梦想的道路上，总能看到希望的曙光，让我坚定自己的信念，向着宇宙深处探索。

我的梦想是五颜六色的，需要付出很多的努力和汗水才能照进现实。但我相信，只要不放弃，我一定可以实现它。因为，在我的内心深处，梦想是最美的七彩色，它将一直伴随着我，让我前行、让我坚定、让我勇敢。

02 动物符号

我们常常会使用动物符号来进行写作表达。不同的动物代表着不同的意义。例如，鸟代表着自由和美好，猫代表着神秘和优雅，狗代表着忠诚和友好，狼代表着野性和勇敢。在写作中，我们可以通过引入动物符号来增强内容的表现力、加深主题，便于读者理解。

对动物符号的描写与运用方法有很多种。通过描述动物的体型、外表颜色、行动方式等特征，可以表现它们的象征意义。例如，白色的鸽子通常被认为代表和平与纯洁，黑色的乌鸦则常常被用来表达死亡和不祥的预兆。

另外，动物的习性和行为也可以被用来表达情感和主题。例如，一只蜜蜂不辞辛苦地采集花蜜，可以用来表达勤劳和自我牺牲的精神，一只孤独的狼则可以用来表达孤寂和独立的感觉。

还有，不同的动物有着不同的象征意义，这些象征意义可以用来表达情感和主题。例如，老鹰代表力量和威严，象征着勇气和吉祥；蝴蝶则代表着变化和美丽，破茧成蝶的过程象征着生命的蜕变和美好的未来。

将动物和它所代表的特定含义进行联想，增强作品的表现力和意义，也是一种表达情感和主题的方式。例如，将狮子和英勇、威武联系在一起，来表达力量和勇气；将小猫和纯真、可爱联系在一起，来表达温暖和快乐。

题目 1：志愿活动

上个周六，对我来说是意义非凡的一天。因为那天，我有了一个新的身份——星星志愿者。

一大早，我们班的“小蜜蜂”们就已经在学校门口集合完毕。老师给每个人发了一件红马甲，并分配了不同的工作。我的任务是和其他三个同学一起清理公共宣传栏的小广告。这些小广告杂乱又显眼，仿佛张牙舞爪的怪物。我拎着一桶水，拿着一个小铲子，自信满满地走在队伍的最前面，心里想着：几张纸而已，能有多难？果不其然，那些最上层的崭新的小广告十分听话，不费吹灰之力就被扯下来了。

然而，难题接踵而至。最上面一层广告下面，赫然还躺着一层更陈旧的广告，它们像是无情的老顽固，怎么撕都撕不下来。这时，老师走了过来，教我们用水来去除这种难撕的广告。我们有模有样地学了起来，真的成功了！我们又重新打起精神，努力地干起活来。但是小铲子实在是太坚硬了，还没一会儿，我的手就被硌得发疼。烈日也晒得我烦躁，我不禁有了放弃的念头。

“快看，我们铲过的这一边好干净啊！”突然，琪琪在旁边兴奋地说着，我的注意力被吸引过去。面前的墙呈现出两种迥然不同的景象，那一边是灰蒙蒙的一片，而我们清理过的一边却干净得闪闪发光。我的心中像绽开了一朵花一样，顿时升起无比的满足感。

最后，延安路社区在我们这群勤劳的“小蜜蜂”的努力下焕然一新。看着大家共同的劳动成果，我心间满是自豪。

原来这就是劳动的力量！

题目2：我的好朋友

我的好朋友小美是个女孩，她的皮肤很白，头发黑而柔软，她的行为举止像一只可爱的小猫，让人忍不住想要去抱抱她。我们经常一起玩耍，有时在学校，有时在家里。

我和小美相识于三年级的时候，我们在同一个班级。那时候我刚转学到这所学校，感觉很陌生，也不知道该如何和同学们打成一片。幸运的是，我认识了小美这个好朋友，她主动和我搭话，我们一起吃午饭，一起玩耍，这让我感到很温暖。

我们喜欢一起玩一些有趣的小游戏，例如玩弹珠、折纸飞机、跳绳等。我们还一起去图书馆借故事书和漫画书。有时候我们也会分享彼此的小秘密，有开心的，也有不开心的，我们总是互相支持和理解。

小美非常善解人意，她总是能够感受到我的情绪，知道我需要什么，并为我提供支持和帮助。她也非常聪明，喜欢学习和探究新知识。我在她身上学到很多东西，她也经常鼓励我，让我更加自信。她的温柔让人感觉她就像一只小猫，一只可爱的小猫。

更有趣的是，小美也像小猫一样喜欢睡觉。尤其是在课堂上，当老师讲得沉闷时，她总是会在座位上打瞌睡。偶尔被老师喊醒了，她就会抬起头，露出一个无辜的笑容，让人觉得很可爱。

和小美相处时间长了，我开始更加欣赏她这种小猫一样的性格，我们互相帮助，让彼此都成为更好的人。我非常感谢有她这样的好朋友陪伴在我身边，让我感到幸福和快乐。

题目 3：跳远比赛

运动会即将到来，同学们都在准备各种比赛项目。虽然我最擅长的是短跑，但这次我决定尝试一下跳远比赛。

作为一名参加跳远比赛的运动员，我早早地来到了比赛场地，看着场上清晰的赛道和跳远起跳板，我感到身体里充满了力量和激情，脚下的跑道仿佛在呼唤着我去挑战自我。

我上场的时候，周围已经站满了观众，我的心情不由得更加兴奋。我赶紧进行热身运动，让腿部、臀部和脚踝都得到充分的锻炼与放松。我深呼吸着，拉伸腰部肌肉和手臂肌肉，肌肉因为运动而充满了力量，我感到自己随时可以迎接挑战。

比赛开始了，观众的欢呼声响彻云霄。我努力加快速度，逐步接近跳板，同时也着手做好起跳的准备。当跳板支持着我起跳时，霎时间，我甩动双臂，身体像一只灵活的鸥子一样“飞”向前方。

随着距离越来越近，我的心跳也越来越快。我收回我的双臂，同时膝盖抬高，身体向前“飞”过了几米，在着陆前踏上地板，姿态优美地站了起来。我的运动员精神在这一刻燃烧得更加炽热，我知道自己已经超常发挥。

最终，我的比赛成绩进入了年级前三名。我兴奋地跑回场地边，看到好朋友们正向我跑来，还对我竖起了大拇指。

我想，我一定能够在以后的比赛中取得更好的成绩，也一定能够在人生的道路上走得更远。

题目 4：原来，我也很厉害

或许我不是那只跑得飞快的兔子，但我知道，只要我努力奋斗，默默前行，最终也能取得胜利。就像龟兔赛跑中的乌龟一样，虽然慢，却能坚持不懈地向前，最终达到终点。

每个人都有自己的长处。有些人跑得快，有些人擅长思考，有些人很善于表达，而我最大的优点就是有恒心，能坚持不懈地追求自己的目标。当我在课堂上努力学习时，当我在球场上尽力比赛时，当我在不断尝试、练习吉他时，我知道我正在一步步地接近自己的目标。

龟兔赛跑的故事告诉我们，成功并不取决于获胜的速度，而在于始终坚持前进的态度。兔子虽然跑得飞快，但因为骄傲自满而停下歇息，最终输给了一直缓慢前行的乌龟。在人生中，我们都会遇到许多挑战和困难，可能会感到疲惫和无助，但只要坚持努力、不断向前，就一定能够迈向成功的终点。正如乌龟一样，只要始终保持前进的态度，就能够穿过人生的重重关卡，实现自己的目标与梦想。

我的努力也许不会一夜之间带来显著的成果，但是我相信，只要我每天坚持努力，每天向前迈进一步，最终一定能抵达成功的彼岸。

在这个世界上，每个人都有自己的道路要走。有些人的道路很平坦，而有些人的道路则充满了坎坷和挑战。对于我来说，我的道路或许很长，但只要我坚持不懈地努力奋斗，我一定能到达自己想要到达的地方。就像乌龟一样，它虽然慢，但是它能坚持，最终也能取得胜利。

我不会放弃自己的梦想和目标。因为我知道，也许我没有兔子一样的速度，但我有乌龟一样的耐力和坚持不懈的精神。我会不断努力，不断前行，直到我实现自己的目标。

03 自然符号

自然符号包括各种自然元素，如山、水、树、花等。不同的自然符号代表不同的意义，山代表着高远和崇高，水代表着包容和无穷，树代表着成长和生命，花代表着美好和热闹。在场景构建中，我们可以通过引入自然符号来增强场景的表现力和意义，更生动地描绘场景，来加深读者的理解。

使用自然符号进行描写有这几种方式：

选择具体的自然元素来描写场景或情感，比如阳光、雨水、风、树叶、花朵等。我们可以在描写秋天的场景中，描述一片金黄色的树叶随着风飘落在地面上，来表现秋天的凋零和离别。

可以通过描写自然元素的颜色、形状、大小、质感甚至是运动状态，来表达情感和主题。如风吹树叶可以表达孤独、寂寞或哀伤等情感；河水流淌可以表达时间的流逝和生命的无常等主题。

运用自然元素本身的象征意义可以加深作品的主题。不同的自然元素具有不同的象征意义，比如阳光代表希望和温暖，月亮代表神秘和浪漫等。

将自然元素和其他元素进行联想，可以达到寓情于景、情景交融的效果。例如，将红色的花朵和女性的柔美形态联系在一起，来表达女性之美；将灰色的雨和低落的心情联系在一起，来表达情感的失落。

运用自然符号进行描写需要具备丰富的想象力和敏锐的观察力。通过不断的实践和积累，写作者可以更好地掌握自然符号的使用技巧，创作出更加精彩的作品。

题目1：那一缕悠悠梅香

“墙角数枝梅，凌寒独自开。遥知不是雪，为有暗香来。”在《梅花》这一首诗中，王安石将梅花不惧风雪、坚韧不拔的品质描写得淋漓尽致。

我们学校也有几棵梅花树。每到寒冬时节，梅花傲然绽放，给冬天的校园带来了别样的生气。每每看到梅花，我总不禁感叹它的独特与坚强，也会想起如梅花一般的“中国女飞人”——刘翠青。

刘翠青出生于1991年，小时候的她性格开朗，经常和小伙伴们一起奔跑玩耍。然而，她的命运却在10岁那年彻底改变。因为眼疾治疗不及时，她失去了光明。

就在刘翠青眼前无光，看不到希望的时候，盲人学校的老师却发现她很有跑步的天赋。于是，在老师的帮助下，刘翠青开始练习跑步，而她也从那时起走上了田径之路。

作为一名全盲运动员，刘翠青在田径生涯中遇到的苦难可想而知。因为看不到，她只能靠声音分辨事物；训练时，跑步所有的姿势和动作，都需要教练手把手反复地纠正和调整。而她则要依靠日复一日的训练，让这些动作成为肌肉记忆。在备战东京残奥会过程中，她的坐骨遭遇了伤病，她选择了咬牙坚持。她说：“只要心中有梦，就能坚持不放弃。”凭着这股坚韧和不放弃的劲儿，她最终在东京残奥会上获得了2枚金牌。

刘翠青用勤奋和坚持“跑”出了属于她的答卷。这些年来，她也像梅花一般，不畏严寒、不惧艰难，在田径赛场上傲然绽放。

题目 2：故乡的山茶花

闲暇的午后时光，我走在无人的小道上，抬眸望去，只见一朵朵山茶如娇艳的少女立于枝头，在微风中摇曳，这让我不禁想起了故乡的山茶花。

故乡的山茶花多是娇艳的深红色，心形的花瓣层层叠叠，如一张张满是笑颜的面庞。它们有的在枝头嬉闹，似是为这春意盎然而欣喜；有的在枝头放歌，宛若欢迎人们的到来；还有的掩映在丛林间，用绿叶遮住半边脸颊，颇有种“犹抱琵琶半遮面”的美感……好一幅山茶盛放图！

我是如此地怀念故乡的山茶，不仅因为它的美，更因它陪我度过了幼时的许多快乐时光。我的妈妈独爱家乡的山茶花，在小小的庭院里种下了几株山茶，至此便成了我与故乡之间深深的羁绊。那时的我最是期待新春，那是山茶盛放的时节，母亲见状便耐心地教导我如何培植山茶，用悠悠岁月静待美丽的花开。山茶不耐热，我便在酷热天气里和母亲一起为它搭起凉棚；当秋姑娘带着凉风袭来，山茶的枝头便长满点点花蕾，我又和母亲一起为它施肥；凛冽寒冬，我拿来不穿的衣物为它取暖；待到春日，山茶满枝头，我便在习习香风中沉醉地闭上眼，沉醉在这满园春色中……

时间流逝，我们一家搬离了老家，我却常常想起故乡的山茶花，它那清新花香好像还在鼻尖弥漫，朵朵鲜艳仍旧在眼前浮现。我摩挲着手中的山茶，心中涌起阵阵浪潮，记忆相册中的褪色老照片渐渐变得鲜活起来。啊！故乡的山茶花，你是如此地让我魂牵梦萦。

春去春来，花谢花开，娇艳的山茶花开了又落，落了又开，而故乡的山茶花却在我的心中永远盛放。

04 文化符号

文化符号包括各种文化元素，如建筑、艺术品、民俗、风俗等。

不同的文化符号有着不同的意义和象征。例如，故宫代表着中国古代的建筑艺术，《蒙娜丽莎》代表着欧洲文艺复兴时期的艺术风格，红包代表着中国传统的礼仪文化。

文化符号可以通过场景中的视觉元素、音乐、服装等来表现。在一场古代戏剧中可以通过演员的服装、头饰、妆容等来呈现古代的文化符号，同时背景音乐也可以使用古典乐器来演奏，以此营造氛围。

文化符号可以用来增强场景的情感共鸣。例如，在介绍某个地区时，往往会将该地区具有代表性的自然景观、人文景观、人物或事件作为具体的文化符号加入其中。

具体的文化符号使用，包括图案符号，可以表示某种概念或意义。例如，心形图案代表爱情，国旗代表国家。

谚语和俗语是用简短而通俗的话语表达某种智慧或经验的文化符号。例如“千里之堤，溃于蚁穴”，表达了小问题如果不及时处理会造成巨大影响的道理。

颜色也常常被视为文化符号。例如红色在中国象征着喜庆和幸福，黑色在西方象征着悲伤和哀思。

不同的国家和地区有各自独特的食品和烹饪文化，他们的美食也代表着不同的文化符号。例如中国的火锅和意大利的比萨。

在场景构建中，适当运用文化符号可以让场景更加有深度和韵味，同时也可以让读者更好地理解和感受场景所传达的意义和情感。

题目1：我看对联

临近春节，我陪爷爷去公园散步，正巧见到一位老人在给大家写对联。老人手持毛笔，在一张张剪裁好的纸上挥毫泼墨。

趁老人休息间隙，我向老人请教对联的写法。从老人口中，我得知对联其实是一种独特的艺术形式，它的起源可以追溯到一千多年前的五代时期。人们多以对联表达辟邪除灾、迎祥纳福的愿景，但其实它的用途和类型非常丰富。古时，文人墨客就常以对联寄情抒怀，如“有志者，事竟成，破釜沉舟，百二秦关终属楚；苦心人，天不负，卧薪尝胆，三千越甲可吞吴”就是一副蕴含着丰富文化内涵的对联。

一番了解后，我不禁想尝试创作一副对联。我结合了老人的指导，先选定主题，将自己的想法用对联的形式表达出来，再打磨字词，最终写出了几副简单的对联。尝试之后，我发现对联的写作对文学素养、语言的敏感度及驾驭力要求很高，只有巧妙运用字音、字义、格律，才能让对联在有限的内容里表达丰富的意蕴。我越发投入，时不时就会写上一副对联，还不断学习、钻研，探索对联的更多奥妙。

对联点燃了我对文学和传统文化的热爱，我也深深地感受到了这一独特的艺术表现形式中所蕴含的智慧与情感。希望有越来越多的人关注对联、喜爱对联，让它在当下焕发出新的活力和光彩！

题目2：一个令人激动的时刻

那是一个阳光明媚的周六早晨，在学校的文化节活动中，我参加了一场舞蹈比赛，并且成功地获得了第一名。这是我人生中的一次难忘时刻，至今回想起来，心中依然充满着激动之情。

我们的舞蹈服装是一套传统的中式服饰，有鲜艳的红色和金色。这些颜色代表着中国传统文化中的好运与吉祥。我们的服装上还有许多点缀，比如金色的花纹和红色的缎带，都是中国传统文化中的元素。穿着这样的服装，我们感受着民族文化的魅力。

我们的舞蹈配乐是《梁祝》，这首小提琴协奏曲，被称作琴弦上的“中国蝴蝶”，它不仅是中国的文化符号，也是飞跃沧海巨变、歌颂永恒爱情的世界艺术经典。这首乐曲是中国著名作曲家、小提琴演奏家陈钢、何占豪先生的代表作品之一，乐曲借鉴了流传于中国民间的著名爱情故事——《梁祝》的故事情节和音乐元素，通过小提琴和交响乐队的完美结合，呈现出深情的音乐画面。旋律优美婉转，节奏热情洋溢，非常动人心弦。在跳舞的过程中，我们可以通过舞姿来表达自己的情感。

最后，我们队顺利完成了比赛。当主持人宣布我们团队取得第一名时，我听到了观众席上的欢呼和掌声，这是我一生中听到过的最美好的声音。我感谢我的舞蹈队友给我的陪伴，感谢老师和家人们的支持，他们的鼓励和帮助是我成功之路上无比重要的一部分。

我在这个比赛中获得了胜利，并且收获了自己的成长。我会一直珍惜这个时刻，并且努力继续前进，为自己的未来创造更多的机会。

题目 3：鸡鸣寺游记

“何处风烟接碧霄，鸡鸣山寺隔尘嚣。”鸡鸣寺位于南京市玄武区鸡笼山东麓山阜，历来就有“南朝第一寺”的美名。古色古香的庙宇、旺盛不衰的香火、深厚悠久的历史让这里成为众多游客参观游赏的胜地。适逢假期，我和爸爸妈妈一起来到鸡鸣寺，一览这里雕梁画栋、飞阁流丹的美景。

阳春三月，春意盎然，街道两旁到处是一派花团锦簇、草长莺飞的葱茏。来到鸡鸣寺门前，只见游人如织，将入口堵得水泄不通。我们好不容易穿过人群，拾级而上，便看到一座玉石牌坊矗立眼前，牌坊上苍劲地书写着“古鸡鸣寺”几个鎏金大字，让人感受到这佛家胜地的肃穆与庄严。清风和煦拂过，一缕淡雅的幽香传入鼻尖，让人沉醉不已。

继续向前走，便来到鸡鸣寺的第一座大殿——天王殿。放眼望去，只见檀木大门被漆成红色，巨大的牌匾上，“天王殿”三个字在阳光下熠熠闪烁。走入其中，周围一瞬间黑暗下来，各式各样的佛像静静地摆放在其中，有的金碧辉煌，有的则色彩斑斓。

走出天王殿之后，要经过一段又一段向上的楼梯，沿途还有许多大小不一的庙宇，再往上攀行，便可以看到巍然耸立的药师佛塔了！佛塔一共有七层，塔上的飞檐朝天空高高地翘起，宛如展翅欲飞的雄鹰一般英武，塔身的外墙上涂抹着金色的染料，檐下的铜铃在春风的吹拂中发出悦耳而清脆的声响。沿着佛塔中的台阶，我们一路来到塔顶，隔着栏杆，南京市温婉而秀美的风光尽收眼底。江两岸，一边是直冲云霄的高楼大厦，另一边则是清净的古刹老街，一边代表了如今时代的飞速发展，另一边则寄托着人们对传统的眷念——真是相得益彰！

从药师佛塔下来，我们便离开了鸡鸣寺。正值春日，街边的樱花烂漫地盛开着，宛若连绵的红霞，南京这美丽的春天，怎能不令人心驰神往呢？

题目4：我的祖国

我的祖国，是一个广袤辽阔的国度，拥有着壮丽的山川河流和多姿多彩的人文景观。在我的心中，祖国是无比强大而又美丽的。

祖国的大好河山，令每一个中国人心生自豪。祖国的名山，有黄山之雄伟，有峨眉之秀美，有庐山之险峻……这些大山给我们带来的不仅是欣赏美景的享受，更是一种精神上的力量。我们的“五岳”是指山岳中的五座代表性山峰，它们分别是西岳华山、南岳衡山、东岳泰山、北岳恒山和中岳嵩山。这些山峰在中国文化中有着不可忽视的地位，在古代是帝王巡游和祭祀的重要场所，代表了中国古代的礼仪之风。“五岳”有许多古代建筑和历史遗迹，如嵩山少林寺、恒山悬空寺、泰山的岱庙和衡山的南岳大庙等，这些遗迹见证了中国的历史，为我们展现了中国古代建筑文化的风貌。而且“五岳”在中国古代文学、绘画和诗歌中被广泛描绘，是中国艺术和文学创作的源泉之一。

祖国的河流，像是一条条脉络，把五千年的历史文化联系在一起。黄河、长江、珠江、淮河、松花江等河流是中国民族发展的重要基石，也是我们民族精神的象征。尤其是长江和黄河，是中国的母亲河，是中国文明的重要标志，它们见证了无数的历史事件和文化传承，是中华民族的悠久历史和独特文化的代表。它们是中国最长的两条河流，流经数千公里的神州大地，为中国带来了充足的水源，灌溉了肥沃的土地，是中国农业的命脉。

文明古国悠久的历史和丰富的文化，深深地烙在我们每一个中国人的骨子里。从古至今，每一个历史时期都留下了独特的文化印记。我们的四大发明，推动了世界的进步；我们的唐诗宋词，引领了文学的潮流；我们的万里长城，就是举世瞩目的宏伟建筑……其他的文化瑰宝更多，如琴瑟、青铜器、陶器、字画、书法、舞蹈、戏曲等，这些文化遗产都是我们民族的无价财富，它们不仅代表着中国古代文明的高度，更是我们民族自信心的象征。

英才辈出的人民是祖国最美丽的风景线。我们的祖国，每一个时期都英才辈出，现代祖国的发展更是汇聚了亿万人民的辛勤汗水和智慧成果，在各个领域中都有许多优秀的人才。在这样的环境下，我们的生活充满了快乐和活力。在校园里，我们跳跃、奔跑，展现了积极向上的生活态度；在课堂上，我们认真听讲，认真完成作业，对学习充满了热情，展现了朝气蓬勃的精神面貌；在学校和家庭中，我们学习着尊重他人、关心他人、帮助他人，展现了互助友爱的宝贵品质。

回顾历史，我们的先辈们用汗水和热血，换来了今天的和平与稳定。我们现在生活在祖国这片广袤的土地上，我们应该心怀感恩之情，热爱祖国，为祖国的发展做出我们应有的贡献。

第四章

迷宫式构建场景

迷宫一般都由许多复杂的路线和通道组成，它的趣味性，吸引了很多人加入这个游戏。我们在写作时也可以采用迷宫式的思路，将文章内容安排成一条条错综复杂的路线，让读者跟随文章内容的发展逐步深入，最终领悟到文章的主题和意义。

01 设计基础框架

在设计迷宫式的文章结构时，首先是要构建基础框架，确定文章的主题和要表达的核心思想，然后再根据构建好的框架进行写作。基础框架是整个文章的骨架，是后续写作的依据。搭建好基础框架，确定了主题和中心思想，就可以开始设计文章的迷宫结构。

基础框架应当清晰地表达出文章的主题和方向，同时也能够将文章内容按照一定的线索组织起来，引导读者逐步深入，最终领悟到文章的意义。

以下是设计基础框架的一些常用方法：

开头引题：在文章开头，通过一些引人入胜的句子，表达出文章的主题，激发读者的兴趣和好奇心。

分类讨论：在主题引出之后，可以按照一定的分类标准，将文章的内容分成几个小主题进行讨论，每个小主题都有自己的逻辑线索。

对比分析：在文章中可以通过对比分析的方式，将不同的观点、事物或情境进行对比，从而更好地呈现主题。

结尾归纳：在文章的结尾部分，通过总结归纳的方式，将前面所讨论的各个部分的主题和观点联系起来，从而表达出更加深入的主题意义。

通过以上的方法，可以设计出一个清晰、有序、有层次的作文基础框架，为后续的作文写作提供有效的组织和引导。

方法一 开头引题

开头引题是一种常用的作文开头方式，它通过妙趣横生的故事或扣人心弦的句子，让读者对接下来的内容产生浓厚的兴趣。

引用名言或趣事引题

名言或趣事可以吸引读者的注意力并激发读者的兴趣，也能清晰准确地表达主题。例如，在写一篇关于环保的文章时，作者可以引用“地球是我们共同的家园”这一名言。

开头即提出问题

提出一个有趣或引人思考的问题以引起读者的好奇心。例如，在写一篇关于蜗牛的文章时，作者可以提出这样的问题：“我们看到蜗牛时，是否会好奇地问一句：它的壳是怎样长大的？”

使用场景式的描述性语言

使用生动、形象的语言来描述场景或人物可以吸引读者的目光，令读者产生共鸣。例如，在写一篇关于春天的文章时，作者可以使用如下的描述：“春天来了，大地重新焕发出生机，绿草如茵，花儿绽放，给人们带来了欣喜和希望。”

举例说明

举例说明可以更清晰地表达主题，使读者更好地理解文章的中心思想。例如，在写一篇关于团队合作的文章时，作者可以举出一些著名的团队合作案例，如阿波罗登月计划。

总之，运用开头引题的目的是吸引读者的注意力并提炼出文章的中心思想。使用以上方法，可以提高作文的可读性，并使文章的中心思想更加明确。

题目1：我最喜欢的动物

动物世界是如此奇妙和多彩。在遥远的北极，有这样一种动物，它们体型巨大，周身被厚厚的皮毛包裹着，脚底下长着像海豹一样的蹼，它就是我最喜欢的动物——北极熊。

使用场景式的描述性语言引出主题

北极熊是由世界上最大的陆生食肉动物棕熊演变过来的。棕熊不远万里来到北极，为了适应冰天雪地，也为了更好的捕猎，它们的皮毛慢慢进化成了白色，这让它们可以更好地隐藏在雪地中。它们可以游泳和潜水，而且擅长在水中捕猎海豹和鱼类。

每年夏天，北极熊会游到海岸上休息和寻找食物。它们喜欢吃鱼、海豹和鸟类，而且它们的食量非常大，一天可以吃掉很多食物。

由于气候变化和人类活动，北极熊的生存状况变得越来越困难。我们应该保护这种珍贵的动物，让它们能够继续生存下去。

我喜欢北极熊，因为它们很可爱，而且是极地地区的王者。我们应该爱护动物，保护我们共同的家园。

题目2：我的梦想

每个人都有自己的梦想，你的梦想是什么？你有没有为自己的梦想而努力？我的梦想是实现自己的人生价值，成为一个对社会有用的人。

使用以设问的方式引出主题

小时候，我想成为一名科学家，因为我很喜欢探索未知的领域和解决问题。但是随着我慢慢长大，我的梦想也在不断变化。现在，我想成为一名教师，因为我认为教育是一项伟大的事业，我想通过教育来帮助更多的人。

成为一名好老师，不仅要有深厚的学科知识，还要有良好的教育方法。我希望自己可以激发学生的学习热情和创造力，帮助他们认识自己，发掘自己的潜能，并为实现自己的梦想而努力。

虽然实现梦想的道路充满了挑战和困难，但我相信，只要我努力学习、不断进步，我的梦想一定能够实现。我要用我的努力和汗水来实现自己的梦想，成为一个对社会有用的人。

每个人都有自己的梦想，而实现梦想需要勇气、毅力和不断进取的精神。只有坚定地追寻自己的梦想，才能真正实现人生的价值。

方法二 分类讨论

分类讨论这一写作方法适用于对复杂的问题进行论述。在文章中，按照一定的分类标准将内容分成几个小的主题，每个主题都安排各自的逻辑线索。这种方法可以让文章更加系统化、结构更加清晰、更具逻辑性，并可以充分论述每一个分类下的观点和论点，有助于读者更好地理解和掌握文章的内容。

在文章中，你可以分别对文章主题的分类进行详细地讨论，使每个部分都有自己的主题和逻辑线索。例如写一篇关于健康的文章时，可以对健康进行分类讨论，包括营养健康、心理健康、生活方式健康等等。对每个健康分类进行详细地描述和分析，可以更加深入地了解其每一个方面的重要性和需求。通过分类讨论的方式，可以让文章更加有条理、易于理解，同时也可以使读者更好地掌握文章的主旨。

题目：如何保护环境

保护环境是我们每个人的责任，我想分享一下我所知道的一些保护环境的方法。

塑料对环境的污染非常严重，因为它们通常难以分解，会在环境中存在数十年甚至数百年，对陆生动物、水生生物和人类的健康造成严重的危害。当塑料被丢弃在土地上或者进入海洋时，它们会威胁野生动物的生存。许多鱼类、鸟类和海洋哺乳动物会因为误食塑料而窒息死亡。此外，塑料污染也会对水体造成破坏，威胁水生生物和人类的健康。为了保护环境，我们应该尽量减少使用塑料制品。我们可以使用环保袋来代替塑料袋，使用可重复使用的水杯和餐具来代替一次性的塑料杯和餐具。

分类讨论：第一部分

水是我们生活中必不可少的资源，我们应该节约用水。虽然地球上的水覆盖了地球表面的三分之二，但是能够供人类生活使用的淡水资源非常有限。我们在日常生活中过度使用水，就会导致水资源的浪费，甚至会加剧水污染、造成水环境恶化等问题。在我们日常生活中，节约用水既是一种良好的生活习惯，也是一种环保意识和社会责任的体现。我们应该时刻保护并合理利用水资源，尽可能地减少水的浪费。例如，洗完手要及时关掉水龙头。此外，我们还可以收集淘米水来浇花。

分类讨论：第二部分

垃圾分类也是保护环境中的重要一环。我们应该根据垃圾的种类将其分类，将垃圾放到对应的垃圾桶中。

垃圾分类有助于减少有害化学品对土地、水源、空气以及野生动物的污染与伤害，防止垃圾填埋场和垃圾焚烧厂的过度使用，还有助于挑选出可再生材料，将材料回收再利用，以节约有限资源，避免过度的能源消耗和资源浪费。无论是在城市还是农村，实施垃圾分类都有助于创造一个更为清洁的居住和工作环境。

垃圾分类不仅是个人的责任，还应当是社会的共识。通过宣传来树立公共意识，可以让更多人了解垃圾分类对环保的重要性，促进社会建设。

分类讨论：第三部分

无论是减少使用塑料、节约用水，还是实施垃圾分类，都是对环境的保护。环境保护可以维护生态平衡、保护地球生态系统和人类生存环境，还可以促进自然资源的合理开发和利用，提高经济效益。

保护环境是我们每个人的责任，希望大家都能积极参与，共同建设美好环境。

总结保护环境的方法，并提出倡议

方法三 对比分析

对比分析是一种常用的写作手法，是将两个或多个事物进行比较并分析其异同的技巧，适用于各种类型的文章写作。对比分析可以用来比较不同的观点、文化、思想、人物等。通过对比分析，作者可以更加清晰地呈现主题的核心含义，使读者更容易理解和接受。

对比分析可以从以下方面展开：

对比不同观点

在写一篇议论文时，可以对比不同的观点，以此来支持自己的论点。作者可以列出不同观点的优缺点，从而引导读者认同自己的观点。

对比不同事物

在说明文中，可以对比不同的事物，以此来突出事物的特点和差异。例如，可以对比不同种类的动物、植物或产品，从而说明它们之间的异同。

对比不同情境

在写故事时，可以对比不同的情境，以此来展示故事的主题。例如，可以对比主人公在不同情境下的表现，从而强调主题。

无论是哪种对比分析方法，都需要注意比较的准确性和客观性。同时，在对比分析时，可以多多运用排比句，使文章更加生动有力。

题目 1：看电视好还是读书好？

看电视和读书都是我们日常生活中常见的活动。但是，有些人认为看电视更有趣，有些人则认为读书更有意义。那么，看电视和读书到底哪个更好呢？下面我从两个方面来进行分析。

从获取信息的方式来看，看电视是获取信息的直接方式。通过观看电视上的新闻、电影、综艺节目等，我们可以了解到许多有趣的事情，有利于缓解压力和放松身心。但长期过度看电视是一种消极行为，会导致我们缺乏锻炼、缺少社交活动，还可能会使人变得孤僻、消极、抑郁，产生一系列负面影响。而读书是以一种更加深入的方式来获取信息。通过阅读，我们可以扩大知识面，增长见识，提高自身文学素养，也可以在书中学到许多做人的道理，使自己的精神世界更加充盈。

从获取信息的方式对比看电视和读书。看电视获取信息的方式更为直接，而读书则是以一种更深入的方式获取信息

从对大脑的影响来看，看电视可以刺激大脑，让我们感到放松和愉快。看电视时，我们的大脑能够很直观地接收到生动形象的画面，这种人物和场景的真实度与感染力是阅读无法相比的。但是，过度观看电视不但容易影响视力，还会对大脑产生负面影响，因为直接获取画面这一过程太过轻松，不利于我们想象力的形成与培养，还会影响注意力和思维能力。相比之下，读书对大脑的影响作用更加积极，可以活跃思维，提高大脑的认知能力、记忆能力和思维能力，将文字在脑海中转化为画面这一过程也有助于提高想象力和创造力。但是阅读需要一定的时间和专注度，无法像看电视那样轻松。

从对大脑的影响对比看电视和读书。看电视可以让人感到放松，但读书可以活跃思维，提高大脑的认知能力、记忆力和思维能力

看电视和读书各有优劣，不过，在获取信息和对大脑的影响这方面，读书更具有长期的积极意义。因此，我认为读书比看电视更好。当然，我们也可以适度地看电视，同时多读书，来获取更丰富的知识和体验。

题目 2：这次比赛结果真意外！

这次乒乓球比赛结果真是出人意料啊！我们班的刘航居然获得了第一名，而李亮亮却只得了第三名。但是，我仔细思考后发现，其实这次结果也有迹可循。

刘航和李亮亮平时一起训练，两个人的水平不分伯仲，在对抗的时候也是平分秋色。但是李亮亮打球的时间比刘航更长，基础更加扎实，按理来说，他应该更具有心理优势。

对比两人练习乒乓球的时间

但是，从比赛上的发挥水准来看，刘航虽然平时表现比李亮亮稍微差一点，可他在比赛中的表现非常优秀。他的发球得分比其他选手都高。李亮亮平时在这方面的表现比刘航更好，但这次比赛中似乎遇到了点困难，没能发挥出真正的水平。

对比两人在比赛时、平时的发挥水准

在比赛中，刘航表现得非常稳定，没有被其他选手的表现所影响，也没有出现失误。李亮亮则显得比较紧张，比赛中有一些小失误。虽然李亮亮的乒乓球水平更高，但刘航在比赛时的心态更好。

对比两人在比赛时的心态

刘航在比赛前准备得非常充分，认真研究了比赛规则和对手的表现。而李亮亮可能因为平时表现太好，有点轻敌了。他并没有像刘航一样认真准备。

对比两人的赛前准备

虽然李亮亮的平时表现更出色，但在这次比赛中输给了平时表现并不如他的刘航。这说明，赛前准备

和赛中心态也非常重要。以后的比赛，我得多多吸取教训，提前认真准备好，这样比赛时才能发挥出自己的最大实力。

方法四 结尾归纳

结尾归纳框架是指在解答问题或写作时，通过对已有信息的总结归纳和对新信息的分析综合，将多个观点或事实整合起来，形成结论或提出新见解的思维框架，以此得出总体性的认识。在运用结尾归纳框架进行写作时，需要注意以下几点：

明确主题：要明确作文的主题或要点，以便在归纳总结时精准地表达出来。

收集素材：需要在阅读、观察、调查中收集大量的素材，以便在归纳总结时有充足的事实支撑观点。

分类整理：将素材按照某种分类方式整理，以便在归纳总结时可以更加清晰地展现不同的观点或事实。

归纳总结：在所收集整理的素材的基础上，归纳总结出一个总体性的认识或结论，并对其进行适当的解释和阐述。

逻辑清晰：在写作时需要注意逻辑要清晰，表达要有条理、连贯，让读者能够清晰地理解文章的观点和结论。

语言简洁：用简洁的语言表达自己的观点和结论，避免冗长和累赘的表述，以便让读者更加容易理解文章的观点。

结尾归纳是一种非常重要的思维方式，在生活中有广泛的应用。掌握这种思维方式并在写作中灵活运用，可以帮助我们更好地理解和解决问题，提高自己的综合素质。

题目：怎么做一个好学生

作为一名学生，我们不仅要取得好的学习成绩，还要有优秀的品德。那么，怎样才能成为一个好学生呢？

第一，要合理分配时间，做事要有计划、有重点，要有完成目标的意识和行动。我们可以制订详细的学习计划，列出每项任务的优先级和预计完成时间，合理安排学习和休息的时间。同时，还要设定切实可行的学习目标，及时排除一些如网络社交、电子游戏等不必要的干扰，将时间用于学习上。

好学生标准一：合理分配时间

第二，要与他人建立良好关系，学会主动交流。我们可以积极参加学校里的课外活动，例如文艺比赛、科技创新大赛等。这些活动既可以增长知识，又可以锻炼动手能力、协作能力和领导能力。与同学们一起游戏、讲故事、聊天等，是和大家沟通的好机会。同时，我们也要对自己的情绪进行控制，尊重与他人之间的差异。最重要的是学会合作，我们可以在和同学一起玩游戏、解决问题的过程中，学会与他人协作。

好学生标准二：主动交流，建立良好的人际关系

第三，要塑造自律的生活方式，培养自己的意志力，提高自己克服困难、坚持不懈的毅力，还要有积极的心态，要有信心与勇气去面对学习和生活中的挑战。可以根据自己的需要和爱好养成一些自律习惯，如每天读书、按时睡觉、做家务等，并通过长期坚持来培养高度自律的生活习惯。在课堂上要认真听讲，不要开小差或打瞌睡。如果有不懂的地方，要及时向老师请教。在家里，要按时认真完成作业，不要拖延或者草草了事。

好学生标准三：自律，有较强的意志力

第四，要注重品德修养。做人要讲道德，要有责任心，要诚信、友善、乐于助人。在生活中，要尊重父母、老师和他人，不要欺负别人、说脏话。要时刻注重自己的言行，做一个有良好品德的好学生。

好学生标准四：品德优秀

第五，要保持良好的生活习惯。良好的生活习惯有助于提高学习效率和身体素质。比如，要保证充足的睡眠时间，要多喝水、多吃水果蔬菜，不要熬夜、不要吃垃圾食品。此外，要坚持锻炼身体，增强体质。

好学生标准五：有良好的生活习惯

一个人会成长为什么样子，与他学生时代的经历息息相关。学生时期的学习、生活和情感，塑造了每个人的特质。良好的生活方式与习惯，会对个人的成长产生积极的影响，有助于形成积极向上的人格，促进个人的全面发展。因此，我们不仅仅要注重课堂学习、积极参加课外活动，还要注重培养优秀品德和保持良好的生活习惯。只有全面发展，才能成为一个真正的好学生。

对上述观点和内容进行了全面总结

02 设计迷宫路线

迷宫路线式写作方式，是指文章的结构和展开方式像迷宫一样曲折复杂，读者需要跟随作者的思路，穿过弯曲繁杂的路线，最终到达能见文章全貌的终点。这种写作方式适用于复杂的主题。主题是随着行文发展逐渐揭示的，而非一开始即全部呈现。在主线的基础上，设置一些分支线路，就会让文章变得更加丰富多彩。比如写有关自然的文章，可以从自然的重要性入手，分别写自然对于人类的物质需求、精神需求和文化需求的影响。在每个分支中，可以进一步探讨，并列举例子，让读者更好地理解文章的意义。在设计迷宫路线时，可以从以下几点着手：

从主题入手

确定文章的主题，然后从不同角度入手，设计不同的分支线路。行文思路为先引出主题并解释背景，逐渐深入探讨，得出结论。比如主题是“环保”，可以从环保意义重大、如何进行环保、环保的成果和不足等多个方面展开。

多层次展开

可以采用多层次的表达方法，从表面现象逐渐进入主题的核心，进而深入了解主题，最终得出一个完整的结论。

运用对比法

对比法是设计出作文中“迷宫”路线的有效方法。在文章中设置多条分支线路，并采用对比的方式，可以引导读者思考问题，使文章更加生动、丰富。这不仅可以更好地展现文章主题，还可以增加文章的层次感和可读性，使读者更容易理解和记忆文章的内容。

运用因果法

在文章主线中设置一个或多个原因，然后从原因入手，进一步展开分支线路，使文章更具深度和广度。例如，在写“城市交通拥堵”这个主题时，可以从私家车过多，公共交通不便等原因入手，进一步展开分支。

线索串联

在展开思路时需要使用线索进行串联，每一步的信息都是上一步的延伸，也是下一步的引导。因此，在写作时需要清楚思考每一步的线索该如何使用，如何让读者目不暇接，又能不迷路。

运用问题解决法

在文章主线中设置一个或多个问题，然后在分支线路中对问题进行深入剖析，并提出解决方案。例如，在写“考试备考技巧”时，可以设置多个问题，如如何备考语文、如何备考数学等，然后提出具体的解决方案。

以上方法，可以为文章增加分支线路，使其更加生动有趣，同时也能提高文章的深度和广度，让读者更好地理解文章的意义。

方法一 从主题入手

从主题去展开是一种常用的写作方法，可以使文章的条理更加清晰，让读者更易于理解和接受文章的观点。

题目：我的假期生活

我的假期生活丰富多彩，让我感到非常充实和愉快。我的假期可以分为三个部分：读书、旅游和学习。

首先，我在假期阅读了不少书籍，比如科幻小说、历史故事等。通过阅读，我的知识面得到了拓展，我也提高了自己的阅读能力。

其次，我还和家人一起去旅游了。在旅游过程中，我去了不同的地方，学习了不同的文化，感受到了大自然的美好。我最喜欢的地方是海边，那里的海水清澈见底，沙滩上还可以找到许多美丽的贝壳和海星。

虽然假期是休息的时间，但我仍然坚持每天花一些时间学习，提高自己的知识水平。我参加了一些暑期班和夏令营，学习了一些新的知识和技能，比如写作、计算机和英语等。这些学习经历让我有机会结交新朋友，学习新技能，让我很有成就感，也为我以后的学习打下了坚实的基础。

最后，我在假期还主动承担了一些简单的家务。这不仅减轻了父母的负担，也培养了我的责任感和独立性。

展开主题，分别从读书、旅游、学习和做家务展开介绍我的假期生活充实而有意义，我喜欢这样的生活方式，也期待着下一个假期的到来。

方法二 运用对比法

在文章中设置多条分支线路，采用对比的方式来引导读者思考问题。例如，在写“海边的早晨”的文章中，可以设置海边的早晨与森林的早晨、早晨与傍晚等多个分支。

题目：海边的早晨

海边的早晨总是令人难以忘怀，无论回忆起多少次，都可以感受到那份宁静与美丽。我想和大家分享一下我在海边的早晨所经历的美好时光。

早晨，海边的空气总是非常清新。当第一缕阳光照在海面上时，整个世界似乎都变得更加明亮而开阔，而沙滩上布满的贝壳和贝壳碎片则成了我们的宝藏。在海边的早晨，我们可以感受到大海的宁静和浪漫，仿佛时间就这样静止了。

与之相比，森林的早晨则显得更加清凉和恬静。小鸟在树上唱歌，枝叶间还有露水滴落的声音。在森林里的早晨，我们可以聆听到大自然的声音，感受到自然的魅力。

两种早晨各有千秋，让人难以抉择。然而，无论在哪里，早晨的空气都是最清新的，大自然也给我们带来了无限的美景。在早晨，我们可以呼吸到新鲜的空气，让我们对新的一天充满期待。对于喜欢户外活动的人来说，早晨更适合进行各种活动，例如散步、登山等。

将森林的早晨与海边早晨展开对比

早晨是一天中最美好的时光，让我们在早晨醒来，去体验大自然的美丽和神奇。无论是海边的早晨还是森林的早晨，都会让我们感受到大自然的美妙和奇妙，让我们不断地被这个世界的美景所感动。

方法三 运用因果法

运用因果法可以让文章更加生动有趣，引人入胜。描述事物之间的因果关系，可以让读者更好地理解问题的本质，以此增强文章的说服力。例如，在写关于“沙漠化”的文章时，可以采用因果法，从沙漠化的原因和影响入手，去设计多个分支线路。

因果关系的描述，不仅可以让读者更好地了解沙漠化问题的本质和危害，还可以引发读者对沙漠化问题的思考，为呼吁环境保护提供更有力的支持。由此可见，运用因果法也是一种很好的设计“迷宫”路线的方法。

题目：保护我们的家园

我们的家园正面临着严重的环境问题，这些问题的根源在于人类对自然资源的无节制开发。自然环境的破坏与生态系统的恶化，直接导致了许多不利于我们人类的后果。因此，保护环境已成为迫在眉睫的任务。

环境保护已成为我们必须面对的现实。我们的行动对于我们生存的环境有着直接的影响。当我们还没有意识到环境问题的时候，我们赖以生存的土地、水和空气已经逐渐遭受破坏。

许多专家都指出，人类无节制的乱砍滥伐导致森林系统遭到破坏。这些行为使许多动物失去了家园，也让我们失去了很多珍贵的生态资源。这一切都是我们人类没有保护好环境造成的。

然而，仍有一些人没有意识到我们的家园正逐渐被破坏。例如，一些餐厅老板为了赚取更多的利润，大量购买一次性筷子，导致更多的树木被砍伐，随处可见的塑料袋产生白色污染。虽然电池带给我们许多便利，但是它对环境也造成了一定的危害。

保护环境不是一件简单的事情，但是每个人都可以为环境保护做出自己的贡献。比如从节约用水、减少能源消耗、垃圾分类等方面做起，减少对环境的污染和破坏。我们从点滴小事做起，承担自己的责任，大家齐心协力，就能保护我们的绿色家园，让地球变成一个洁净、清新、永远年轻的绿色星球。

方法四 运用问题解决法

问题解决法是一种基于场景设计的写作方法。运用问题解决法写作，首先需要设定一个或多个问题，并围绕这些问题展开深入的剖析，提出解决方案。而这些问题所涉及的方面往往是现实生活中常见的，比如环境保护、交通拥堵、健康生活等。

通过运用问题解决法写作，我们可以将现实生活中的问题呈现出来，并引导读者思考和探讨解决方案。同时，问题解决法写作也可以激发读者对问题的关注和热情，鼓励读者采取实际行动来解决问题。

题目：保护视力倡议书

近年来，随着电子设备的普及和学习负担的加重，很多同学们都出现了视力下降的问题。视力下降给我们的学习和生活都造成了不良影响。那么，如何保护我们的视力呢？

近视是指眼睛无法清晰地看到远处的物体，看远处时常常感到视力模糊。据调查，在小学生中近视率很高。

问题一：什么是近视？

近视的原因很多，主要有以下几种：

一是遗传因素。如果父母都有近视，孩子患上近视的概率就会比较大。

二是用眼不当。长时间使用电子设备，看书、写字时近距离用眼，会使眼睛长时间处于紧张状态，导致近视。

三是环境因素。光线不足、阅读距离不当、学习环境不佳等都会影响视力。

问题二：近视的原因有哪些？

那我们应该如何保护视力呢？我认为保护视力应该做到以下几点：

控制使用电子产品的时间。每天使用电子设备的时间不宜超过两个小时，并且要注意休息，每隔一段时间就要进行适当的休息。

保持正确的阅读距离和姿势。恰当的阅读距离应该在30到40厘米。此外还要保持正确的阅读姿势。

保持充足的睡眠时间。睡眠时间不足会影响眼睛的休息和恢复，进而影响视力。

多参加户外活动。阳光中的紫外线有利于眼睛的健康，适当的户外活动也有助于缓解视觉疲劳。

保持良好的学习环境。学习环境应该明亮、整洁、安静，避免光线不足、灰尘过多等对视力的影响。

问题三：如何保护视力？

综上所述，保护视力对我们每个人来说都非常重要。我们应该注意用眼卫生，控制电子设备的使用时间，保持良好的阅读距离和姿势，增加户外活动的时间……只有这样，我们才能拥有一双健康明亮的眼睛，更好地学习和生活。

03 添加迷宫元素

添加迷宫元素是一种增强文章吸引力和趣味性的方法。在每个分支结构中，可以设置一些引导读者前进的线索和暗示，比如一个反问、一个比喻或者一个故事等，使文章更有趣味性。在写作中，可以采用以下方式添加迷宫元素：

引入悬念和反转

在分支结构中，适当引入一些悬念和反转，可以引导读者思考问题的解决方案。比如，在“如何减肥”这个主题中，可以在分支结构中引入一些反转，如不要节食、不要运动过量等，引导读者寻找正确的减肥方法。

使用比喻

比喻和隐喻可以让读者更好地理解和记忆文章中的内容，也能增强文章的吸引力。在写作中，可以使用一些生动的比喻和隐喻来解释问题的本质和解决方法。

以小故事阐述主旨

故事叙事是一种通俗易懂、引人入胜的写作方式，可以吸引读者的注意力。在写作时，可以在分支结构中使用一个小故事或案例来丰富主线故事，或者去阐述文章主旨。

设置引导线索

在分支结构中，可以适当设置一些引导线索，引导读者前进。比如，在“如何学好英语”这个主题中，可以设置引导线索听力、口语、阅读、写作，分别介绍英语学习的不同方面，让读者更好地了解英语学习的全貌。

总之，添加迷宫元素是一种增强文章吸引力和趣味性的有效方法，可以让读者更加享受阅读的过程，更好地理解文章的内容。

方法一 引入悬念和反转

在写作过程中，我们可以引入一个悬念来激发读者的好奇心，让读者期待着答案的揭示，这样可以让文章更具有吸引力和互动性。比如在文章主线中设置一个悬念，然后在分支线路中逐步揭示答案，让读者产生探究的心理，从而引导读者更深入地思考问题。

例如，在“如何提高学习效率”主题中，可以在开头设置一个悬念：“有一名学生平时学习十分努力，但是成绩始终不理想，这是为什么呢？”然后在分支线路中，引入各种提高学习效率的方法，最后揭示答案：“原来是因为这名学生学习的方法不对。他在改变学习方法之后，成绩有了明显的提高。”

同样，反转也是吸引读者的有效手段。在问题解决法写作中，可以在分支线路中引入一个看似正确的观点或方法，然后再逐步揭示其缺陷或弊端，让读者对其产生反思。

继续以“如何提高学习效率”为例，可以在分支线路中引入“背诵”这一方法，阐述背诵具有加强记忆等益处，然后揭示其弊端：“死记硬背，未经理解，流于背诵，不会灵活运用”。正确的方法应该是边背诵边理解，融会贯通，知识才能储存在大脑之中。引入悬念和反转都需要在文章的布局和逻辑上把握好节奏，找准转折点，使其自然而然地融入文章中，起到提高阅读体验的作用。

题目：一次意外的动物园之旅

昨天，我和我的好朋友小明一起去了动物园。我们玩得非常开心，看到了许多有趣的动物，如大象、狮子和长颈鹿。我们沿着动物园的小路走着，时不时地停下来观察这些神奇的生物，它们的各种姿态总是让我们心生好奇。

在我们快要回家的时候，发生了一件令人意想不到的事情。我们走在一条小路上，突然听到了一声巨响，顿时被吓了一跳，不知道发生了什么。于是我们迅速向声音来源处走去，想看看到底出了什么事。走近之后，我们发现一只小猴子被困在一个大箱子里。它在箱子里发出了哀怨的叫声，看起来十分无助。

引入悬念

看着小猴子痛苦的模样，我们赶紧去叫动物园的工作人员来帮忙。当工作人员打开箱子的时候，我们都非常惊讶。原来，箱子里不仅有一只小猴子，还有一只小老鼠。这两只看似无法共处的动物，竟然被困在了同一个箱子里。工作人员很快就将小猴子和小老鼠救了出来。小猴子非常感激地望着我们，仿佛在说谢谢你们。小老鼠则很快就跑掉了，我想它一定是被吓坏了。

引入反转

动物园之旅的这个意外插曲让我们感慨，这两只动物虽然看似互相敌对，但在面临共同的困难时，它们能够和平共处。

引发思考和联想

这次经历让我们深刻地认识到，生物之间和平相处是非常重要的。无论大小和种类，我们都应该尊重每一个生命。

方法二 使用比喻

比喻是一种常用的修辞手法，具体方式是用跟甲事物有相似点的乙事物来描写或说明甲事物，也称“譬喻”“打比方”。比喻一般由三个部分组成，即本体（被比喻的事物或情景）、喻体（被用来作比喻的事物或情景）和比喻词（比喻关系的标志性词语）。依据描写或说明的方式的不同，比喻可分为明喻、隐喻、借喻等。

在写作中巧用比喻手法，可以化平淡为生动，化深奥为浅显，化抽象为具体，化冗长为简洁。例如，要描写一个人的笑容，可以使用比喻来增强形象感受，如“她的笑容像阳光一样温暖”等。这样的比喻可以使人们更加直观地感受到人物的情感表达，也能够让人们更加深刻地理解作者的意图。

当然，要想用好比喻，需要充分理解事物本身的特点，同时也需要有一定的语言功底。因此，在写作过程中，我们可以多加练习，积累更多的语言表达方式，这样才能够更好地运用比喻来丰富作文的内容，使文章更加生动有趣，更容易被读者理解和接受。

题目：我和小狗的友谊

我和小狗是好朋友，它就像我的“铁哥们”。虽然它不会说话，但我们的友谊已经深深地印在了我的心里。

采用比喻的方法引出主题

小狗毛茸茸的，看起来就像一团柔软的棉花糖。它的眼睛就像两颗黑珍珠，一闪一闪的，好像在诉说着它的心思。我喜欢跟它一起玩耍，我们追逐着玩具球跑来跑去，一点儿也不累。我们还经常一起去公园散步，尽情感受那美丽和谐的大自然。

有时候，小狗会乖顺地躺在我的怀里，暖烘烘的皮毛就像一个柔软而温暖的热水袋，将我的心都暖化了。它毛茸茸的身体让我感到舒适和安慰，抱着它就仿佛抱着柔软的热水袋，让我远离寒冷和孤独。

采用比喻的方法描写小狗

在我最难过的时候，小狗会用它那温热的舌头舔舐我的手，好像在告诉我，一切都会好起来的。它的陪伴和关爱让我感到温馨和感动，就像一盏温暖的灯，照亮了我的心灵。

与小狗相处，我学会了很多东西。它的勇敢和坚定让我感到钦佩，就像拥有一颗硬如钢铁的心，可以克服任何困难。它的快乐和热情让我心生愉悦，就像一朵鲜花，在生命中绽放出绚丽的色彩。

采用比喻的方法描写感受

我们的友谊就像是一条不断流淌的河流，充满生机和活力。小狗给了我很多快乐和温暖，也给了我一颗勇敢而坚韧的心。我希望我们的友谊能够像一颗鲜活的种子，盛开永不凋零的花朵，绽放出更加美丽的色彩。

采用比喻的方法进行总结

方法三 以小故事阐述主旨

在文章中插入小故事是一种生动有趣的写作方式，可以用来阐述文章主旨或引发读者对于问题的思考。

如果想在文章中插入小故事，可以根据文章主题或者其所论述的问题，选择一个贴合的故事。选取的故事内容要与文章的主旨相关联，这样才能更好地支持文章的观点或主题。选择的故事还要具有代表性，这样才能更好地让读者理解文章的主旨，或者引发他们对于问题的思考。

同时，为了避免选择的故事和主线故事产生冲突，需要注意所选择的小故事的合理性。小故事的情节和主线故事要有逻辑上的联系，不能与主线故事产生冲突，此外在小故事讲完后要及时回到主线故事，以保证文章结构的连贯性。

另外，选择的小故事要简短明了、生动有趣，这样才能吸引读者的注意力。小故事所传达的信息要有足够的说服力，让读者信服，这样才能更好地达到作者的目的。

题目：假如我是一名服装设计师

我对时尚和设计一直有着深厚的热爱。看到人们穿着漂漂亮亮的衣服，开心地生活着，我的内心非常愉悦。我想成为一名服装设计师，用我的设计去改变人们的生活，让他们感到更加自信与愉悦。

我想要成为服装设计师的梦想，源于自己与一个朋友的一段经历。我的一个朋友从小就喜欢穿款式独特的衣服，但她认为现在的服装都设计得很单一，想要买一件称心如意的衣服总是要挑选很久。有一天，我陪她去逛服装店，店里展示的新衣服虽然数量很多，但款式大同小异，我们逛了很久，最后还是空手而归。这件事情让我意识到，如果要成为一名服装设计师，我必须在衣服的款式设计上下苦功，设计出新颖又好看的衣服，满足大家的需求。

为了实现我的梦想，我会刻苦学习设计课程，拓宽自己的眼界，设计出能够满足大家不同需求的、精致漂亮的衣服。我希望我的设计可以让每个人都感到满意又快乐。

另外，我觉得作为一名设计师，还可以为保护地球贡献一份力量。假如我是一名服装设计师，我将尽可能使用环保材料和可持续发展的工艺，保证我的设计既美观又环保。这样可以为环境保护做出贡献。

加入小故事

总之，如果我是一名服装设计师，我的设计理念将会关注每一个人的需求和环境的保护。我相信我能够实现自己的梦想，成为大家所认可的服装设计师。

呼应文章主旨

方法四 设置引导线索

引导线索能让文章更加有层次感和逻辑性，让读者更好地理解和记忆文章内容。同时，适当设置引导线索也可以让读者更好地把握文章结构和主题，从而领会文章的意义。

举个例子，假设我们要写一篇关于“健康生活”的文章，我们可以在文章的开头加入一个引导线索，例如：

“健康生活是人们一直以来追求的目标，它不仅涉及饮食、运动、睡眠等方面，还与人们的心理状况密切相关。可是你知道我们要如何实现健康生活的目标吗？”

这段话告诉了读者文章的主题和讨论点，并且明确了要从多个方面进行探讨。读者在看完这个引导线索后，就能够更好地把握文章的结构和主题，更容易理解和吸收文章的内容。同时，这样的设置也能够让读者更有针对性地阅读文章，找到自己感兴趣的部分进行深入阅读。

通过引导线索，读者可以清晰地了解到文章的结构和主题，进而更好地理解文章内容。同时，文章也更具可读性和逻辑性，更容易引起读者的共鸣和关注。

题目：为我的哥哥点赞

你要问我最喜欢的人是谁？那自然是我的哥哥了。优秀的哥哥一直是我的榜样，引导着我健康成长。不但如此，他还为家庭和学校做出了很多贡献。每次想到哥哥的好，我都忍不住要为他点赞。他就是我的榜样，也是我心目中最优秀的人。

哥哥学习非常努力，他总是能够取得很好的成绩。哥哥不仅学习成绩优异，在校园生活中更是能力出众。他是学校的学生会主席，还在学校担任了其他许多职务。他还善于和老师同学交流，积极参加各种学习和竞赛活动，经常拿到各种奖项和荣誉。我觉得哥哥真的很厉害，我常常想：如果我也能像哥哥一样出类拔萃，一定能让爸爸妈妈更加骄傲。

介绍哥哥的学习成绩和荣誉

除了学习，哥哥还有很多爱好和特长。他非常喜欢体育运动，常常和朋友们一起打篮球、踢足球。他也喜欢音乐和艺术，会弹吉他、唱歌、画画。他还热爱读书和旅游，在全国各地旅游时拍下了好多漂亮的风景照。哥哥的兴趣爱好很多，而我常常觉得自己好像什么都不会，所以我真的很佩服哥哥的多才多艺。

在吃过晚饭之后，哥哥经常会坐在沙发上，拿起他心爱的吉他，调整琴弦，而后他的手指在弦上飞舞，柔和的旋律随之流淌。哥哥的眼睛半闭着，好像在享受音乐的灵魂。每一个音符都那么的和谐，一切都好似温柔地沉入其中。整个房间里充盈着一种温和、安宁和柔软的气氛。我也听得如痴如醉了。

介绍哥哥的兴趣爱好和特长

哥哥是我心目中最优秀的人，是我学习的榜样，他让我明白了什么是真正的努力和坚持。我也会继续努力，让自己变得更好，也会一直支持我的哥哥，让他在成功的道路上越走越远。

04 完善场景细节

完善场景细节是迷宫式作文法的最后一个步骤，这一步需要认真丰富场景的细节内容，使读者感受到情境的真实性。以下是一些完善场景细节的方法：

使用形容词和形容词性短语

形容词和形容词性短语可以表达场景中描写对象的状态。例如，你描述的场景是一个森林，你可以使用“茂密的”来描述树木，或者使用“清澈的水流”来描述小溪流。

使用动词和动词性短语

动词和动词性短语可以帮助描述场景中的动作，使该场景更具感染力。例如你想描述一个下雨的场景，你可以使用“倾盆而下”来形容雨势。

描述感官体验

使用感官描述可以帮助读者感受场景中的氛围。例如你描述一场婚礼，可以描述听到的音乐、看到的鲜花，以及现场的气味。

刻画人物形象

描述人物的外貌、行为和心理状态可以帮助读者更好地理解人物角色，体会角色的情感。例如你想描述一个狡猾的人物，你可以描绘他的笑容和眼神，或者描述他的行动和言语。

以上的方法，可以为你的作文增加更多的场景细节，使读者更好地理解你想要表达的意思，并深入感受到你所描述的情境氛围。

方法一 使用形容词和形容词性短语

使用形容词和形容词性短语可以使文章更加生动、形象。

如果你描述的场景是一个海滩，你可以使用形容词“蔚蓝的”来形容海水的颜色，使用形容词“雪白的”“松软的”来描述沙滩的颜色和触感。你还可以使用形容词性短语来描述天气、景色等，例如：“炎热的夏日阳光下，海面波光粼粼，让人心旷神怡。”

题目：告别美丽的校园

我即将要离开这个美丽的校园了。在这里我度过了人生中一段美好的时光，校园见证了我成长过程中的酸甜苦辣。

回望这座校园，我不禁感叹：这里真是一个美丽的世界。那一排排整齐的树木，将校园装点得如此美丽。校园里的草坪，像是一块绿色的地毯，给曾经在草地上做游戏的我们带来了无限欢乐。那高高的建筑物，饰以蓝天白云的背景，仿佛在宣扬着学校的历史和文化。这些美丽的场景，深深地烙印在我的脑海里，随时随地都能勾起我的美好回忆。

然而，此时我感到的不仅仅是美丽。在美丽之中，还有一丝丝不舍之情。每当我走过那些教室和走廊时，心中总会涌起一股难以言表的感觉，仿佛那些墙壁和地面也是我的亲人朋友。我不愿离开这里，更不愿舍弃那些成长中的快乐回忆。

现实总是残酷的。我不得不面对即将离开校园的现实，去面对那些未知的风景和机遇。虽然我的校园生活将要成为过去，但它会永远留在我的心中，成为我人生中一道永不褪色的风景线。

离别虽然让人伤感，但是我知道，在未来的路上，我依然会努力奋斗，去创造更多的美好回忆，去迎接更多的挑战。

方法二 使用动词和动词性短语

使用动词和动词性短语可以令作文中描写对象的活动更加生动具体，使读者的阅读体验更加真实。例如，如果你描述的场景是一个小女孩在玩耍，你可以使用动词“蹦跳”“欢笑”“奔跑”等来描述她的动作，让读者直观感受到她的欢乐和活力。

题目：一次紧张的考试

今天，我经历了一场紧张的考试。

在进入考场之前，我的手一直在颤抖，感觉自己仿佛要喘不过气来，心跳也变得越来越快，似乎要跳出胸膛。

终于，考试开始了。我迅速翻开试卷，仔细阅读题目。每一题都让我感到头痛，但我努力保持冷静，不断地思考和推敲。我握着笔的手在纸上飞快地舞动，笔尖在纸上留下了密密麻麻的字迹。偶尔我也会停下笔，斟酌着自己写下的答案，时不时用橡皮擦进行修改。

时间到了，考试已经接近尾声。我加快了自己的速度，不断地挥动笔尖，留意着题干的每一个细节。我的心里充满了期盼和紧张，我希望自己能够在这次考试中取得好成绩，为自己争取更好的未来。

终于，考试结束了。我松了一口气，把试卷拿在手里，检查了一遍又一遍，确保自己没有漏填答案。

考试让我感到非常紧张，但我也学会了如何面对挑战和压力，这对我以后的成长是至关重要的。我相信，只要我不断努力，积极面对每一个挑战，就一定能够在未来实现自己的梦想。

方法三 描述感官体验

我们用感觉，如视觉、听觉、触觉等，来描写事件过程，不仅可以让读者了解事件的经过，还可以让他们更好地体验其中的感受，从而让文章显得丰满而生动。

题目：夏天的游泳池

一天，我和家人一起去游泳。

水泥地面热浪滚滚，让踏在上面的我仿佛踩在火盆上，只想快点跳进水里。游泳池周围种满了郁郁葱葱的绿树，夏日的阳光洒在树叶上，投下斑驳的光影，给人一种凉爽之感。池子里的水清澈透明，我可以看到水底的瓷砖。阳光照在水面上，水波涌动，泛起粼粼波光，炫目而美丽。

当我一跃而入后，水沿着我的身体流过，让我感到一阵清凉和畅快。我感到水在我的皮肤上滑动，给我带来了一种舒适的感觉。我往池子中心游去，耳朵听到了一些声音：人们在笑、水在哗哗作响，这些声音在我的耳畔回荡。

当我潜入水中时，我的眼睛看到了很多美丽的景象：闪烁的水泡，水下灿烂的阳光，还有在水中欢快玩耍的人们。我感到自己仿佛置身于一个奇妙的水下世界。

游泳让我感到非常放松和快乐。

方法四 刻画人物形象

通过描述人物的外貌、行为、语言和心理状态等方面，可以刻画出一个栩栩如生的形象，让读者产生共鸣。刻画人物形象可以让读者更加深入地了解和感受人物，增加文章的吸引力和说服力。例如，如果你想刻画一个勇敢的人物形象，你可以用这些词描述他的外貌和行为，如身材高大、肌肉结实、步伐坚定。

题目：我最敬佩的一个人

我最敬佩的一个人，是我身边的一位老师。他就是我的班主任李老师。李老师外表看起来很普通，个子不高，戴着一副眼镜。但当他开始上课时，他的声音变得洪亮有力，能够传遍整个教室。在他的课堂上，我总是能够收获很多知识。

李老师是一个非常有耐心的人，他总是会认真地听我们提出的问题，并给予我们细致的解答。在一次语文课上，他讲解古文《管鲍之交》。他先让我们谈谈自己的朋友，然后用两个真实的例子来帮助我们理解文章的含义。第一个例子是他和一位学生家长的友情。因为李老师注意到这位父亲热情而有爱心，而且能够给予他有益的建议，于是，李老师和这位父亲成了朋友，并通过电话和邮件不断交流。第二个例子是他自己的大学同学。他们虽然在不同的城市工作，但是每年春节都会相聚在一起，与对方分享生活中的点滴。李老师用这些例子来说明朋友相交的意义，他告诉我们，如果我们真心实意地对待我们的朋友，和他们保持联系、关爱他们，那么我们的生活会更加充实美好。这些示例不仅让我们更快理解了课文，也让我们明白了人际关系的重要性，进而激发我们的学习热情。

不管是在学习方面还是生活方面，李老师都非常关心我们。有一次，我因为生病而缺课，他主动打电话给我妈妈询问我的病情，并关心我的恢复情况。后来我返校上课了，李老师担心我学习跟不上，就让我放学后留下来“开小灶”，单独给我补课，让我的功课一点也没有落下。这让我感到非常温暖，也让我更加尊敬他。

李老师还是一个非常有责任感的人。每次考试后，他都细致地帮我们分析问题，并给予我们学习上的指导。他还经常组织一些班级活动，让我们更好地交流和学习。他总是用最简单明了的语言，让我们理解那些复杂的知识点，使我们在学习上更加轻松自在。

李老师不仅是一位教学出色的老师，而且是一位真正关心学生的我们的朋友。他的教学方法、人格魅力和责任感都让我非常敬佩。他的言传身教，给我留下了深刻的印象，也激励我成为一个优秀的人。我相信，在李老师的帮助下，我一定能够取得更好的成绩，也一定能够成为一个更好的人。

落笔最有神

1 2 3 作文训练法

3 速成实战技巧

笔神作文——编著

SPM 南方传媒 | 广东人民出版社

·广州·

图书在版编目（CIP）数据

落笔最有神：作文123训练法 / 笔神作文编著. —
广州：广东人民出版社，2023. 9
ISBN 978-7-218-16711-4

Ⅰ. ①落… Ⅱ. ①笔… Ⅲ. ①作文课—小学—教学参
考资料 Ⅳ. ①G624. 243

中国国家版本馆CIP数据核字(2023)第117098号

LUOBI ZUI YOUSHEN:ZUOWEN 123 XUNLIANFA
落笔最有神：作文123训练法
笔神作文 编著

出 版 人：肖风华

策划编辑：严耀峰 钱飞遥
责任编辑：严耀峰
责任技编：吴彦斌 周星奎
项目执行：赵 丹
特约编辑：宋嘉伟 万 慧
插 画：尹红玉
封面设计：青空工作室
装帧设计：熊施丽 杨淇富

出版发行：广东人民出版社
地 址：广州市越秀区大沙头四马路 10 号（邮政编码：510199）
电 话：（020）85716809（总编室）
传 真：（020）83289585
网 址：http://www.gdpph.com
印 刷：广州市樱华印务有限公司
开 本：787毫米×1092毫米 1/16
总 印 张：32 总 字 数：400千
版 次：2023 年 9 月第 1 版
印 次：2023 年 9 月第 1 次印刷
总 定 价：140.00 元(全4册)

如发现印装质量问题，影响阅读，请与出版社（020-87712513）联系调换。
售书热线：（020）87717307

序言

PREFACE

作文是展现语言表达能力的重要组成部分，也是培养逻辑思维和创造力的有效方式。很多学生觉得写作文很困难，不是无话可说，就是说不到点子上。久而久之，写作成了痛点，甚至成了挥之不去的梦魇。因此，找到一种能够快速提升写作水平的方法，迅速掌握写作技巧，成了许多学生梦寐以求的事情。

《落笔最有神：作文123训练法》是一套专为6至15岁学生提高写作能力而编写的书籍，它通过系统的训练方法，引导学生从素材积累到逻辑构建，再到实战技巧的全方位提升。这套书共分为4册，每册都独具特色，又相互衔接，形成一个系统的作文训练流程。

通过《重点积累素材》这一册，大家可以学习到如何收集丰富的素材，在写作时有更多的选择和灵感；进入到《高效构建场景》的学习，可以掌握如何在作文中合理安排和展示情节，使作品更加生动有趣；通过《速成实战技巧》可以学习如何快速构思并完整展开自己的想法，提高写作的效率和语言表达的准确性；《多维观点表达》将引导大家从不同角度思考问题，帮助形成独特的观点并清晰地表达出来。

为了帮助大家更好地掌握写作技巧，本套书使用了大量生动有趣的讲解方式。这样的讲解方式使抽象的规则和技巧变得更加易于理解。同时还使用了实用的案例，通过具体的写作示范，激发大家的写作灵感，提供需要的指导，帮助大家更好地应用所学的技巧，学会正确组织思路、合理安排文章结构，并且能够流畅表达自己的想法。

《落笔最有神：作文123训练法》的特别之处在于，它以生动有趣的讲解和实用的案例为辅助，让大家能够轻松理解和掌握写作技巧。相信通过这套书的训练，写作会变得简单易行，大家都将受益匪浅，能够更自信地应对各种写作任务。

目录
CONTENTS

第四章 历年中考作文题中的建构样例

第一章

建构理论写作训练法

绝大多数学生在开始写作时都会面临一个难题：不知道该如何动笔。别担心！我有一个建议告诉你：利用建构理论来训练写作，它将帮助你快速动笔。在进行写作训练时，你要先明确写作的主题，并将其拆解，再结合自己的经历、思考和认识等来构建，简单来说，就是将写作分解成多个小的写作任务，再整合构建起完整的文章结构。

写作是一个不断提升的过程，最重要的是相信自己，当你开始动笔时，就迈出了创作出好作品的第一步。

01 建构理论与写作

说到建构理论，是不是有点陌生？如果我们这样理解，或许你就不会这样想了。建构理论是指把一个很复杂的任务拆分成很多个小任务，逐个去解决，最后合在一起，这时候就完成了那任务，换句话说，就是“分解”与“拼合”。这也是建构理论的两个关键——“解构”与“建构”。

建构理论与写作有什么关联呢？

建构理论的开创者之一——瑞士心理学家皮亚杰认为，儿童的认知结构是在新旧知识的相互作用过程中建构的，并非简单的信息输入。这就是说，我们接受知识和获得能力的过程不是像一张白纸一样被刻写，而是在与外界的交往中，不断改变自己的旧有的认知并形成新的认知的过程。建构，简单来说就是一种能力和素质（或者说认知）的自我生成过程。

写作，是我们用书面语言进行思想表达的方式，是我们生活经验的书面化表达，而建构理论也强调生活经验对学习的重要作用。由此可见，建构理论本身与作文有着密切的联系。

写作的过程在某种程度上来说也是一个体验的过程，是我们回顾自己的生活，对已有经验进行重新构思、创作的过程。例如，面对同一道作文题，不同的学生会因原有生活经验的不同而有不同的写作角度和内容。在写“我的老师”时，有的同学写的是老师的敬业、负责的品质；有的同学写的是犯错误时老师的谆谆教导与鼓励；有的同学写的是与老师相处的温馨日常……不同的人，有不同的写作角度和内容，这些正是建构主义所提倡的。

一般而言，习作包括准备阶段、生成阶段和反馈阶段。准备阶段是习作之前的素材积累，包括对生活的观察和感悟；生成阶段是学生依据作文的主题从自己已有的准备中提取经验并把其转化成书面语言写于纸上；作文完成后，学生、老师作为读者，再给学生多元的反馈。在这三个阶段中，我们真实的生活体验起着重要作用，尤其是在准备阶段。生活是习作的源泉，没有生活，习作就成了无源之水、无本之木。在生成阶段中，学生根据具体的情境来提取已有知识经验，这体现了建构理论所提倡的知识的情境性。

当然，仅仅有生活经验并不能写出一篇优秀的作文，还需要学生对生活经验进行重新创造，因此一次写作的过程就是一次创造的过程，是创造力提升的过程，也是对人的生命质量的提升。由此可见，一篇文章的形成过程其实也是一个自我建构的过程，即这种写作心理机制、写作经验、写作能力的提升是一个自己形成发展完善的过程。

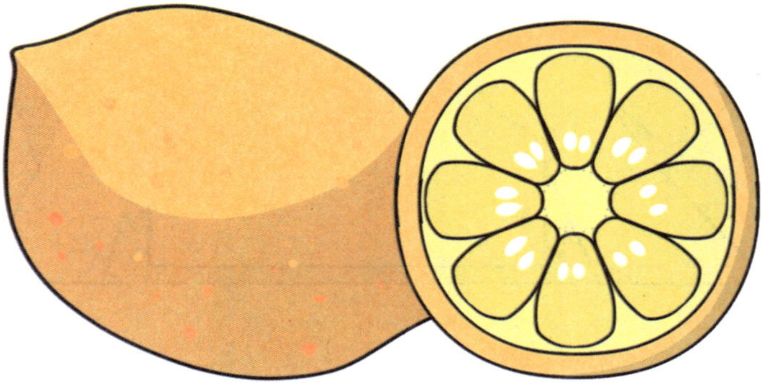

这是写作与建构主义的内在联系。因此，在写作中，我们也可以利用建构主义来完成写作任务。

例如，我们现在要以“我的心爱之物”为题写一篇文章，利用建构理论开始写作的第一步，就是“解构”，拆解主题——“我的心爱之物”，即我最喜爱的物品，可以拆解为“我最喜爱的物品是什么”“它的外形或内部构造”“它有什么来历或功用”“为什么喜欢它”。第二步是“建构”，也就是对已经拆解的小主题内容进行拼合。完成这两步，基本就已经完成写作。

不过，这里介绍的都是一些抽象的方法或理论，具体如何“解构”和“建构”，有哪些技巧与方法，还需要我们通过后面的阅读来逐一学习和掌握。

02 建构理论在写作中的运用

在建构理论中，任务的拆分是一种帮助学习者逐步理解和解决复杂问题的策略。将一个复杂的任务分解为多个小任务，学习者可以逐步建构自己的认知结构，逐步掌握任务的不同方面，并最终完成整个任务。

利用建构理论进行写作训练时，重要的就是进行任务拆分、有序进行、主动思考和探索，注重意义构建，及时反馈和调整，并保持适度的压力和挑战。与此同时，我们也要认识到，写作不是一蹴而就的，要创作出一篇优秀的文章往往会有确定主题、构思、写作、修改等过程。尤其对于中小学生来说，写作处于学习训练和积累的阶段，在这个阶段掌握一定的方法，不但可以帮助他们找到快速写作的方法、建立写作的信心，还有助于提升他们的语言表达能力和增加写作积累，为日后的考场作文打下良好的基础。在进行写作训练时，可以运用建构理论把作文分为解构、建构和写作三个阶段。

第一步：解构阶段

确定写作任务和要求：明确要写作的主题、目的和要求。

分析主题：仔细分析主题的关键要点，明确需要表达的主要思想，并以此确定表达的主要需求和目标。

细分子任务：将每个部分进一步拆分为小的子任务，例如确定引言的写作目的和概述主要论点，列出主体段落的主题句等。

第二步：建构阶段

搜集素材和信息：可以通过阅读书籍、查找互联网资源、采访专家等方式获取与主题相关的素材和信息。

确定文章结构：根据主题确定文章的整体结构，包括引言、主体段落和结尾部分。

制作思维导图或大纲：利用思维导图或大纲的形式，将各个子任务有序地排列和组织起来。这有助于更好地组织思路和展开写作。

第三步：写作阶段

逐个完成子任务：按照拆分的子任务，依次完成每个部分的写作。尽量不要在写作过程中过于纠结细节，而是迅速地将自己的想法和观点表达出来。

不断推进：不要担心不完美，继续推进，快速完成整个文章的初稿。关注表达思路和论点的连贯性，而不是纠结于用词用句的合理性。

评估初稿：在完成初稿后，回顾整篇文章，评估其结构、逻辑和内容的一致性。检查是否达到了写作任务和要求。

进行修改：根据评估的结果，对文章进行修改。例如，调整段落顺序、删除冗余的词语、优化句子结构等，使文章更具说服力和可读性。

润色：仔细阅读初稿，可以字斟句酌地对稿件进行润色，使文章的语言更加精炼和生动。

检查语法和错别字：仔细检查文章中的语法、书写和标点符号的使用是否正确，确保文章在语言层面上的准确性和流畅性。

03 利用建构理论进行写作训练的技巧

利用建构理论进行写作训练时，你需要注意以下几点。

建构自己的真情实感

好的文章是有生命的文章，就是具有感觉、思想和情感的文章。在应用建构理论进行写作时，要发自内心地说真话、写真事、抒真情。简而言之，就是要善于表达自己的真实的体验、感情和思想，这样才能让文章有生气、感染人。

建构自己对灵感的捕捉能力

生活中，我们每个人都会有一种或强或弱的写作冲动，这种冲动其实是一种审美情感的高峰体验，我们称它为“灵感”。灵感是写作的最好契机和起点，因此也要学会把握灵感。

灵感的产生需要触媒，感受自然、观察社会、静静读书都会产生灵感。因此，日常生活中，不妨做一个有心人，多观察、多记录，建构自己对灵感的捕捉能力，进而提升写作的技能。

有序进行

按照确定的任务顺序进行写作。先从容易的部分开始，逐步转向更难的部分。这样可以避免写作过程中的困惑和阻塞。

不要急于求成

写作训练并不要求完美，关键是能够快速产出初稿。一篇好文章往往不是一蹴而就的，写作时不要因为急于求成而放弃。

第二章

解构法写作实战训练

当你熟悉建构理论之后，就可以把它运用到实战当中了！想象一下，你站在写作的起点，面对一个主题，这个主题看似抽象而复杂，这个时候会不会有些不知如何开始？不要担心！这里有一套名为解构的方法，运用它，你就可以像拆解谜题一样，将主题分解成子主题，而这些子主题就将组成文章的骨架。本章将会用详细的说明和案例告诉你应该如何分解主题、拆解子主题，帮助你组织思路，列出写作计划。

01 分解主题

分解主题是一个灵活的过程，你可以根据具体情况进行调整和修改。重要的是确保你对主题有清晰的理解，并按照逻辑和结构进行组织，以便有效地表达你的想法和观点。

通过分解主题，你可以更好地理解主题的不同方面，并有针对性地进行思考和写作。这样，你可以更系统地组织和展开写作，确保文章在主题上的一致性和连贯性。

分解主题的过程可以按以下步骤进行：

明确写作的主题

主题是文章的核心概念或焦点。例如，主题可以是“保护环境”或“健康生活”。

定义主要方面

思考主题的不同方面，将其分解为几个主要方面或子主题。这些方面是你想要在文章中涵盖和探讨的关键点。以“环境污染”为例，主要方面可以包括空气污染、水污染、土壤污染等。

收集写作素材

针对每个主要方面，收集并分析相关的写作素材。素材可以来源于个人生活经验、新闻报道、文学著作等。这些素材将为你完成文章的主要方面或子主题提供支持，丰富写作的内容。

组织思路

基于确定的主要方面和收集的素材，组织思路并创建一个逻辑结构。确定每个主要方面的段落，并在每个段落中逐步展开相关的叙述。

编写大纲

使用思路和结构，创建一个写作大纲。大纲将帮助你把握文章的整体结构，确保每个主要方面都得到适当的涵盖，并按照合理的顺序展开。

开始写作

按照大纲的指导，逐步开始写作。在每个段落中，引入该方面的主题句，并就此展开叙述，确保行文逻辑清晰、流畅连贯。

检查和修改

完成初稿后，进行仔细地检查和修改。检查逻辑连贯性、语法错误、书写错误，并确保每个段落之间有良好的过渡和整体一致性。

通过分解主题并按照这些步骤进行写作，你将能够更有条理地组织思维，有效地展示观点，并创作出一篇有说服力的文章。记得在写作过程中保持灵活性，根据需要对主题的分解和组织进行调整和修改。

题目1：以历史建筑为主题

（1）确定主题：历史建筑。基于该主题，主要是介绍历史建筑外形、历史、相关故事或文化内涵等。在写作时，最好选择介绍自己了解的某一个历史建筑，比如黄鹤楼。

（2）定义主要方面：根据历史建筑这一主题，可能的主要方面包括：要介绍的历史建筑是什么；该历史建筑的主要特色，如历史、价值等；该历史建筑的文化内涵；等等。

（3）收集素材：结合主要方面，需要收集黄鹤楼建筑和现代科技特点的素材资料，以说明其特色。

（4）组织思路：基于上面收集的信息和确定的论点，组织每个段落的思路，并确定段落的顺序。

（5）编写大纲：该文的大纲如下。

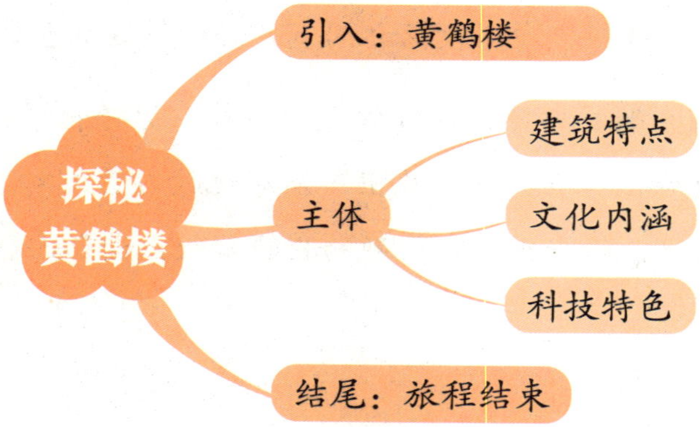

（6）开始写作：按照大纲的指导，逐步展开写作。在具体的写作中，可以加入一些修饰性词语或句子，使文章表达更丰富。

范文 黄鹤楼

实战技巧：

“昔人已乘黄鹤去，此地空余黄鹤楼。黄鹤一去不复返，白云千载空悠悠。”站在黄鹤楼前，我不禁想起了唐代诗人崔颢的这首诗。

通过诗句引入黄鹤楼

黄鹤楼坐落于武汉市东湖之畔，始建于三国时期，至今已有1800年的历史了！它是一座具有重要文化意义的建筑，与湖南岳阳楼、江西滕王阁齐名，并称“江南三大名楼”。

介绍黄鹤楼的地理位置、历史与地位

黄鹤楼形如黄鹤，展翅欲飞。黄鹤楼有5层，50多米高。每层楼的檐角上都挂着风铃。每当夜幕降临，晚风徐徐吹来时，风铃清脆的叮当声，使黄鹤楼显得更加古朴庄严。整个黄鹤楼全是油亮的黄琉璃瓦，在阳光下金光耀眼。黄鹤楼的建筑风格属于中国古代木石结构基础上的楼阁式建筑，楼内有亭、阁、厅、殿等不同功能的空间，融合了优美的曲线和雕刻，展现出了黄鹤楼独特的韵味和风貌。

介绍黄鹤楼的建筑特点

除了独特的建筑之美，黄鹤楼还有丰富的文化内涵。它与中国古代文人墨客有着深厚的渊源，被誉为“中华诗文之塔”。在黄鹤楼里，无时无刻不感受到悠久的文化历史和传统艺术的氛围。黄鹤楼吸引了众多历代著名文学家、诗人，仅旧志中收录的诗文就有400多篇，还有众多的书法、绘画作品。在黄鹤楼内，这些书画艺术令人目不暇接。

介绍黄鹤楼的文化内涵

实战技巧：

介绍建筑的科技特点

然而，黄鹤楼拿得出手的可不仅仅是年龄和外表。现代科技已经融入黄鹤楼的保护、维修和游览中。我们在黄鹤楼的部分区域可能会利用虚拟现实技术和设备，让大家仿佛置身于历史的重要场景中。这样可以亲身感受到建筑的宏伟，并通过视听效果深入了解黄鹤楼的历史和文化内涵。这些先进的科技手段使得参观黄鹤楼的形式变得更加丰富多样，为我们提供了更深入、立体的认知体验。

结尾

黄鹤楼作为一座古老而美丽的建筑，承载着丰富的历史文化，让人不禁为之赞叹，流连忘返。

题目 2：以友善为主题

（1）确定主题：主题是友善的行为让世界变得更美好。

（2）拆解主题：思考友善这一主题的不同方面，将其分解为几个主要方面，可能的主要方面包括通过关切、问候、分享或帮助他人来展现友善。这些方面将是你在叙述中涵盖的关键点。

（3）收集相关素材：针对每个主要方面，收集相关的信息和例子，以佐证你的观点。例如以自己亲身经历过的事件为例，讲述弄丢公交卡过程中受到的友善帮助。又如孔子关于友善的名言："与善人居，如入芝兰之室。"

（4）组织思路：基于收集的事件信息，组织每个段落的思路，并确定段落的顺序。例如应有事件的起因、经过和结果。

（5）编写大纲：使用组织的思路和结构，创建一个写作大纲，确保文章叙述按照合理的顺序展开。该文大纲如下。

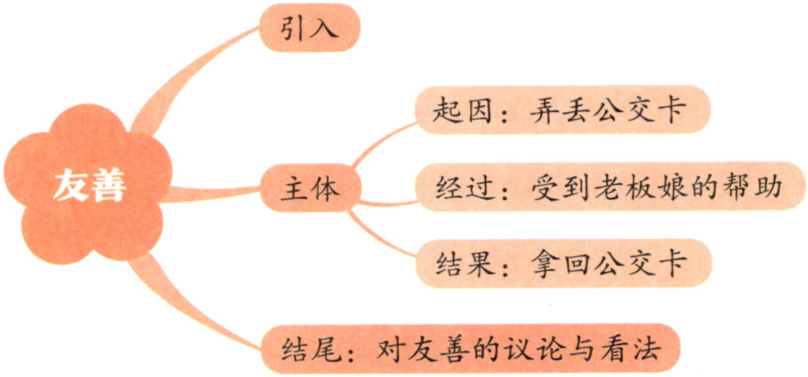

（6）开始写作：按照大纲的指导，逐步展开写作。在每个段落中，引入该方面的主题句，并提供相关的论据和支持。

（7）检查和修改：完成初稿后，仔细检查逻辑连贯性、语法错误、书写错误，并进行修改，确保每个段落之间有良好的过渡和整体一致性。

通过以上步骤，你可以更有条理地组织你的思路，并有效地展示你关于让世界更美好的观点。记得保持灵活性，在写作过程中根据需要对主题的分解和组织进行调整和修改。

范文 友善，让世界更美好

实战技巧：

引入主题

起因——公交卡丢失，“我”来回找公交卡

经过——书店老板娘对“我”的帮助，让“我”心情好转

友善是治愈心灵创伤的良药，也是让世界变得更美好的必需品。一件小事，让我懂得了友善的可贵。

深秋，萧疏的枯枝萎靡不振地低垂着，在狂风的肆虐下发出阵阵抽泣声。沮丧的我正垂着头坐在公交站的座椅上叹气：“公交卡到底落在哪了？”可这么坐着也不是办法，我只好沿着来时的路线往回走，看看能不能有新的发现。

我先来到刚才到过的书店。看着老板娘，我窘迫不已，几次张嘴，却说不出话来。“别着急，慢慢说。”老板娘关切道。“您好，我的公交卡丢了，能帮我查一下监控吗？”我终于鼓足勇气。老板娘爽快地答应了，没过一会儿，她起身走来，突然将5元钱塞到了我的手中，说：“小姑娘，阿姨在监控里没看到……天太晚了，赶快坐车回家吧。”我正要拒绝，她却摆了摆手，朝我微微一笑。和善的笑意仿佛暖阳，瞬间照亮了我郁结的心。

走出书店，不死心的我又在附近的人行道上翻找起来。或许是我的举动过于奇怪和显眼，一位环卫工阿姨主动向我搭话："小姑娘，在找东西吗？""是的，阿姨，你有没有看到一张公交卡……""哎呀，可算等到啦，这不，我捡到一张公交卡，一直在这儿等失主呢！赶紧拿好，快坐车回家吧！"

深秋的寒意已无法忽略，环卫工阿姨却为了这张小小的公交卡等待许久。我眼眶不禁一热，赶忙向阿姨道谢，阿姨只爽朗一笑，向我挥了挥手就离开了。

冷冽的秋风从我脸颊边吹过，却带不走我心中的融融暖意——书店老板娘和环卫工阿姨的善意在这个深秋的傍晚给予了我无限的温暖。或许对他们来说，这只是微不足道的举手之劳，我却得到了抹去沮丧的安抚和重获心安的慰藉。如今，人们多是"事不关己高高挂起"，却忘了友善是社会和谐发展的重要保障，是我们应该弘扬的传统美德。孔子曰："与善人居，如入芝兰之室。"与人友善，人与人之间会有更多信任；传递友善，这个世界将会被善意和美好润泽。

这次的经历让我触动不已，我将在生活中尽我所能地传递友善，让世界变得更加美好！

实战技巧：

结果——一位环卫工阿姨捡到了"我"的公交卡，并还给了"我"

议论——友善会让世界更美好，也会让人与人之间有更多温暖与信任

结论——"我"会在生活中传递友善

题目3：以宠物为主题

（1）确定主题：宠物。确定核心内容为宠物之后，可以围绕“宠物”写的内容方向包括两部分，一是以说明文的形式介绍宠物；二是用记叙的形式介绍宠物与人的相处故事。这里以“宠物与人的相处”为例。

（2）拆解主题：根据“宠物与人的相处”这一主题，可能的主要方面包括：宠物的外貌特征；宠物的喜好或特点；我与宠物相处的几个片段；我的感受或成长。

（3）确定各子主题的主要内容：结合文章的主题和子主题，本文的中心思想是“宠物的活泼可爱；宠物带给我的温暖、欢乐与成长”。

（4）收集相关素材：围绕本文确定的中心思想，可以开始收集相关素材。例如，宠物让我感到温暖的时刻或故事，对我的陪伴；我和宠物之间的相处片段，如我们如何一起玩耍；我对宠物的具体照顾，如我如何给它喂食、帮它洗澡等。

（5）组织思路：这个步骤，主要是思考如何把上面的信息以有序的方式进行组合、取舍。

（6）编写大纲：该文的大纲如下。

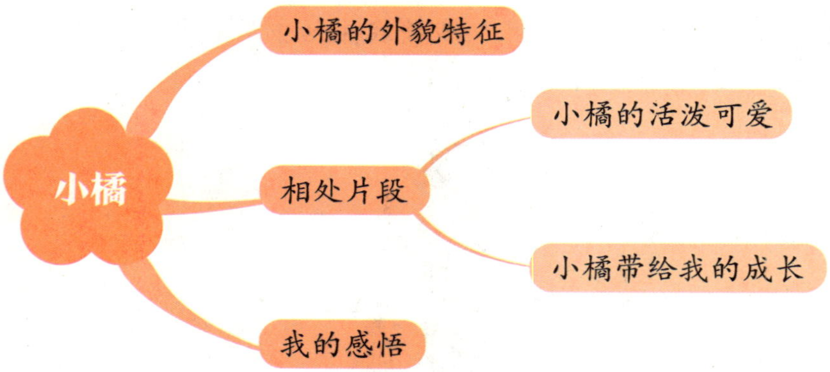

（7）开始写作：按照大纲的指导，逐步展开写作。在具体的写作中，可以加入一些修饰性词语或句子，使文章表达更丰富。

范文 小橘

实战技巧：

我有一位特殊的小伙伴，它就是我的宠物猫——小橘。

引入介绍对象

小橘是一只纯白色的波斯猫，它有双像蓝宝石一样的眼睛、毛茸茸的耳朵和一条长长的尾巴。它身姿矫健，活泼好动，喜欢在家里柜子上、桌子上跳来跳去。

介绍小橘的外貌特征和爱好

小橘是一只非常有灵性的猫。每天早上，它会在我的床头轻轻地挠我，叫我起床。当我放学回家时，它又会跑到我身边，不停地用它温暖的身体在我脚边蹭来蹭去，仿佛在说着：“主人，陪我玩一会儿吧！”

介绍小橘与我的相处日常，也表现了小橘的活泼可爱

小橘喜欢玩耍和追逐，尤其喜欢追逐红点激光笔。每当我打开激光笔时，小橘立刻聚精会神地盯着墙上的红点，并努力追逐。这个游戏让它乐在其中，也给我们带来了欢笑。

小橘的存在也让我更加体会到生命的珍贵。妈妈告诉我，猫是一个高度敏感的物种，需要清洁和安全的生活环境。作为小橘最好的朋友，我自告奋勇地当起了它的“监护人”，我每天会清理它的小窝和用具，还会定期给它洗澡。每次看到小橘安逸地睡在窝里，或者享受阳光下的慵懒时光，我都感到满足和快乐。

小橘带给我的成长

小橘是我最好的朋友之一。它以它那温暖与灵性的方式给予我安慰和力量。在我们共同相处的日子里，我不仅学会了关爱和责任，也拥有了一份珍贵的友谊。

我的感悟

02 拆解子主题

拆解子主题是将整体主题分解为更具体和可操作的子主题或子问题的过程。通过拆解子主题，你可以更好地组织和展开写作，并确保每个子主题都得到适当的探讨和发展。

在拆解子主题时，你可以考虑以下几个事项，以帮助你更有效地操作。

主题相关性

确保每个子主题与整体主题密切相关。子主题应该在整体作文中有明确的目的和意义，为阐述主题提供有力支持。

平衡性

尽量平衡各个子主题的长度和内容。避免某个子主题过于冗长，而其他子主题显得过于简略。确保每个子主题都能够得到适当的探讨和发展。

逻辑性

确保每个子主题之间的过渡和衔接具有逻辑性。子主题之间应该有一定的关联和连贯性，使读者能够理解它们之间的关系。在具体写作时，可以按照时间顺序、空间顺序或事情的发展来展示子主题。

具体性

每个子主题应该具备一定的具体描述和细节。为了避免泛泛而谈，应提供具体的例子、经历，使每个子主题更加生动有趣。

具体来说，拆解子主题时可以按照以下步骤进行：

审题

确保对整体主题有清晰的理解和把握。

列出子主题

根据主题和内容进行思考，列出几个与主题相关的子主题。

细化子主题

对每个子主题进一步拆解，明确子主题的具体内容和细节。

组织顺序

根据主题的逻辑和连贯性，决定子主题的顺序，并为每个子主题确定一个合适的位置。

撰写段落

根据拆解的子主题，为每个子主题撰写相应的段落。确保每个段落围绕一个特定的子主题展开，并提供相关的论点、论据和例子。

通过以上操作，你可以更有条理地组织思维并展开写作，使写作思路更清晰、具体和连贯。此外，值得注意的是，拆解子主题是为了更好地阐述整体主题，因此，保持写作过程中的逻辑性和一致性非常重要。

题目1：以读书为主题，写一篇演讲稿

这篇演讲稿的主题：读书的意义是什么？我们可以从以下几个方面进行拆解分析：

（1）开门见山，直切主题

主题：读书的意义。

（2）自身出发，阐述益处

子主题1：阅读成就未来。

论点1：阅读可以帮助个人摆脱平庸，拥有精彩的人生。

论据1：通过阅读拓宽视野，提升知识水平 。

论据2：通过阅读，获得内心的安宁。

（3）联系生活，强化意义

子主题2：通过阅读，培养思考能力和理解能力。

论点1：增加对人性、情感和价值观的理解。

论点2：培养思维能力。

（4）结尾总结，升华主题

结论：通过读书，我们不仅获得知识和智慧的力量，还能够拓展我们的人生视野，培养我们的人格品质和审美情趣。

通过将整体主题拆解为子主题，演讲稿清晰地展示了阅读的意义和益处，并在每个子主题下提供了相关的论点和论据。这种拆解子主题的方法帮助作者组织思路，确保每个子主题得到适当的展开和讨论，使演讲更具结构性和逻辑性。

范文 读书的意义

实战技巧：

尊敬的老师、亲爱的同学们：

大家好！

今天我演讲的题目是“读书的意义”。

开门见山，直切主题

关于读书的意义，著名作家余秋雨先生是这样说的：“阅读最大的理由是摆脱平庸，早一天就多一份人生的精彩，迟一天就多一天平庸的困扰。”古今中外的名人无一不把阅读视为人生的必修课。

阅读成就未来，成就更广阔的人生。阅读成就未来，不是说说而已，我从小就培养了阅读兴趣，至今受益良多。阅读，不仅让我了解到世界的多样性和复杂性，还提升了我的知识水平。书籍是一个指南针，让我在迷茫时找到方向；它是一座静心钟，提醒我在浮躁时沉淀下来。阅读给予我内心的满足和安宁，让我能够在人生的起伏中保持坚定和淡定。

从自身出发，阐述读书益处，作为子主题

阅读不仅是获取信息，更是培养思考能力和理解力的过程。通过阅读不同题材和风格的书籍，我们可以锻炼批判性思维、逻辑思维和提高创造力。在生活中，我们要培养阅读课外书籍的习惯，从书中感受作者和角色的魅力，增加对人性、情感和价值观的理解。与此同时，阅读也不是被动接受知识的过程。在阅读中，我们可以根据自己的理解和经历，深入地思考和解读，培养我们的思维能力，为未来的发展打下坚实的基础。

联系生活，强化读书意义，作为子主题

实战技巧：

结尾总结，进一步升华主题

“书是人类进步的阶梯，书是我的进步之桥。”通过读书，我们不仅获得知识和智慧的力量，还能够拓展我们的人生视野，培养我们的人格品质和审美情趣。愿我们相信读书的力量，相信阅读的意义，在阅读中，走向一个更加智慧、充实和有意义的人生。

题目 2：说明一件科技产品：电话手表

在对一项物品进行说明写作时，也可以通过拆解子主题的方法来展开作文。比如我们要对一个电话手表展开介绍和推荐，可以从以下几个部分进行拆解：

（1）诞生背景：开篇通过对当今时代发展的描述，引入电话手表这一产品的诞生，讲述电话手表令人爱不释手的现状，吸引读者的兴趣，引出下文。

（2）外观：第一步拆解子主题是观察电话手表的外观。文章对电话手表外观进行了详细描述，如屏幕、表带、颜色等方面，以目观感受引起读者的好奇心。

（3）主要功能：第二步拆解子主题是了解电话手表的主要功能。作者提到了电话手表的通信和定位技术，展示了电话手表的优势，并引起读者对其主要功能的兴趣。

（4）其他功能：第三步拆解子主题是了解电话手表的其他功能。文章还简单介绍了电话手表能够拍照、视频通话、听音乐及帮助学习等其他功能，体现出了电话手表的“神奇”所在，强调电话手表带来的乐趣和便利，提高了电话手表的吸引力。

将主题拆解为诞生背景、外观、主要功能和其他功能等子主题，使文章对电话手表的介绍更加系统和有条理。每个子主题都有自己的独立内容，并通过有趣的描述和词句来吸引读者的注意力。同时，每个子主题都与主题紧密相关，共同构建了对电话手表的全面认识。这种拆解子主题的写作方式使文章更易于理解和阅读，同时也增加了内容的丰富度和吸引力。

范文 神奇的电话手表

实战技巧：

随着时代的发展，科技也在进步，手表功能也越来越多元化，神奇的电话手表应运而生，成为许多同学的掌中宝。它的外表酷炫，科技感满满，每每拿在手中便令人舍不得放下。

介绍电话手表诞生背景

虽然名为手表，但它和一般的手表可不一样，寻常的手表由指针和表盘组成，而它却只有一块黑黑的屏幕，长宽约四到五厘米，厚度约一到两厘米，看上去和橡皮差不多大小，只要轻轻一点，屏幕上就能精准地显示时间。还有那又软又长的表带，材质是橡胶质地，长约二十五厘米，戴在手上舒适感十足，表带颜色多样且可随意替换，有红色、蓝色、粉色……看上去简约又精致，漂亮极了！

介绍电话手表的外观，包括屏幕、表带

不过它可不是徒有其表，功能更是强大，它的通信

实战技巧：

说明主要功能——通信和定位

说明其他功能——拍照、视频通话、听音乐和作为学习小助手

和定位功能便是它的最大亮点。每当孩子出去玩耍的时候，家长总是悬着一颗心，但自从电话手表出现后，这个问题就迎刃而解了。电话手表有着极为精准的定位功能，家长足不出户也能快速地看到孩子的位置，真是既省心又放心！当孩子在外贪玩忘了归家，家长也无须四处寻找，只要电话一拨，孩子便能听到回家的号召，是不是很神奇？

先别急着惊讶，它还有许多神奇的功能呢！它的顶部长着一个不起眼的小孔，那便是它的摄像头，每当遇见美丽的风景时，便可用手表记录下这美好的画面，让其在岁月的长河中永不褪色；每当想念远方的亲人和挚友时，便可通过电话手表与他们视频通话，互诉心中的思念之情。它里面还装着音乐软件，当心情郁闷时，便可听听优美的音乐，到外面去散散步，让坏心情一扫而光。除此之外，它还是同学们的学习小助手，每当遇见不会读的生字时，总能在里面找到正确答案，解答学习上的困惑。

这便是神奇的电话手表，有着美丽的外观，还拥有许多实用的功能，既能保障安全又方便学习，还丰富了课余生活，真是“一表多用”！

题目 3：给未来的自己写一封信

进行书信写作时，同样可以通过分段的方式拆解主题，每个段落都围绕着一个子主题展开，使整篇作文结构清晰，内容有条理。

例如，以“给未来的自己写一封信”为主题进行写作时，可以对每个段落的子主题拆解分析：

（1）首段：引入话题，提出目的。用现在的自己与未来的自己同样存在的疲惫来引入话题，以引入下文对未来的自己的鼓励。

（2）第二段：引入第二个子主题，即现在的困境，告知现在自己面对困难的挫败与无力，阐述内心的烦闷、不解与郁结。

（3）第三段：引入第三个子主题，即坚持的意义，告知现在自己面对困难时是如何解决的。

（4）第四段：引入第四个子主题，即自己对未来的期望。这一段强调了现在与未来的自己都坚持“在快乐中学习，于学习中成长”的理念，用热忱和兴致、信心和勇气去学习与成长。

（5）结尾段：总结全文并表达祝愿。表达希望现在的自己与未来的自己共同努力，为人生增添色彩的祝愿。

这样拆解子主题能让整篇作文结构合理，每个子主题都得到适当的发挥，内容也更加丰富和有条理。读者可以清晰地了解到作者遇到的困境、采取的学习方法与得到的收获，从而更好地理解并应用到自己的学习生活中。

范文 给初三的自己的一封信

实战技巧：

引入话题，提出写信的目的

讲述现在面临的困境，引入子主题

坚持的意义

亲爱的自己：

你好！

初三的生活，应该很累吧？正值初三的邻居姐姐总是满脸愁容地回家，让我不禁想要提起笔，和彼时正面临着同样挑战的你写一封信。

不知你是否记得初入初中时的情形？快速的教学节奏令你苦不堪言，哪怕课后花费了百倍的心神，依旧于事无补，内心的烦闷与不解将你淹没。心中的郁结难以抒发，烦闷更是无从倾诉，午夜梦回，你甚至对自己产生了怀疑。当时的挫败与无力，你现在还记得吗？

现在的我想要告诉你，在充满挫败和无力的时候，是一只特别的蜘蛛带着当时的你找到了坚持的意义。那是一只坚韧的蜘蛛，它的网被风雨摧残，它的身体被风

实战技巧：

吹到了半空之中，但它从未放弃，依旧坚定，不断地吐丝、结网，锲而不舍，不断重来，直到成功。“蜘蛛尚能坚持不懈，我一定也能做到。”于是，你主动找到老师寻求帮助，又为自己制订了详细的学习、生活计划，然后认真执行，慢慢地，你终于找到了属于自己的节奏，重新找回了自信。

如今，我仍在继续努力，努力找到最适合自己的学习方法，努力让自己的计划和节奏更加合理，努力应对课业和生活中大大小小的问题。我知道，如今的你正处于最关键的时刻，你所承担的压力、面临的挑战是现在的我无法想象的。但是我也知道，未来的你一定自信又明媚，无论是偶尔出现的不如意还是更大的挑战，你都学会了应该如何以适当的方式处理。我非常笃定，你一定还坚持着“在快乐中学习，于学习中成长”这条我们都认可的理念，用最大的热忱和兴致去学习、去提升、去积累，去增长自己的知识和阅历，用更多的信心和勇气于成长之路上稳步向前！

表达对未来的期望与憧憬

亲爱的你，答应我，不论遇见多大的困难，请一定要坚持下去，因为，风雨过后便是彩虹，前方的风光美不胜收。我也会为了你而更加努力地学习、成长，不断攀登更高的山峰！

总结全文并表达祝愿

亲爱的自己，加油前进吧！

来自初一时的你

××××年××月××日

03 列出写作计划

列出写作计划是写作过程中非常重要的一步。写作计划可以帮助你组织思路、安排篇章结构，使你的文章更有逻辑性和连贯性。列写作计划时，基本的步骤和注意事项如下：

确定主题

明确你要写作的主题或话题，这将成为你整个写作计划的核心。与此同时，还需要依据主题收集相关资料与信息，为后面的写作积累素材。

分解主题

将主题拆解成若干个子主题或要点。每个子主题将成为你写作计划中的一个部分。

（1）组织子主题的顺序

确定每个子主题的顺序，使得内容有逻辑性和连贯性。

（2）为每个子主题编写详细内容

为每个子主题撰写相关的信息、思路、论据或例子。

（3）确定篇章结构

考虑文章的整体结构和逻辑顺序，以确保内容有条理、连贯。

（4）合理安排时间

根据写作的截止日期或时间限制，合理分配每个部分的写作时间。

开始写作

按照计划开始撰写每个部分，确保内容的连贯性和准确性。

检查与修改

完成整篇文章后，可以通读一遍文章，确保语言流畅、结构合理和无书写错误。

请记住，写作计划可以根据个人需求和写作任务的复杂性进行调整。灵活使用这些步骤，以适应你的写作风格和目标。

题目 1：以家乡的民风民俗为主题

（1）确定主题：家乡的民风风俗，首先要确定家乡所在地及其具有代表性的民风民俗，例如，广东醒狮、广西壮族“三月三和歌圩”等。这里以我们较为熟悉的“广东醒狮”为主题展开叙述。

（2）阅读和研究：收集关于广东醒狮的相关资料，如醒狮的历史、发展过程及演变、醒狮表演、现代传承等。

（3）列出子主题：确定要介绍的广东醒狮的几个方面。结合主题和收集的相关资料，本文主要以介绍广东醒狮为主，子主题包括醒狮的历史、醒狮表演、醒狮的文化寓意。

（4）完善每个子主题的内容。

醒狮的历史：醒狮由唐代宫廷狮子舞演变而来；醒狮主要是为驱赶年兽；醒狮的命名由来。

醒狮表演：醒狮表演的基本形式与醒狮表演中的“采青”。

醒狮的文化寓意：醒狮寓意着幸福、吉祥。

（5）完成引言和结尾：写引言部分，引入主题并概括文章内容；写结尾部分，总结观点。

（6）细化每个段落：为每个段落添加细节、描写和例证，使文章生动有趣且具体。

（7）语言和修饰：审查语言表达是否清晰、流畅，修饰句子，提升语言的表达能力。

（8）检查和修改：检查文章中的书写、语法和标点错误，确保文章的准确性和完整性。与此同时，对文章进行最后的修改和润色，确保文章结构紧凑，语言优美。

以上是一个详细的写作计划，按照这个计划进行写作，可以有条不紊地组织文章的结构和内容。

范文　家乡的醒狮

实战技巧：

引入主题

重点介绍醒狮的历史渊源

在我的家乡广东佛山，每到节假日或重大活动，街头巷尾必有威风凛凛的醒狮助阵。

醒狮，属于中国的狮舞中的南狮，醒狮由唐代宫廷狮子舞演变而来。五代十国之后，随着中原移民的南迁，舞狮文化传入岭南地区，形成早期的广东醒狮。据说很久以前，岭南地区常有年兽出没，每逢岁末，便糟蹋庄稼，残害牲畜，乡民们既怕它又恨它。后来乡民们用竹篾扎成狮头，在年兽出现之时，蓦地金鼓齐鸣，群狮舞动，齐力吓跑年兽。从此，舞狮被称为“瑞狮”，但是对于广东方言来说，“瑞”和“睡”谐音，不吉利，就将“瑞”改为“醒”，便成了醒狮。

醒狮表演通常由两名舞狮人合作完成，一位扮演狮子头，另一位则扮演前肢、后肢或尾巴。舞狮人身着五彩斑斓的狮皮，戴着狮头戏剧化地迈着独特的步伐，翻身跳跃，模仿狮子的各种动作，配合鼓乐和锣声，将气氛推至高潮。

在醒狮表演中，“采青”是其中的精髓。在舞狮过程中，尤其春节期间，“狮子”通过一系列的套路表演，猎取悬挂于高处或置于盆中的“利是”，因“利是”往往伴以青菜（以生菜为主），故名“采青”。边舞边“采青”，很考验舞狮者的功夫，同时也为醒狮活动增添了很多乐趣与吉祥的寓意。

广东醒狮的表演不仅仅是为了取乐，更是一个寓意深远的艺术形式。狮子在中国文化中被视为吉祥、庇佑的象征，因此广东醒狮也寓意着幸福、吉祥、喜庆。因此，每逢节日、庆典、婚庆等喜事，醒狮表演都是不可或缺的环节。

在广东，无人会错过一场醒狮表演。现如今，广东醒狮不仅在广东地区广泛流传，也逐渐在全国乃至世界范围内得到了认可和喜爱。

实战技巧：

介绍醒狮表演的组成与具体表演内容

醒狮表演的文化寓意

结尾

题目2：以美食为主题，写一篇说明文

进行写作计划时，整篇作文要围绕主题展开。例如，题目的主题是美食，那么要选定一道美食，假如我们选择东坡肉这道美食作为主题，那么文章的每个部分都围绕着主题展开，通过描写美食的制作过程，让读者对东坡肉产生兴趣。同时，作文也注重结构的完整性，引言部分引出主题，正文部分分为四个部分展开，最后在结束部分给予总结。具体来说：

（1）**引言部分：**引入话题。介绍东坡肉与大文豪苏东坡有关。

引出主题：东坡肉是杭州特色美食。

引出下文：恰逢周末，让“大厨”爸爸做了这道菜。借此向读者介绍东坡肉的制作方法。

（2）**第一部分：**美食的准备阶段。描述用火炙烤五花肉、用刀擦拭肉皮的过程。同时，解释这种做法的用意和好处。

（3）**第二部分：**美食正式烹饪阶段。描述慢炖五花肉所需要的材料和工序。强调制作过程的复杂性和顺序性。

（4）**第三部分：**品味美食滋味。描述东坡肉的诱人外观和鲜香气味；描绘东坡肉入口的口感以及带来的多种滋味。

（5）**第四部分：**美食的来历。讲述苏东坡与杭州百姓们之间的情谊来往；强调东坡肉所承载的历史文化与民众情感。

（6）**结束部分：**表达对东坡肉深厚历史底蕴的感叹，以及对东坡肉的喜爱。

以上是一个详细的写作计划，可按照这个计划展开写作。

范文 舌尖上的东坡肉

实战技巧：

东坡肉是杭州特色美食，相传这道菜与大文豪苏东坡有关。而它也是我最喜欢的菜肴，今天恰逢周末，我赶紧让“大厨”爸爸做了这道菜。

一方面引出主题，另一方面引出下文

只见爸爸潇洒地拿起一个喷火器，对着五花肉从上到下炙烤了一遍。不一会儿，原本雪白的五花肉竟变成了焦糖一般的颜色。随后，爸爸又将这烧焦的五花肉放进了冷水里，用小刀轻轻擦拭肉皮，没想到这肉又变了模样，成了淡淡的微黄。爸爸说，这么做可以去除猪肉的毛根，同时也能去掉腥味，吃起来不会肥腻。真是生活处处皆学问，没想到看似简单的东坡肉也有这么多的讲究。

第一部分：做东坡肉的前期准备阶段

下面就是正式烹饪阶段了。爸爸在热水里放入葱、姜、陈酒，再将五花肉放在蒸屉上方，小火慢炖。半小时后，一股醇厚的肉香味在厨房里回荡。爸爸拿起一把小葱铺满锅底，方方正正的五花肉美美地躺在小葱的怀抱里，肉皮的一面紧挨着锅底。随即爸爸又将葱、姜、黄酒、酱油、冰糖、盐巴和熬好的糖浆放入锅中，和五花肉一起焖煮。

第二部分：东坡肉的正式烹饪阶段

一个小时过去了，锅内传来咕噜咕噜的声音，香味十足的东坡肉已经顺着空气占领了鼻腔，让人欲罢不能；打开锅盖，里面躺着的肉块看起来弹性十足，诱人极了。见此情景，我忙不迭地夹起一块放进嘴里。轻轻

第三部分：品味东坡肉的滋味

实战技巧：

咬下去，蕴藏在肉块里的汁水一瞬间迸发而出，在舌尖上扩散开来。霎时，甜糯、鲜美、咸香等百般滋味一同传递到味蕾，真是味觉的极致体验。我从未品尝过如此软嫩爽滑的五花肉，一时间喜不自胜，忍不住又多吃了几块。

第四部分：具体介绍东坡肉的来历

我一边吃着肉，一边听爸爸给我介绍东坡肉的来历。相传苏东坡在杭州担任刺史期间治理好了西湖，四周的民田因而得以免受旱涝灾害。民众为了感谢苏东坡，送来了很多猪肉。苏东坡却将这些肉切块，分给了民众们。老百姓见状，都夸苏东坡是个好官，把他送的肉称为“东坡肉”。杭州饭馆的老板将东坡肉重新烹制，使它更加美味。慢慢地，这做法就流传了下来，成了我们今天所见的“东坡肉”。

结束部分：表达对东坡肉的喜爱与对东坡肉历史底蕴的赞赏

中华文化历史悠久，连小小的东坡肉里都藏着这么深厚的底蕴。我爱东坡肉，更爱丰富悠久的美食文化。

题目3：以垃圾分类为主题，写一篇作文

规划写作计划，可以先列出主要解构的部分，比如本文分为引言、介绍、实践、遇到困难、揭示谜底、发出倡议六个部分。在这个主题里，引言部分起到引入主题和引出下文的作用；介绍垃圾分类培训活动，包括来源、意义和目的；实践垃圾分类部分讲述游戏过程的顺利进行、遇到困难以及揭示谜底；结束部分通过所悟出的道理，向人们发出倡议，呼吁大家共同参与垃圾分类实践以保护环境。这样让每个部分都有明确的目标和重点，以便读者能够身历其境地体验垃圾分类的过程，并激发他们的行动意愿。

具体来说，针对这个写作主题，写作计划可以这样写：

（1）引言部分：通过描述窗外美好的景象，展现现在所拥有的美好环境引入主题。接着，讲述即将前去参加垃圾分类培训活动引出下文。

（2）介绍垃圾分类培训活动：①培训活动是由学校与科技馆共同组织；②培训活动的目的是帮助大家更好地认识垃圾分类、学会垃圾分类；③培训活动的意义是学会垃圾分类能更好地保护我们生存的环境。

（3）实践垃圾分类：介绍垃圾分类的“四分法”，用小游戏的方式对垃圾分类方法进行实践，提升读者对垃圾分类的兴趣。同时，连贴三张卡片，描述自己顺利进行游戏而沾沾自喜、胜券在握的心态，增强了读者的代入感。

（4）遇到困难：讲述自己面对“玻璃”时不知该如何分类的状态，焦急、灰心与慌乱。之后通过“玻璃到底属于哪一类垃圾？”这一问题来引起读者的思考。

（5）揭示谜底：玻璃是可以重复利用的可回收物。接着悟出道

理：垃圾分类并非易事，需要不断学习积累，更需要行动起来。

（6）结束：总结活动，表明垃圾分类的好处，发出倡议，呼吁人们共同行动起来。

根据上述写作计划，让整篇作文可以有一个清晰的结构和流畅的表达。

范文 垃圾分类，从我做起

实战技巧：

周末，清晨的第一缕阳光轻柔地洒在窗前，我起身打开窗，外面是一片美好的景象：干净如洗的街道旁，高大青葱的绿树并排站立着，鸟儿自由地盘旋在蓝天之上……简单收拾一番之后，我便踏上了去垃圾分类培训活动的路程。

引言，引出下面的话题

垃圾分类培训活动是学校与科技馆共同组织的，旨在帮助我们更好地认识垃圾分类、学会垃圾分类，进而更好地保护我们生存的环境。活动上，主持人为我们详细地做着介绍，我们也带着好奇心，兴奋地参观着。

其中，令我印象最深刻的，还属垃圾分类实践小游戏！在主持人介绍了垃圾分类的“四分法”后，老师将我们在场的学生组织在一起，给我们每人发放了一沓卡片，并让我们将它们正确贴放在黑板上的“可回收垃圾”“其他垃圾”“有害垃圾”和“厨余垃圾”四个不同的板块。拿到卡片，我信心满满地翻看着，第一张是苹果核，是厨余垃圾！第二、三张上是易拉罐和旧报纸，是可回收垃圾！接连贴完三张后，我得意极了，心里更是沾沾自喜、胜券在握。

就在我窃喜之际，我拿起了第四张卡片——“玻璃”，这不由地使我犯了难，思索良久，却还是拿不定主意。算了，先把其他的贴好吧！在将过期药品、电池、蛋壳、废旧衣物等卡片全部贴放完成后，我的手里就只剩“玻璃”这一张卡片了。我心急如焚，却又毫无头绪。倒计时之际，我慌乱地将“玻璃”贴在了“其他垃圾”处。

很快，主持人公布了谜底：“有些玻璃可以直接被重复使用，有些玻璃则可以采用特殊的技术手段使其熔融，制成新的玻璃产品。废纸张、废塑料、废玻璃制品、废金属、废织物都是可回收物哦！”我恍然大悟，看来垃圾分类并非易事，它需要我们不断学习积累，更需要我们行动起来，以实践出真知。

走在回家的路上，我的心里还一直回味着刚刚的活动。垃圾分类并非小事，它保证着街道的整洁，支撑着城市的文明，维护着地球的健康。垃圾分类，需从小事做起；垃圾分类，需从你我做起。

实战技巧：

通过游戏，实践垃圾分类

遇到困难，引发读者的思考与阅读兴趣

揭示谜底，发出自己的感悟

结尾：发出实践垃圾分类的倡议

第三章

建构法写作实战训练

当你完成对写作任务的解构后，就进入到建构阶段，这个阶段就像是给骨架填充血肉，能让整个作品焕发生机和活力。经过解构阶段，你已经将文章拆分成了不同的章节或段落，现在是时候利用你的认知与经历，为这些不同的章节或段落填充合适的内容了！本章将介绍建构的六个步骤，以及如何使用这些步骤建立文章结构、完善全文的案例，帮助你学会运用丰富多样的词汇、生动的描写和具体的例子来丰富你的作品。

01 列出关键词，白描场景

当进行建构式写作时，列出关键词和进行场景白描是重要的一个步骤。具体来说，这分为两步。

列出关键词

在开始写作之前，首先列出与你的写作任务或主题相关的关键词。这些关键词可以是主题的核心概念、重要观点、关键词汇或与主题相关的名词和动词等。通过列出关键词，你可以激发自己的思维，同时确保在写作过程中围绕关键主题进行组织。

白描场景

白描场景是指以客观、描述性的方式描绘所写内容的场景或情境。在写作之前，通过白描场景，你可以让自己进入所要表达的场景中，并观察、感受、描述场景中的细节。这有助于激发你的想象力和增强感官体验，并帮助你更生动地表达你的观点和想法。

通过列出关键词和进行白描场景，有助于你在开始实际写作之前建立一个基本的框架和思维导向。这些步骤有助于激发你的思维，让你更有条理地组织写作材料，并确保写作在主题和情境上具有准确性和连贯性。它们为你提供了一个起点，使你更好地理解和应用建构理论，以构建一篇有条理和连贯的文章。

例如，如果你的写作任务是描述一个海滩的场景，你的关键词可能包括海洋、沙滩、阳光、海浪、沙子、天空、休闲等。

你可以进行简单的白描，描述海滩的景象、气氛和感觉等，例如，阳光洒在广阔的海洋上，海浪轻轻拍打着沙滩，脚下的沙子温暖而细腻，海滩上的人们沉浸在海风的怀抱中，忘却了烦恼，感受着大自然的魅力。

题目1：以人物为主题

列出关键词和白描场景是一种有效的写作技巧，有助于丰富作文内容和引发读者的共鸣。下面对其具体运用进行分析：

（1）列出关键词：确定写作的主要人物后，列出关键词，如“黄黑的面庞”“衣衫洗得半旧”“对土地有感情”“像一棵挺拔的树”等，可以直接概括人物的特质，以便后续围绕关键词展开详细的描写。

（2）白描场景：作文中的白描场景，如“远处的山峦连绵起伏，绿树成荫”“夕阳的余晖洒下”“他耕过的土地被柔和的橙光笼罩着”等，将读者带入了场景之中。此外，你还可以通过白描场景中的人或物，如“草帽底下是土地般黄黑的面庞”“灰蓝色的衣衫洗得半旧”等，让场景更加丰富和具体。

通过列出关键词和白描场景的方式，作文得以更加丰富和有趣。关键词可以概括人物的特质，帮助你在写作过程中围绕关键主题对文章进行组织。而白描场景则将读者置身于文章的情境之中，增强了场景中人物的可感性和真实感，激发读者的情感共鸣。

范文 他的"诗与远方"

实战技巧：

引入人物

列出关键词：面庞、头发、衣裳、鞋子

列出关键词：锄地、远眺

清晨散步时，我又在田埂边遇到了那个人。

草帽起着凹凸不平的边，草帽底下是土地般黄黑的面庞，显得花白的头发更加白。灰蓝色的衣衫洗得半旧，但不破也不脏，背部被汗泡出一块更深的蓝色；脚底一双黑色的布鞋，是多年前的老样式。

每一年回外婆家我都能见到他，清晨和黄昏，他都拿着农具，在田间辛勤耕种。

我跑上前牵住外婆的手，小声问起关于这个人的故事。外婆告诉我，村里每家每户都有一块属于自己的土地，过去大家都会在土地上耕种。可这些年生活好了，地也就荒了。只有他，十年如一日地忙碌在那片慢慢被大家遗忘的土地上。

我不理解：为什么他明明可以待在家里享清福，却还要继续在土地上劳作呢？外婆说，有的人对土地有感情，种了一辈子地，就离不开了。回家以后，我躺在摇椅上想了很久，还是想不通，索性先放下了，想等黄昏的时候再去看看那个人。

果然，他还在那里。他手里拿着锄头，一边走，一边一下下稳稳地锄着，锄头在空中挥出一个个有力的圆。锄完一行，他就用锄头杵着地，慢慢直起腰来，感受着身体的疲惫和汗水的滴落。他抬起头，眺望远处的风景，远处的山峦连绵起伏，绿树成荫，仿佛是大自然给予他辛勤劳作的回报。看了看远处的风景，他接着又弯下去，露出被上身挡住的渐落的太阳。他就这样周而复始地做着，密密的汗珠为他镀上了一层晶莹透亮的光，他却没有露出一丝疲惫，脸上是惬意满足的神情。

我小步地朝他挪过去，怕惊动了他。他却仿佛背后长了眼睛似的，转过身看我。我第一次这么近看他，他的眉毛很浓，嘴唇很厚，黑得看不清脸上的皱纹；手掌很宽很大，上面长着经年累月堆出的茧。

“种地好玩吗？”我嗫嚅半天，问出了我想问很久的话。他被我逗乐了，他一笑，黄黑的额头又落下两颗汗珠：“小孩，电视好看不好看？”我点头。“那种地就好玩，”他畅快地笑了，用手拍拍地上的土，“我跟它可是一辈子的好朋友啦。”他眼睛中自在和温暖的光彩，让我也情不自禁露出了笑容。

夕阳的余晖洒下，他耕过的土地被柔和的橙光笼罩着。他长久地、稳稳地站在土地上，像一棵挺拔的树。或许就像我喜欢旅游、喜欢玩游戏一样，他的“诗与远方”，正是他足下的土地。

实战技巧：

列出关键词：皱纹、手掌、茧

白描场景，结束全文

题目2：以某一个景物为主题

列出关键词和白描场景，可以帮助你写作。以下是对其具体运用的分析：

（1）列出关键词：写作主题为景物，确定所选择的景象为“家乡的雪”后，列出关键词，如“鹅毛般的大雪”“树木戴上白色雪帽”“村庄和田野都被白雪覆盖”等，可以直接概括场景的特点，以便后续围绕关键词展开详细的描写。

（2）白描场景：根据所列出的关键词，围绕其进行详细白描，如“房顶、树木、大地就积了厚厚的一层雪”“溪边岩石上的积雪不时地落入水中，但又很快积起一层厚厚的新雪”“天空与披上银白的大地融为一色”等，形象地展示了下雪时家乡的景色，让读者仿佛也置身这白茫茫的天地间。

通过以上的列举和描写，作者就可以清晰地梳理写作的思路和情感，也更容易在脑海中形成一幅场景，进而有助于理解文章的逻辑和内容。这种列关键词、白描场景的写作方式，能够更有条理地组织材料，确保文章的逻辑性和连贯性。同时，读者也能更好地理解和体验作者的感受和经历。

范文 家乡的雪

实战技巧：

我的家乡是一个依山傍水的小山村，那里常年雾气缭绕，仿若仙境。等到了冬天，又是另一番美景。

秋收过后，北风呼啸，严冬到来。

清晨，天空先是飘起小雨。雨点带着寒风敲打着门窗，总让人误以为是有客人到访。没过一会儿，雨便成了雪，它们零零星星地飘落，有的落在刚被浸湿的大地上，便瞬间钻入土里，有的则落入山间的湖泊和溪流中，很快也消失不见了。

刚下雪时，雪零零星星地飘落

中午，鹅毛般的大雪飘然落下，四处白茫茫一片。不一会儿的工夫，房顶、树木、大地就积了厚厚的一层雪。我突然想去山顶看看雪景，一把裹上厚厚的外套，我便踏入了大雪之中，乡间小路上已有不少嬉戏打闹的孩童，他们揉着雪团挥来砸去，躺在雪地里撒欢儿。他们的脸蛋儿红扑扑的，小手被冻得发紫，在白净的雪中显得尤为“鲜艳”，可他们毫不在意，只沉浸在雪带来的欢畅里。

以“我”从家到山顶这段路程为线，描绘这一路的雪中景象

我不免被欢快的氛围感染，脚步轻快地向山顶行进。路过山林，只见树木已经戴上了厚厚的白色“雪帽”，枝干的黑色更显分明；溪边岩石上的积雪不时落入水中，但又很快积起一层厚厚的新雪；林中的湖泊结了一层薄冰，更显晶莹剔透。雪越下越大，路上的积雪已快没过脚踝，走在上面，只听得咯吱咯吱的声音，让

实战技巧：

由近及远，描绘雪停后，在山顶上看到的美景

人心悦不已。我深一脚浅一脚地向山顶爬去，看着灌木上盖着的白被，看着小动物留下的脚印，看着雪花洋洋洒洒，恍惚间，竟觉得天地中只有我一人。

不知什么时候，雪停了，我终于到达山顶。向下望去，雪后的景象美不胜收：近处的树枝上挂满了冰锥，正如同宝石般闪烁着亮光；不远处的村庄和田野都被白雪覆盖，仿佛正在冬日的宁静之中安眠；再远处，天空与披上银白的大地融为一色，叫人一时分不清天与地的界限。我突然感觉自己好像误入了冰雪的世界：那山仿佛是身披白色礼服的王子，山中的树木仿佛是穿着高贵连衣裙的公主，山间的溪流仿佛王宫里的乐师。如此景象，让我深陷其中……

傍晚，雪悄悄融化，似乎准备离开，继续做天地间最自在的精灵。它虽然只短暂地陪伴了我，却长久地留存在我的心中。

02 填充形容词，丰富场景

进行建构式写作还可以通过选择具体、生动的形容词来丰富场景，增加作文的描述力和吸引力。在填充形容词以丰富场景时，有几点需要注意。

准确性

应当选择适当的形容词来描述场景，确保其准确传达所要表达的意思。例如，如果要描述一幅美丽的风景画，可以使用形容词，如“绚丽”“壮观”等，而不是用简单而宽泛的形容词，如“好看”或“漂亮”。

平衡与适度

在填充形容词时，需要保持适度和平衡。过多的形容词可能会使句子重复冗长，而过少的形容词则可能无法充分表达场景的丰富性。因此，在选择形容词时要注意平衡，确保其数量和质量的合理性。

一致性

确保所选用的形容词与上下文的语境相一致。形容词应与场景的主题、氛围和情感相契合，使整个句子和段落在语言风格上保持统一。

通过注意以上几点，填充形容词时可以更好地丰富场景，使作文更加生动、具体和吸引人。

另外，填充形容词丰富场景时，可以采取以下具体策略：

使用比喻

运用比喻来形容，将场景与生活中的其他事物进行类比，以增加意象的丰富性和独特性。例如，将夜空形容为黑色的绒布，将阳光比喻为璀璨的金线，等等。

多样性

使用多样的形容词，以展现场景的多个方面和细节。不仅可以使用外观上的形容词，还可以利用内在的听觉、触觉、味觉、嗅觉和视觉等感官词语来丰富场景，让读者能够更加身临其境地感受到场景的真实感。

运用形容词

在同一场景中，可使用不同程度的形容词，如“微风轻拂，海面宁静如画”“狂风呼啸，海浪波涛汹涌”，来表现同一场景的不同氛围和情绪。

描述细节和特征

注重场景中的细节和特征，如颜色、形状、大小、纹理等，以及相关的情感和感受。这样可以使读者更具体地感知场景，增加其参与感和沉浸感。

以上策略可以帮助你在填充形容词、丰富场景时更加灵活和多样化。根据具体情境和写作目的，选择适当的策略来增强场景的描绘效果，使读者能够身临其境地体验你所呈现的场景。

题目1：以友谊为主题，写一篇记叙文

在作文中，使用填充形容词的方式来丰富场景，可以使文章更加生动和有感染力。比如在这篇以友谊为主题的文中，可以在不同部分使用形容词去丰富场景。

（1）运用形容词引入事件：在同一场景中，可以使用不同程度，甚至相反的形容词，如文中“陌生的”环境变得“温暖而亲切”，对比突出同一场景给“我”带来的不同感受，以强调“友谊”带来的帮助。

（2）描述细节展开事件：注重场景中的细节和特征，以及相关的情感和感受，用细致的形容词描述出来，如“内向又沉默寡言的我”“赤裸的嘲笑”“感激的目光”“平淡的语气”等，使读者更具体地感知事件发展的场景，增加参与感和沉浸感。

（3）运用比喻总结全文：在文章的最后，将友谊比喻成“珍贵的宝藏”“最绚丽的花朵”“最宝贵的礼物”，再次强调友谊的珍贵与重要。

使用形容词，作者对与友谊有关的事件进行了生动而感人的描绘，让读者与文章产生共鸣，感受到友谊的美好和重要性。这些形容词丰富了场景描述，使文章更具情感和表现力。

范文 当友谊之花绽放

实战技巧：

当友谊之花绽放，整个世界仿佛都被一片温暖和喜悦所包围。回想起那段美好而深厚的友谊，我不禁感慨良多。

转到新学校，陌生的环境让本就内向的我异常紧张，但好在我遇到了她，一个满脸笑容的女孩。她主动与我攀谈，带着我熟悉环境，在她的帮助下，那个原本陌生的环境逐渐变得温暖而亲切。一次交谈带来的是对彼此的好奇和欣赏，我们渐渐熟悉起来，一起参加活动，和彼此分享趣闻心事，友谊之花悄然绽放。

初入陌生环境的紧张因为一段友谊而变得温暖和亲切

不久后，我们又升入同一所中学。新的学习环境与知识让我一时无所适从。一次考试中，我不出意外地处在靠后的名次。而平日里内向又沉默寡言的我，竟不知何时给了人一些我颇为自傲的错觉。试卷发下来后，我遭到了几个男生赤裸的嘲笑，她立马过来帮我解围，三言两语便将这些人打发走了。

描述细节和特征展开事件，如我考试失意她帮我解围，并安慰我，帮我制订学习计划，让我适应初中学习节奏

我向她投去感激的目光。她察觉出我的失落，安慰道："这次没考好，下次努力嘛！"见我沉默，她又撩起自己的裤腿。我惊讶地发现她小腿处有一道明显的疤痕。"我以前做过手术，当时医生说我以后可能走不了路了，我哭了很久，但随后发现哭解决不了问题。我忍着痛做康复训练，最后恢复正常。我只是想告诉你，不管遇到了什么问题，都不要轻言放弃。"她那平淡的语

气，好像是在说一件不起眼的小事。

我震惊地望着她，不免对她生出几分佩服。在她温暖的鼓励下，我暗下决心，一定要继续努力。后来，她帮着我制订了详细的学习计划，又监督我认真执行，我便很快适应了初中的学习节奏，性格也逐渐开朗起来。很多次，我都想向她表达谢意，她却总是摆摆手说："朋友之间就是要互相帮助的啊。"我跟她并肩前行、相互鼓励，共同克服困难，一起度过不少难忘的时光。再后来我和她上了不同的高中，平时虽分隔两地，却仍然保持密切的联系，每当我遇到困难与挫折时，她总能给我支持与鼓励。

在经历了许多风雨之后，我渐渐发现友谊是一份多么珍贵的宝藏。它是一种无私的付出与奉献，给予我们支持和陪伴，让我们不再孤单和无助。我的朋友，若你有幸收获一份友谊，希望你用心经营与呵护，因为它是生命中最绚丽的花朵、最宝贵的礼物。

实战技巧：

运用细节描写，表现我的转变

运用比喻总结全文，感慨友谊的珍贵，并提示要用心经营和呵护友谊

题目2：以一种植物为主题，写一篇作文

在以植物为主题的作文中，可以通过填充形容词，丰富场景描写。具体的写作方法包括：

（1）使用形容词描绘外貌：使用形容词描写植物的特征，比如范文中，作者运用形容词如“又细又长”“柔软而薄弱”等，对含羞草的茎、叶子和花朵进行详细描绘，使读者能够形象地感受到含羞草的外貌特征。这样的描写使得读者能够想象出含羞草细长的茎、两片两片地排列的叶子以及圆圆的花朵，进一步丰富了场景的描绘。

（2）运用比喻：在作文中增添形容词，将含羞草的叶子比喻为“害羞的小姑娘”，叶柄比喻为“有礼貌的人”，为含羞草赋予了一种人性化的形象，所限定的形容词更增加了情感的表达和读者的共鸣。

通过以上的写作方法，范文中对含羞草进行了形象生动的描写，使读者能够更加直观地感受到含羞草的外貌特征和性格特点。同时，这些描写也丰富了整个场景，让读者仿佛置身其中，更加了解含羞草。

范文　我的植物朋友——含羞草

实战技巧：

引入介绍对象含羞草

含羞草是我最好的朋友，我让它“住”在我家里。或许有些人没见过含羞草，所以不知道的朋友跟我一起去探索吧！

含羞草的茎又细又长，像一条柔软的丝带，在阳光

的照耀下闪着微弱的光芒。叶子两片两片地排列在茎的两边，就像两个小朋友手拉手，它们柔嫩的绿色透出生机和活力。它的花瓣柔软而薄弱，宛如一层淡淡的薄纱。当微风轻拂过来时，花瓣轻轻颤动，仿佛在与风共舞。

使用形容词和比喻来描述含羞草的茎、叶、花瓣

只要我一碰它的叶子，它就会情不自禁地合拢起来，叶柄也会下垂，像一个害羞的小姑娘一样躲起来。含羞草的叶子仿佛有自己的生命，能感受到外界的触碰，它们在合拢时散发出一股淡淡的芳香，让人感到宁静和平和。而叶柄则像一个有礼貌的人，向着大自然致敬。过了一会儿，它的叶子又慢慢向外展开，恢复原样了，仿佛在告诉我，它不怕展示真实的自己。于是我就又碰了几下，可是，多碰了几下后，它的叶子却不再合拢了。我原来还不知道呢，这回长见识了，原来含羞草也有自己的极限。

将含羞草的叶子比作小姑娘、叶柄比作人，赋予含羞草以灵性

有一次，我仔细地观察了一下含羞草。首先，我闻了闻它的气味，是一股淡淡的清香，如同远处花海的芬芳。然后，我又查了资料，知道了它的果实是荚果，可以食用，而这些荚果能给人们带来营养和健康。接着，我又查询了含羞草的开放时期，原来它在3月至10月盛开，为我们带来一片美景。最后，我发现含羞草的特点有很多，如黑夜里，它的小叶会合拢，还会开花，但是只有两三天时间就凋谢了。

这就是我的植物朋友含羞草，除了它，我还有许多植物朋友。我下次给你介绍。

03 增加动感，让场景更有感染力

进行建构式写作还可以增加动感，使场景更具有生命力和感染力。使用动词、形容词和副词等词语描写动态的场景和具体的情节，可以为场景增添生命力和感染力，使读者更加身临其境。具体来说，可以运用以下方法来增加动感。

使用生动的动词

选择形象、生动的动词来描述行为和动作，让读者能够感受到场景的活力。例如，使用“飞驰”“跃动”“蓬勃”等词语，使描述更加生动有力。

运用形容词和副词

选择形容词和副词来修饰名词和动词，增强场景的形象感和动态感。例如，使用“炙热的阳光”“迅猛地前进”“欢快地奔跑”等词语，使描写更加鲜活有力。

创造动态情节

描绘具体的场景和情节，使读者能够感受到动感和情感的交织。例如，描述人们奋斗的场景时，可以描绘他们奋力拼搏、挥汗如雨的场面，展现他们的坚定意志和不懈努力。

综合运用这些方法，可以使文章的场景更具生命力和感染力。

在采用增加动感的方法时，有几个注意事项：

用词恰当

选择恰当的词语能够更好地传达所要表达的情感和意境。在写作中，确保所使用的动词、形容词和副词与要修辞的内容特点相符，不要过度夸张或离题。

避免过度修饰

虽然形容词和副词可以增加描写的生动性，但要避免使用过多的修饰词，以免造成冗长或矫揉造作的感觉。适度的修饰能够突出重点，过度修饰则会分散读者的注意力。

保持逻辑连贯

动感的描写应与文章的整体结构和主题相呼应，并确保整体逻辑连贯。

平衡节奏

动感的描写应当具有一定的节奏感，使读者感受到文章的节奏和张力。

综上所述，增加动感的方法在提升文章的生命力和感染力方面非常重要，但要注意言之有物、适度修饰、逻辑连贯和平衡节奏等。

题目1：记叙一场活动

在描写活动的作文中，增加动感的写作手法，使场景更具生命力和感染力，让读者更加投入其中。具体来说，可以采用以下写作手法。

（1）切换视角，备受关注： 范文一开始以奖杯的视角来描述事件，给读者带来了新奇感。这种切换视角的方式为文章注入了一种活力和动感，使读者对奖杯的故事更加关注和期待。

（2）写景： 在比赛当天的描写中，范文用形容词和动词来描绘现场的盛况，比如“激动人心”“骄傲地站在了领奖台上”，增加了场景的动感和紧张感。这样的描写让读者仿佛身临其境，能够感受比赛的热烈氛围。

（3）想象： 通过描绘赛事胶着的场景，引发读者的想象力。范文提到同学们嘹亮的欢呼声和选手间的攻防对决，让读者能够想象比赛的紧张激烈，增加了文章的动感和吸引力。

（4）高潮迭起，紧张激烈： 在比赛进入最终角逐阶段的描写中，作者运用形容词和动词来形容比赛的紧张氛围和小主人与对手的激烈竞争，增加了场景的动感和紧张感。

（5）比赛结束，感慨万千： 范文通过小主人接过奖杯的描写，表达了小主人努力的结果和成功的喜悦。这种转折和感慨的描写增加了文章的情感冲击力和共鸣，使读者能够感受到小主人背后的努力和奋斗，为整个故事增添了动感和魅力。

综上所述，这篇作文巧妙地运用了增加动感的写作手法，如切换视角、生动的写景描写、想象的引发、高潮迭起的叙事和情感的感慨，使文章更具生命力和感染力，让读者更加投入其中，体验故事的动态和情感。

范文 荣耀之争

实战技巧：

琉璃的杯身，大理石的底座，几个烫金大字铭刻在正中央，这便是我的全身了。我是一座沉甸甸的奖杯。我高踞在小主人的书架之上，既是他顽强拼搏的见证，也是他继续前行点满技能的动力。想知道我和小主人的缘分从何而来吗？请让我将那场令人激动的比赛说给你听。

切换视角，备受关注

那天，激动人心的比赛如期而至，我也骄傲地站在了领奖台上，等待获胜者将我带回家。赛场上人头攒动，热烈的氛围扑面而来。运动场上，选手们齐聚一堂，紧张地等待着比赛的开始。

比赛当天，现场盛况

伴随着同学们嘹亮的欢呼声，总决赛正式拉开帷幕，紧张而激烈的角逐开始了。小主人全神贯注地投入到比赛中，与其他选手展开了激烈的竞争，场面异常激烈。我目睹着他们的拼搏和努力，为他们的精彩表现而欢呼。

赛事胶着，你争我夺

比赛进入最终的决战阶段，赛场上只剩下我的小主人和另一个与他势均力敌的选手。紧张的气氛弥漫在空气中，每一次动作都牵动着观众的心弦。在一次攻防转换的瞬间，两位选手迅速调整姿势和力量，以最快的速度做出

实战技巧：

高潮迭起，紧张激烈

比赛结束，感慨万千

反应。他们眼观对方的动作，预判着球的轨迹，然后迅速做出反击。太精彩了！这一来一回再次赢得了满堂的喝彩。比赛已临近尾声，在决定胜负的关键时刻，我的心仿佛也提到了嗓子眼，期待着他的胜利。

终于，比赛画上了句号。小主人站在领奖台上，接过了我，成为最终的胜利者。他的脸上洋溢着喜悦和自豪，但我瞥见他眼眶中闪烁着晶莹的泪花。后来，小主人告诉我：别看他在赛场上的样子意气风发，其实那都是他日复一日努力的结果。我这才明白，**只有汗水的浇灌才能培育出成功之花，才能在广阔的天地间成就一番作为！**

题目 2：以爱为主题，写一篇记叙文

在文章中，可以采用动感的描写手法，以增加文章的吸引力。动感的描写不仅能够塑造生动的场景，让读者身临其境，感受其中蕴含的情感冲击力，还能够通过细节刻画和情感表达增强文章的感染力。

（1）利用对比营造动态感：范文中使用了对比手法，描述凛冽的大风、折断的树枝和弱不禁风的鸟妈妈，展现了动感的场景。对比冷风和脆弱的鸟妈妈，衬托出爱的温暖和坚韧。

（2）运用动作和数字描写：使用动词和数字，如“寻找”“折断”“一只……两只……三只”等，刻画出鸟妈妈寻找鸟宝宝的过程。这种连续的动作和数字的叠加，增强了文章的紧凑感和节奏感，让读者感受到情节的动态发展。

（3）创造生动的画面描写：范文中通过描绘风中的寒冷、树枝的折断以及小猴子依偎在游客怀抱中的情景，创造了生动的画面。这些感官细节的描写，如寒冷、折断和依偎，让读者身临其境地感受爱的动感和温暖。

（4）运用修辞手法增强感染力：范文中运用了修辞手法，使得文章更加生动有力，表现了爱的感染力和震撼力，让读者对爱的力量产生共鸣。

通过以上的动感描写手法，这篇作文成功地构建了动态的情节，营造了感人的画面，增强了文章的吸引力和感染力。读者能够在阅读中感受到情感的起伏和爱的力量，深刻体会到作者所要传达的主题。

范文 爱的力量

实战技巧：

引出主题

中国的汉字博大精深。每个字都有特别的含义，其中使我感受最深的汉字是“爱”。

记叙鸟妈妈找鸟宝宝的过程，创造第一个动态情节

有一天，我冒着凛冽的大风去上学。在路上，我无意间看见鸟窝从被大风折断的树枝上掉了下来。我发现鸟窝里有一只弱不禁风的鸟妈妈，它似乎在寻找着什么东西。原来，它在找自己的鸟宝宝。我突然发现鸟妈妈的腿折了，但它仍然坚持寻找鸟宝宝。一只……两只……三只……最终，鸟宝宝们被找到了，然而鸟妈妈因为腿折而失去了生命。在这一刻，我深深地感受到了爱的力量。

记叙游客与小猴的故事，创造第二个动态情节

还有一个动人的故事萦绕在我的脑海中。故事发生在一座猴山上，一只母猴生下了一只小猴子，却因病不幸离世。恰逢一位游客路过，他喂给小猴子一些牛奶。小猴子误以为这位游客是它的母亲，便依偎在他的怀抱里，再也不肯离开。

故事中的动感场景让我领略到了爱的震撼和温暖。风中的寒冷、树枝的折断、鸟妈妈的顽强，都以生动的画面勾勒出爱的韵律。

总结上文，呼应和重申主题

爱的力量如此强大，它催生着友爱、亲情和人与动物之间的深厚情感。友爱让人与人之间建立起互相扶持的纽带，父母的爱则是我们成长道路上最坚实的后盾。而人与动物之间的爱更是令人感叹，它们无关种族和语言的界限，用纯粹的情感传递着温暖和关怀。

04 引入经典，增加深度

进行建构式写作还可以引入经典元素，如引用名人事迹、名人名言或文学典故等，为作文增加深度和内涵，使作文更具艺术性和思想性。

引用名人名言

引用著名人物的名言或警句，以突出主题或支持论点。选择与主题相关的名人名言，能够为作文的思想和观点增添权威性和深度。比如，在描述坚持不懈的努力时，可以引用名人名言，如引用“每一次跌倒，都是一次更接近成功的机会”来鼓励读者勇往直前。

引入文学典故

引用文学作品中的典故或情节，如寓言、神话、历史故事等，用来与主题或论点产生联系，增强文章的文化内涵。比如，在探讨人生哲理时，可以引用寓言故事，如用“愚公移山”来表达面对困难应该持之以恒、艰苦奋斗的道理。

引用名人事迹

在文学作品中有大量的经典人物及其事迹，如孙悟空、鲁智深、林黛玉、保尔·柯察金等，他们的事迹也十分具有代表性。除此之外，在中外历史长河中，也涌现出了无数优秀的人物，他们的事迹也是我们写作中可以运用的优秀素材。例如，史铁生的故事中，就记录着他与母亲相处的温馨场景，可以展现“母爱”这一主题；他在遭受人生巨大打击后，选择坚强地活下来，可以运用到“选择”“坚强”“人生”等主题类文章的写作中；史铁生尽管不能行走，但是仍然用生命写作，完成了《我与地坛》的事迹，则可以运用到“榜样”“态度”“坚毅”等主题的写作中。

引用名人名言、文学典故或名人事迹，可以为作文增添深度和内涵。这些经典元素不仅能够丰富作文的内容，还能够引发读者的共鸣和思考。使用这些具体策略时，需要注意以下几点。

（1）**相关性**：引用经典要与主题密切相关，为读者提供更多的背景信息或深度思考。

（2）**准确性**：确保所引用的经典内容准确无误，避免出现错误的信息误导读者。

（3）**适度运用**：不要过度引用经典，应根据文章的整体结构和需要进行适度运用，以免显得矫揉造作或脱离主题。

（4）**解释说明**：在引用经典之后，要进行适当的解释和说明，以确保读者能够理解引用的含义，并与文章的论点或主题形成有机的连接。

（5）**语言流畅**：在引用经典时，要注意语言的流畅性和表达的连贯性，与作文的整体风格和结构相匹配。

题目 1：以谦逊为主题，写一篇议论文

在以谦逊为主题的议论文中，采用引用经典的写作方法可以增强文章的说服力和深度。引用谚语或名言为作文提供了权威性和深度，文学典故则连接了传统文化与主题之间的关系，文学引用进一步丰富了文章的表达方式。这些经典元素在作文中起到了支撑论点、加强论证和引发读者共鸣的作用。具体来说，可以采用的方法有：

（1）引用谚语或名言：选择与谦逊主题相关的经典谚语或名言，如引用《抱朴子·外篇·刺骄》的“劳谦虚己，则附之者众；骄慢倨傲，则去之者多”，以概括谦逊的核心观点。引用谚语或名言可以吸引读者的注意，并为后续的论述打下基础。

（2）采用历史典故，说明谦逊的重要性：在谦逊的议论文中，可以引用家喻户晓的历史故事，如廉颇向蔺相如“负荆请罪”的故事，以支持观点并增加论文的文化内涵。

（3）引用名人故事，支持谦逊的观点：引用名人的事迹，举出其与主题相关的事例，以扩展论点或加深观点的论证。比如，在讨论谦逊时，引用曾国藩所说的“吾生平之长进，全在受挫受辱之时”，并讲述其经历，来说明谦逊的重要性。

（4）文学引用，强调论点：引用岳飞的诗句“三十功名尘与土，八千里路云和月”，并举出人民英雄张富清老先生在解放战争中“深藏功与名”的故事，突出谦逊的影响力。

以上对经典的引用描写，能让议论文更具有深度和严谨性，强调了“谦逊”的主题，增加文章的议论性，提升人们对谦逊的认同感。

范文 坚守谦逊，心向远方

实战技巧：

引用名言，概括观点

古人云：“劳谦虚己，则附之者众；骄慢倨傲，则去之者多。”纵观古今，历代圣人先贤之所以能仰望星空而不惑，心有鸿鹄亦不忘足下跬步，归根结底便是他们往往秉持着一颗谦逊之心。不骄矜，因山外更有峻岭；不恃才，因天外更有云天。大千世界光怪陆离，只有坚守谦逊，才能不惧浮华，拨开云雾，守得心中一方平畴沃野，海晏河清。

采用历史典故，说明谦逊的重要性

谦逊，是心怀大局、知一时进退的大智慧。“负荆请罪”的故事家喻户晓，蔺相如居功至伟，官拜上卿，廉颇因此而心生怨恨，处处同蔺相如针锋相对，蔺相如不仅不恼，反而处处忍让退避，究其原因，蔺相如说：“今两虎共斗，其势不俱生。吾所以为此者，以先国家之急而后私仇也。”也正是凭借这份以国之大者为重的格局，才有了“将相和”的美谈流传后世。由此可见，保守一颗谦逊之心，终会收获海阔天空。

谦逊，是以退为进、宽以待人的大格局。曾国藩曾云：“吾生平之长进，全在受挫受辱之时。”从一介布衣到朝堂重臣，正是那艰难困苦、饱受欺凌的时光让曾国藩拥有一颗谦逊之心。无论是对待恩师穆彰阿的毕恭

实战技巧：

毕敬，即便老师遭贬谪依然礼遇有加；还是礼贤下士，升官晋爵后依然谨记来时路的艰辛，都是他赢得众人心口诚服的尊重，在史书上留下浓墨重彩的一笔的重要原因。“满招损，谦受益。”常怀谦逊之心，才能奔赴心之所向。

名人引用，支持谦逊的观点

谦逊，是不图功名、淡泊致远的大气度。张富清老先生在解放战争的硝烟炮火中建立起不朽功绩，解甲归田之后，他却深藏功与名，数十年如一日坚守家乡来凤县这片沃土，将青春和汗水奉献给党和人民的事业，直到尘封的往事重见天日的那一刻，世人才得以知晓这位人民英雄金子般纯朴而谦逊的心。“三十功名尘与土，八千里路云和月。”张富清老先生以身体力行地告诉后辈，真正的英雄，如夜空中熠熠星宿，即便时有层云遮掩，也丝毫不会黯淡其光亮。

文学引用，强调论点

人生在世，道阻且长，唯有扬“谦逊”之帆，笑看成败得失，在义无反顾的坚守中，度过人生的风雨，方能书写灿烂人生篇章。

题目 2：以人生追求为主题，写一篇议论文

巧妙地引用诗句和经典，可以增强文章的文化内涵和修辞效果。这不仅使文章更富有诗意和思考深度，还提升了读者对文章观点的认同感和引起读者共鸣。同时，经典的引用也为文章赋予了一种历久弥新的氛围，使读者更容易被文章所感染和启迪。具体来说，以人生追求为主题的作文中，对每个部分可以这样运用引用的写作手法：

（1）类比法点明论点：文章开头可以使用类比的手法，比如将人生比喻为春草、宇宙之河中的尘埃，通过与春草、宇宙的对比，突出人生追求的厚重意义，表达出人生追求的主题。

（2）递进式分论点，事例论证：文章可以以分论点的形式进行论述，并通过事例论证来支持每个分论点。这种论述方式增加了文章的逻辑性和可信度。同时，文章可以使用经典的引语来加强论证效果。

（3）引用诗句总结前文，呼吁式重申论点：文章引用诗句来总结前文的论点，并通过呼唤式的表达方式，强调作者对读者的呼唤和期望。这种引用诗句和呼唤式的写作手法使文章更富有感染力和情感共鸣。

通过这些经典的写作手法，读者可以更深入地理解和体验到人生追求的意义和价值，同时也能够对作者的观点产生共鸣。

范文 人生追求：在宇宙之河中的微光

实战技巧：

草生一春，人生一世，而宇宙之河永恒，人类的存在也不过其中万千尘埃。然而，人生的追求赋予了我们平凡而普通的生命以厚重，在恢宏宇宙的角落里散发着灼灼微光，勾勒出人类文明的壮丽画卷。就如同中国现代作家郭沫若所言："沧海横流，方显英雄本色。"人生的旅途上，我们不应该碌碌无为，而应该怀揣崇高的志向，勇往直前，追求自己的人生理想。

类比法点明论点

首先，实现人生追求需要具备一双注目家国的眼睛，怀揣奉献的情怀，与新时代同向同行，共筑中国梦。"国家兴亡，匹夫有责。"我们的目光应该聚焦在家国之上，只有心怀家国情怀，才能承担起时代的使命，而不应成为钱理群教授所说的"精致的利己主义者"。

递进式进行论证，通过事例逐一进行论证

其次，实现人生追求需要踏实前行的双脚，坚持不懈地奋斗，与追求远大目标的决心相一致。正如英国作家莎士比亚所说："不要只因一次挫败，就放弃你原来决心想达到的目的。"众所周知，人们常常向往着远在天涯尽头的理想，但要接近它，就必须脚踏实地，不能成为好高骛远、自以为是的空想家，而应该与凌云志同道合，勇往直前。

最后，实现人生追求需要坚定不移的意志，勇敢面对困难与挫折，与阻碍我们前进的困难斗争。正如英国作家丹尼尔·笛福所说："勇气是一种智慧，它需要充分的精神准备，以便在必要时保持平静。"人生之路充满了坎

实战技巧：

坷，我们会不断遭遇逆境与阻碍，许多人因失去了追求的方向而随波逐流，唯有坚守信念，我们才能在人生的追求中不断超越自我，创造属于自己的璀璨烙印。正如英国诗人威廉·亨利·达维斯所写：“坚定的信念使人的一生变得坚不可摧，就像太阳穿越黑暗之后的璀璨光芒。”

引用诗句总结前文，呼吁式重申论点

“鸿志薄云无愧怍，百年饮冰血不凉。”人生的航船已经起航，我诚挚地呼唤每一位同道者与我一同肩负起家国的责任，踏实前行，坚定不移，唯有如此，我们才能实现崇高的人生追求。在茫茫宇宙中，我们的存在虽微小，但我们的每一步努力都有意义。让我们怀揣着对家国的热爱和奉献之心，以踏实前行的双脚，勇往直前，克服困难与挫折，坚定意志，不放弃追求，与宇宙共舞，展现出人类文明的壮丽画卷。

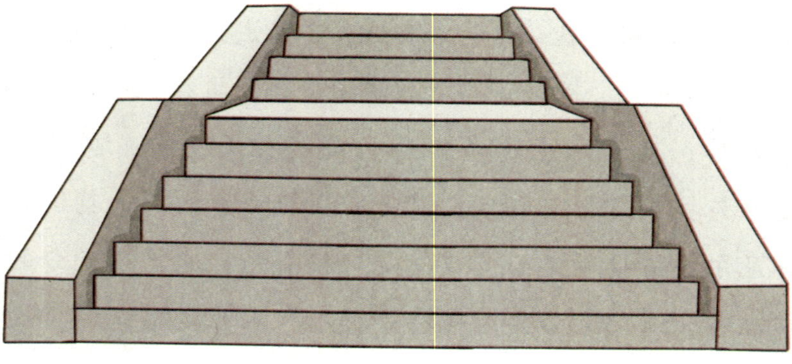

05 进一步提升，将技巧应用到抽象场景中

将建构式写作方法应用于抽象场景时，可以采取具体的比喻和类比、形象化的描写、探索内在感受和情绪、提出问题或引发思考，以及采用逻辑和论证等措施。这些措施将帮助你更好地传达抽象概念，并使你的作品更具影响力和深度。当将建构式写作方法应用于抽象场景时，可以采取以下措施来提升表达效果。

运用形象化的描写

生动、形象的描写，可以将抽象场景具象化，使读者能够感受到其中的情感和意义。使用形容词、动词和名词等具体的词语，创造鲜明的画面，让读者可以身临其境地体验抽象场景。

探索内在感受和情绪

在抽象场景中，关注内在感受和情绪可以增强作品的艺术表现力。表达自己对抽象概念的情感体验，分享自己的心情，疑惑、喜悦或痛苦，使读者能够与作品建立情感连接。

提出问题或引发思考

抽象场景常常涉及复杂的思考和探索。提出问题、引发读者的思考或留下悬念，可以激发读者的思维，使他们对抽象概念有更深入的理解和思考。

采用逻辑和论证

在抽象场景中，逻辑和论证可以帮助你建立一个合理、有力的论点。引用事实、数据、研究结果等支持性材料，以及进行合理的推理和演绎，使你的观点更具说服力。

另外，当将建构式写作方法应用于抽象场景时，还需要注意以下几点。

（1）清晰的主题或中心思想：在抽象场景中，主题或中心思想可能更加抽象和概念化。确保明确理解你要表达的核心概念，并在整篇写作中保持一致性和连贯性。

（2）具体而有力的描写：抽象场景可能缺乏具体的物体或事件，因此需要使用形象、生动的语言来描绘情感、观念或抽象概念。运用比喻、类比等修辞手法，帮助读者更好地理解你想要表达的意思。

（3）组织结构的清晰性：在抽象场景中，组织结构尤为重要。确保你的写作有明确的开头、发展和结尾，让读者能够理解你的思路。可以采用逻辑顺序、时间顺序、对比或类比等方式来组织写作。

（4）合适的语言风格和节奏：在抽象场景中，语言风格和节奏可以起到强化表达效果的作用。选择恰当的词汇、句式和修辞手法，以增强表达力。同时，注意节奏的变化，语气、语速的调整，使读者在阅读过程中产生情感共鸣。

（5）意义的深化和探索：抽象场景常常提供了思考和探索的机会。在写作中，可以深入挖掘主题的意义、观点的内涵，或者提出问题和引发读者的思考。给予读者新的观点、见解或启示，使他们从作品中得到更深层次的体验和领悟。

题目1：以时间为主题，写一篇记叙文

在抽象场景中应用建构式写作方法，可以将抽象的概念具象化，如将时间比作拥有魔法的精灵，使文章更加生动有趣。以下是在作文中应用了建构式写作方法的具体措施：

（1）引入引人入胜的开头：将时间比作一位神奇的精灵，引起读者的兴趣和好奇心，激发他们继续阅读。

（2）利用比喻：将时间比作沙漏、河水、朋友和导师等形象的事物，增强对时间特性的描述，使抽象的概念更具体化。

（3）使用动态描写：描述时间的动作和变化，如摇晃的沙漏、流淌的河水、快乐的朋友等，使文章更具生动性，让读者能够感受到时间的存在和影响。

（4）增加个人经历和感受：叙述自己在学校和课外活动中与时间的互动，展示个人对时间的认识和运用，使文章更加贴近读者的生活经验。

（5）呼应主题和感悟：在文章结尾回顾一天的学习和活动，并表达对时间的感激和珍惜，突出时间对个人成长和生活的重要性。

通过以上方法，在作文中巧妙地将抽象的概念与具体的场景结合起来，形成了一个有力的整体，可吸引读者的注意力，并传达对时间的认识和感悟。

范文　掌握时间的小魔法师

实战技巧：

使用比喻，把时间比作精灵，把自己比作魔法师，引人入胜，吸引读者兴趣

时间，它如同一位拥有神奇魔法的精灵，总是悄悄地走过我们身边，却又给我们带来了无尽的奇迹。我喜欢把自己比作一个小小的魔法师，掌握时间的秘密。

每天早上，当闹钟响起的时候，我就知道时间的魔力开始了。我迅速地起床，洗漱完毕，迎接新的一天。时间就像一个不停摇晃的沙漏，我必须抓紧每一分每一秒，不能浪费它们。于是，我开始忙碌起来。

把时间比作轻风、河流

上学的路上，时间仿佛是一阵轻风，迅速地带我来到学校。我坐在教室里，目不转睛地听老师讲课。时间如同一条河流，带着我对知识的渴望流淌。我努力记笔记，思考问题，希望能够将时间凝固在我的大脑中，让知识成为我的武器。

把时间比作朋友

放学后，时间就像一位快乐的朋友，陪伴我进行各种活动。我参加课外班，学习绘画、音乐和体育，丰富自己的才艺。时间在我的指尖舞动，将我带入一个又一个美妙的世界。我用画笔描绘出奇妙的画面，用琴键弹奏出激情的旋律，用球拍挥洒出拼搏的汗水。时间是我最好的伙伴，它给我无限的创造力和机会。

把时间比作导师

晚上，当我坐在书桌前时，时间又变成了一位严厉的导师。我打开书本，开始做作业。时间无情地推着我往前走，我必须集中精力，完成每一道题目。时间是我的挑战者，我要战胜它，取得胜利。

当一天的学习和活动结束，我躺在床上，回忆着一天的点点滴滴。时间带走了我的疲惫，带来了甜蜜的梦乡。我感谢时间给我带来的一切，它教会了我珍惜每一刻，努力奋斗，追求梦想。

时间就像一位不可思议的小精灵，它赋予了我生活的色彩和意义。我学会了利用时间的魔法，充实自己的生活，追求更好的未来。

实战技巧：

把时间比作小精灵，赋予时间内涵

题目 2：以自然中的某个元素为主题，写一篇记叙文

这篇范文应用建构式写作方法，将抽象的概念“阳光”具象化，使其成为一个具体而生动的形象。运用比喻和类比，将阳光比作快乐的朋友，描绘阳光带来的影响和感受。描述阳光在不同场景下的作用，比如在上学路上给予自信和勇气，在教室里照亮学习道路，在操场上增添欢乐和友谊，在户外活动中让“我”感受到自由和美丽，在日落时刻给予“我”宁静和希望。

范文还使用了感官描述和情感描写，通过描述阳光洒在脸上的感觉，让读者能够身临其境地感受到阳光带来的温暖和美好。同时，还强调了阳光作为“我”的朋友，给予“我”力量和勇气的形象，进一步加深了读者对阳光的情感共鸣。

整篇作文通过生动的描写和情感表达，将抽象的概念“阳光”转化为一个具体而有血有肉的形象，使读者能够更好地理解和感受到阳光的重要性和影响。这种具象化的写作手法让作文更加生动有趣，吸引读者的注意力，并能够更好地传达作者的思想和情感。

范文　阳光是我的朋友

实战技巧：

使用大量的感官描写，如阳光照在脸上、洒在教室、投射在身上等，让阳光的温暖更具体可感

运用情感描写，如带给"我"自信和勇气、感受到友谊的力量、给"我"希望等，加强了读者对阳光的情感共鸣

使用比喻，将"阳光"比作朋友，使其具象化

每当明媚的阳光洒在大地上，我总会感受到一股暖意和活力。阳光就像一位快乐的朋友，给予我生活的色彩和意义。

当我迎着阳光踏上学校的路途，心情顿时明朗起来。阳光照在脸上，仿佛给我带来了一份自信和勇气。我感受到阳光的温暖，仿佛被它鼓舞着前进。

在学校里，阳光透过窗户洒在教室里，将一切都照得明亮而温暖。太阳的光芒仿佛是知识的引导，让我更加专注地学习。我在阳光下认真听课，用心思考。

放学后，我喜欢和朋友们一起在操场上奔跑嬉戏。阳光投射在我们身上，似乎给予了无穷的能量。我们追逐着阳光的影子，享受着阳光带来的快乐和自由。阳光让我们感受到友谊的力量，让我们的友情更加坚固。

除了在学校，阳光也是我在户外活动中的好伴侣。当骑着自行车穿梭在风中时，我沐浴在阳光下，感受到大自然的美丽。

每当日落西山，夕阳的余晖洒满大地时，我感受到阳光的宁静。夕阳的美丽让我明白，即使是在一天结束的时刻，阳光依然陪伴着我，给予我希望和帮助。

阳光是我的朋友，它给予我力量和勇气，让我感受到生活的美好。我会珍惜阳光的陪伴，用阳光的温暖和快乐去感染身边的人。我相信，只要有阳光的陪伴，我将会拥有一个充满色彩的人生。

06 整合全稿，形成有力整体

在建构式写作中，整合全稿是将之前拟定的各个部分衔接在一起，形成有力的整体的一个步骤。以下是一些具体策略，帮助你整合和完善你的作文。

引出主题

在开头段落或篇章的开始，明确引出主题或中心思想。使用引人入胜的句子或段落，吸引读者的注意力，并为后续内容打下基础。

逻辑过渡

确保每个段落或部分之间有明确的逻辑过渡，不应过于跳跃。

巧用衔接句

在每个部分的开头或结尾，使用衔接句来引导读者进入下一个部分。这样可以平稳地过渡到新的话题或观点，使整篇作文的连贯性更强。

重申主题

在作文的结尾处，重新强调主题或中心思想。在写作中可以通过总结全文内容、给出深入的思考或呼吁行动来重申主题，使作文更具有深度和影响力。

语言修饰

使用恰当的修饰词语，丰富作文的语言表达，增强读者的感受和共鸣。运用形象生动的描写，使场景更加具体和动感。

语法和书写检查

仔细检查整篇作文的语法和书写错误，确保句子通顺、语法正确，避免文字错误和标点符号错误，这样可以保证作文的流畅性。

修订和润色

对整篇作文进行多次修订和润色，删减冗余或不必要的内容，确保用词准确、清晰，确保每个句子都有意义且贡献于整体，使作文更加精练和有力。

保持一致性

确保整篇作文在语言风格、观点表达和主题方面保持一致。检查每个部分是否和整体自然融合，并且没有冲突或不连贯之处。

通过运用上述策略，你可以更好地整合全稿，形成有力的整体作文。记得要注重逻辑和连贯性，同时保持语言的准确性和生动性，以吸引读者并传达你的思想和情感。记住，练习和反复修改也是提高写作技巧的关键，多读、多写、多思考，不断进步。

题目1：以成长为主题，写一篇记叙文

整合全稿，呈现出一篇完整生动的作文，引发读者的共鸣和思考，同时保持了语言的准确性和生动性，吸引了读者并成功传达了作者的思想和情感。在这篇以成长为主题的作文中，整合全稿的具体应用主要体现在以下几个方面。

（1）结构整合：文章描述了成长的两个场景，即小时候的行为和现在的思考能力，以及等待妈妈回来的经历。这些场景有机地串联在一起，形成了有层次的叙述结构，使文章更具连贯性和完整性。

（2）语言的准确性和生动性：文章运用了生动的描写手法，如对太阳的比喻、对肚子饿的形容、对妈妈出现的描写等，使文章充满感官细节，生动形象。同时，语言准确地表达了情感和感受，如“肚子里好像有一个响个不停的报警器”和“眼睛好像突然被什么打湿了”，使读者能够深刻地感受到作者的情绪和思想。

（3）情感表达和主题呼应：文章通过描述妈妈为“我”付出的细节，如妈妈快速给“我”做饭、自己不吃饭等，传递了“我”对妈妈的感激和孝顺之情。这种情感表达与文章的主题“成长”紧密相关，强调了孝顺父母的重要性和“我”在成长过程中的心灵成长。

范文 那一刻，我长大了

实战技巧：

通过设问的方式，引入主题

构建场景一：肚子饿。等妈妈回来做饭

构建场景二：妈妈回家做好饭后“我”吃饭的场景

构建场景三：“我”吃过饭后，妈妈还没有来得及吃，且衣服被汗水浸湿

成长是什么呢？成长是从小时候踩着西瓜皮摔倒时大哭大闹，到现在能望着黑板认真地思考；成长是从小时候去打针就哭个不停，到现在敢于面对困难“有泪不轻弹”。

那是一个闷热的中午，太阳像一个认真工作的烘干机，拼命地想把大地上所有的水分蒸干。因为妈妈早上出去了，再加上我不会做饭，所以我只能等妈妈回来，让她给我做饭。眼看着时间一分一秒地过去，早餐吃的那点东西早就不能维持我的活动了，我的肚子里好像有一个响个不停的报警器，饿得咕咕叫。我一边时不时地到门口看看，一边暗暗埋怨妈妈动作太慢怎么还没有回来。

过了二十多分钟，妈妈终于出现在了门口，三步并两步地走到厨房给我做饭，等到做好饭了，妈妈将饭菜全部推到我面前，并说：“妈妈今天做的全都是你喜欢吃的，快趁热吃，别让饭菜凉了。”我如获至宝般捧着饭碗，开始狼吞虎咽了起来。吃饱喝足后，我按照往常一样夸赞妈妈做的饭菜美味，随口问了一句：“妈妈，你吃了吗？”妈妈欣慰地笑了笑说：“还没呢，妈妈不饿。”

听到这个答案我愣在了原地，原来妈妈为了让我尽快吃上热饭热菜，一回到家就给我做了饭，自己都没来得及吃，而在妈妈洗碗时我才发现她那被汗水浸湿的后背。那一刻，我的眼睛好像突然被什么打湿了，心中感慨

万千……

从这次以后，我觉得我长大了，我要时刻怀着一颗感恩的心去孝顺父母！

实战技巧：

结尾，描述成长感悟

题目 2：以个人特长为主题，写一篇记叙文

通过整合全稿，作文可以呈现出一个完整的故事，展示了作者在绘画领域的成长和进步，同时保持了语言的准确性和生动性，吸引读者并成功传达了作者的思想和情感。

（1）结构整合：文章以描述作者学习绘画的经历作为主线，通过两个关键事件展示了作者的成长过程。首先是在美术课上表现自大的经历，然后是参加画展并获得第三名的经历。这两个事件在时间上有先后顺序，通过串联，形成了一个完整的叙事结构，使文章内容有层次感。

（2）语言的准确性和生动性：文章运用了丰富的描写手法，如对美术老师的描写、对自己画画时内心挣扎的描写等，使文章更加生动形象。同时，文章语言准确地表达了作者的情感和思考，如对美术老师的反思、对自己骄傲自满的认识等，使读者能够深刻地感受到作者的情绪和成长心路。

（3）情感表达和主题呼应：文章通过描述作者学习绘画的过程，传递了作者的坚持、虚心学习和努力的态度。通过美术老师的教诲和自己的经历，作者逐渐认识到骄傲自满的弊端，虚心接受指导，并取得了一定的成就。这种情感表达与文章的主题“我的拿手好戏”紧密相关，突出了作者对绘画的热爱和追求卓越的决心。

范文 我的拿手好戏

实战技巧：

俗话说得好："十八般武艺，样样是好戏。"每个人都有自己的拿手好戏，我也不例外，我的拿手好戏就是绘画了。

直接引出主题

关于我的拿手好戏是怎样炼成的？还有一个故事呢，听我细细道来！

设置悬念

记得那是我刚上小学的时候，美术老师第一次跨进教室，我觉得美术老师是那么的温文尔雅，和蔼可亲。在课堂上，美术老师和我们分享了许许多多关于老师绘画的故事，老师第一次教我们绘画是画鸭子，我心想：这么简单的画，还需要老师教吗？我举起了手。老师问我："这位同学你有什么事吗？""老师，这么简单还要教吗？我肯定比你画得好看。"我得意扬扬地说。老师哈哈大笑："既然你这样觉得，那你就上黑板来画吧！"我信心十足地走上讲台，拿起粉笔在黑板上画了起来，我忐忑不安地想：鸭子的嘴是扁的还是尖的？鸭子是在天上飞的，还是在水里游的？我绞尽脑汁也想不出来一个完整的鸭子的模样。我垂头丧气地走下讲台，台下响起了惊天动地的笑声，那气氛让我十分尴尬。老师对我和同学们说："大家可不要因为掌握了一点画画的技巧就认为自己十分有能力。"同学们不约而同地应答："好！"

讲述自己在美术课上表现自大的经历

经历过这件事后，我不再高看自己了，开始虚心地学习绘画的技巧。有一次学校将举行画展，同学们都踊跃参加，我也参与了，我拿出自己最好的一幅画交给美术老师，我本以为美术老师会夸奖我，但美术老师摇了摇头，叹了一口气：“勉勉强强吧！但还是有希望的。”我怒气冲冲地说：“为什么不说我画得很好看？同学们都觉得我画的最好看！”老师和蔼地说：“我如果不这样讲，你会骄傲自满的，比你厉害的人还多着呢！”听完了老师的话，我虚心接受了。

终于迎来了画展，我紧张得心快要从喉咙里蹦出来了。校长拿着话筒站在台上发言：“同学们都表现得非常不错！那就请参赛选手来讲述自己画的主题。等一会儿就可以通过老师们的投票来选取前十名画得最好的画，前十名还可以得奖品哦！让我们一起来看看谁是幸运儿。”我非常希望自己能够排到前十名。所幸，最后让我得了个第三名，班上的同学都十分羡慕，不停地称赞我，老师走到我身边：“未来可期，继续加油啊！”听了老师的话，我心里甜滋滋的，比吃了蜜还甜。

后来妈妈给我报了绘画兴趣培训班，无论是在纸上绘画，在电脑上绘画，还是在黑板上绘画，我都熟能生巧了，并且还得过“小小绘画家”的奖状呢！但我并没有骄傲自满，我还会继续勇攀绘画这座高峰！

实战技巧：

讲述自己虚心学习，最终在画展上获得第三名的经历

第四章

历年中考作文题中的建构样例

当你看到这里，恭喜你！你已经成功掌握了建构理论的精髓，你是否能够熟练运用呢？现在，让我们一起来欣赏运用建构理论完整创作出来的作品吧！本章将为你呈现历年中考作文题中的精彩建构样例，这些范文将带你领略建构理论的魅力和无限可能性。阅读这些范文，你会更好地理解前面所学习的建构理论，并学习如何创作出属于自己的优秀作品。

2021年北京市中考作文范文

真题回放

从下面两个题目中任选一题，按要求写一篇文章。

（1）“共和国勋章”获得者、“杂交水稻之父”袁隆平说：“人就像一粒种子。”袁隆平以及他的这句话引发了你怎样的思考？请将“做一粒____的种子”补充完整，构成你的题目，写一篇文章。不限文体（诗歌除外）。

（2）有学者说：“读史使人明智。”了解过去，可以让我们增长智慧，对现实生活产生新的思考。假如有一部可以跨越时间的电话，可以打给过去的任何人，你会打给谁？想了解什么？打完之后会发生什么事情？请你以“我挂断了跨越时间的电话”为开头，发挥想象，写一篇故事。题目自拟。

要求：请将作文题目写在答题卡上，作文内容积极向上，字数在600～800之间，不要出现所在学校的校名或师生姓名。

范文1 做一粒追光的种子

人生在世，做一粒追光的种子，是雏鹰飞跃而入山崖，历尽折翼之痛，于翱翔中感悟生命的重量；做一粒追光的种子，是湍流奔涌而入隘谷，历尽磐岩之阻，于激浪中感悟奋进的真谛。追光而行，在拼搏中，书写绚烂的青春篇章。

直接点题；引入主题

偌大的操场上，盛夏的阳光掀起灼人的热浪，阳光下，我竭力地迈动着脚步，晶莹剔透的汗水顺着脖颈滑落，复又在跑道上迸溅而成四散的水花。精疲力竭之际，僵硬和麻木从脚踝处席卷至全身，手臂挥动的速度也越发缓慢，恍惚间，同学们的队伍渐行渐远，逐渐拉开的距离，宛若天堑般难以逾越——不出所料，我再次同跑步达标失之交臂。

天气的酷热与自己跑步动作的艰难相呼应

离开操场的路上，我茫然地望着远方的天际：距离体测不足两个月，我却依旧艰难地挣扎在及格线的边缘，晴空下，一只飞鸟从云端掠过，倏忽间便不见了踪影。

描写跑步失败的场景、内心的失落与鸟儿自由飞翔的对比；感悟的缘起

晚上，我一个人坐在书桌前，无奈和失落如雾霭般萦绕心头，挥之不去。“干脆放弃好了！”一个声音从心底传来，抬起头，我忽然看见墙上挂着的一幅画——画面上是一颗破土而出的种子，在画的一角，是一轮灿烁的朝阳，尽管纤柔而弱小，那种子却固执地朝向着阳光的方向。那是幼儿园时的作品，虽然笔触稚嫩，却饱含着蓬勃的力量。是啊，曾经那追光而行的少年意气，是在何时被生活磨灭殆尽了呢？

描写内心挣扎，是放弃还是坚持，最终被墙上的画鼓舞；具体感悟

思索之中，丢失的勇气重新涌动在心间。重振旗鼓，这一次，我决定为梦想不遗余力。晨曦方至，划破云层的第一缕阳光映照着我奔跑的身影；晚风习习，皎白的月光拂去我加练后精疲力竭的困乏，在日复一日的练习中，我的步伐越发矫健、气息更加平稳，目光中也多了几分无悔的坚定。体测如期而至，那天，我站在起跑线上，随着发令枪响，我如同脱缰的骏马，满怀勇气向终点线飞奔而去，当计时器停止的那一刻，我伏倒在地，用手撑着地面大口喘息着。我知道，那追光的种子，已然在我心底生根发芽。

重振旗鼓，顺利通过体测，获得人生一次成长；通过结果强化感悟

生如芥子，心藏须弥。奔行人生，当沉沉的雾霭遮挡了远眺的视线，不妨做一粒追光的种子，向阳而生，逐阳而行。

结尾，抒发自己的感想；直接点题

范文2 做一粒善良的种子

这个世界就像一片充满阳光和滋养的沃土，而善良则是一颗微小却蕴含无限力量的种子。撒下善意，世界便会多一分温暖。

直接点题，突出主题

回忆起小时候，我和妈妈在公园玩耍。那是一个阳光明媚的周末，公园里热闹非凡，到处都充满欢快的笑声。我兴高采烈地蹦跳着，却不小心踩到一只正在觅食的小蚂蚁。只见那只蚂蚁痛苦地蜷缩起身子，拼命挣扎着。我心怀愧疚，赶紧小心翼翼地用树枝移开它，然后用手轻轻把它放到一旁的安全地带。妈妈赞许地对我说：“善良会让这个世界变得更美好，记住要常常行善啊。”那时，我初次领悟到善良的重要性。

子主题一：领悟善良的重要；细致写我的动作和蚂蚁被踩后的表现，构建动态的场景

随着年龄的增长，我逐渐明白善良的力量。一天，我乘坐地铁回家，车厢内人满为患，到处都站满了乘客。一个佝偻背影的老奶奶站在我身边，我看出她脸色苍白，似乎步履艰难。我立即站起让座，并亲切地搀扶她。老奶奶感激地看了我一眼，然后叹了口气，嘟囔着说：“现在的年轻人还是有好心肠的啊。”我微笑着回答：“您辛苦了，这是我应该做的。”那一刻，我深知微小的善意会产生连锁反应，感染更多的人。

子主题二：明白善良的力量；构建了一个动态的“让座”的场景

从那时起，我开始在生活中积极传递温暖与善意，哪怕只是一些微小的善举。捡起掉落的东西归还给主人，主动给别人让座，或者帮助那些看起来需要帮助的人，我都会义无反顾地去做。这些举动如同种子发芽一般，慢慢滋养、感染着周围的人，让世界因为善意而更温暖。

子主题三：通过行动践行善良；运用比喻手法

直到有一天，我自己也遇到了困境。我迷路已久，天色逐渐暗淡，心中开始不安。这时，一位热心的乘客主动询问我是否需要帮助，并耐心地指引我找到回家的路。我由衷地对这位善良的陌生人说了许多遍“谢谢”。他平静地回答：“这是我应该做的，你也会为别人带去温暖。”那个时刻，我看到善意的种子已然生根发芽，善良之花在这片土地上绽放。

子主题四：善良在传递：通过对比我的不安与好心人的耐心、平静，强化子主题

我将继续成长为一颗善良的种子，不断撒播温暖和祝福。也许每个善举都很微小，但聚集在一起，它们将如同野火般燃起。这个世界因为我们的善意而与众不同，每个人都有能力成为这片土地上的奇迹之子。

总结全文，再次点题

范文3 历史的对话

我挂断了跨越时间的电话，伫立在乾陵无字碑前。游人之声不断，武则天的话却依旧在我耳边萦绕，正在思考的我好像一叶扁舟，置身于世界之外，一时间分辨不清时空。

引入主题：我与武则天的对话；通过构建“我”伫立于无字碑前，回顾通话内容的场景，来引出下文

电话拨通，耄耋却有力的声音在我耳畔响起，电话那边正是神龙政变之夜，病重缠身、被迫退位的武则天，她问我道：“政变后大唐安好？”我回答道：“大唐盛世神话继续，却也不免盛极而衰。”听后，她却平静地说道：“繁花终有衰败之日，王朝更迭是自然，既然你来自未来，不知中华大地如何？”“中华安好，无外人敢轻易冒犯国土，如今国富民强，社会更加公平，所有人都可以通过努力创造出自己的价值，人人都很幸福。”我继续道：“您是中国历史上唯一的女皇，一直被后人铭记，时间也无法抹掉您在历史上的色彩，但是对于您的为政措施，我有几个问题想问您。”

子主题一：武则天的疑问：主要通过对话的形式展现，耄耋有力、平静把武则天居危不乱的形象表现出来

“亲贤臣，远小人，可为什么要将长孙无忌和褚遂良等人逐出朝廷呢？”我不解地问道。“我心中的盛世是人人都能有向上的机会，但是门阀大族把持着位置，对于寒门士子来说他们要付出更多时间和努力才能进入朝廷。若不将门阀逐出朝廷，寒门士子机会何在？我开创武举，广罗人才，完善科举，不拘一格地提拔有才能之人，正是为了为朝廷注入新鲜的血液。若非如此，诸如狄仁杰又如何能官至宰辅？普通人怎会有施展才能的空间？”

子主题二：“我”的疑惑；通过对话的形式，以武则天的口吻进行解答，更有说服力

武则天的话令我醍醐灌顶，我突然意识到如今我生活在一个多么幸福的时代。“以史为鉴，可以知兴替。”公平的社会环境让每个人都能为理想而奋斗，是每个平凡的人民一起创造了“路不拾遗，夜不闭户”的大唐神话。如今妇女地位提高，也能够为梦想拼搏，也再无门阀士族，社会更加公平，每个人都可以为中国梦贡献自己的力量，我们是处在一个多么伟大的时代！

子主题三：“我”的感悟；直接描写自己内心对公平的感悟

历史的经验让我受益。人人进步，社会进步，国家才能强大。幸福是奋斗出来的，我也要做一个推动社会进步的人，为中华民族伟大复兴的中国梦奋斗！

2021年天津市中考作文范文

真题回放

培根说："欣赏者心中有朝霞、露珠和常年盛开的花朵。"我们希望得到他人的欣赏，他人的欣赏如暖流滋润心田，让人获得奋进的力量；我们也要学会欣赏他人，欣赏他人会在自己心中播下善与爱的种子，不断提升人生境界；我们还要学会欣赏自己，欣赏自己才会内心有光，自信乐观地面对生活。对此，你有怎样的经历和感悟呢？请自拟题目，自选角度，写一篇文章。

要求：（1）紧扣主题，内容具体充实；（2）有真情实感；（3）文体不限(诗歌、戏剧除外）；（4）不少于600字；（5）文中请回避与你相关的人名、校名、地名。

范文 学会欣赏

欣赏是一种艺术，只有学会欣赏，才能懂得生命的价值。

——题记

抬头仰望同一片天空，有些人看见的是广袤无垠，有些人则看见的是弹丸之地；同一株玫瑰花，有的人看到的是娇艳欲滴的花朵，有的人却看见那尖锐的刺。为什么相同的事物会带给人截然不同的体验？关键在于我们用什么样的眼光看待它，学会欣赏会让我们的世界变得更加温馨美丽。

引入主题：学会欣赏；通过一系列的对比引入

学会欣赏，奇妙的大自然将尽显美丽多姿。"春风又绿江南岸，明月何时照我还？"行至太湖畔，看波光潋滟、水波粼粼，看落日洒金、残阳如血，看杨柳依依、莺歌燕舞，构成一幅美丽的画卷；"造化钟神秀，阴阳割昏晓"，攀五岳之首泰山，望层峦叠嶂、翠色无尽，望海上日出、无限希望，望壮阔山川，妙趣横生；“万里敦煌道，三春雪未晴”，访迤逦敦煌，赏精美壁画、美轮美奂，赏灿烂文明、悠久历史，赏沙鸣月弯、自然之妙……

子主题一：学会欣赏大自然之美；通过引用诗词，描绘祖国大好河山

学会欣赏，平凡生活将会展现更多不平凡的美丽。每年阖家团圆时，总有一些人还在坚守。他们是医院里忙碌的医生、护士，是大街小巷穿梭的快递员、外卖小哥，是仍驻守在雪域边关的西藏日喀则边境管理支队的移动民警，是守卫城市卫生的默默无闻的环卫工人……他们在这块团圆拼图上是最独特、美丽的风景！

子主题二：学会欣赏生活中的美；白描医生、护士、快递员、外卖小哥、民警等人的坚守

学会欣赏，为每个人的闪光点赋予更多璀璨。初学拉丁，我如同一只丑陋的小鸭子，总是跟不上老师的步伐。我开始不断地怀疑自我，甚至想放弃。直到一天，舞蹈老师找到我，她对我说我是她见过最有乐感的孩子，我的形体是最优越的。这番话如同一声惊雷，惊醒了颓废的我。我开始审视自我：勤奋练舞、动作最为标准、对自我高要求、总是可以找到舞蹈的节奏点……想到这，老师的鼓励与欣赏如一束和煦的阳光驱散了我心中的阴霾，让我对舞蹈重新燃起了希望！

子主题三：学会欣赏每个人身上的闪光点；通过个人经历举例

学会欣赏吧，它会让你领略到世间的美好奇观；学会欣赏吧，它会让你发现人生的诸多坎坷是通往成功的考验；学会欣赏吧，它会让心胸变得开阔，会让生活变得多彩……学会欣赏吧，你会发现，世界在对你微笑！

结尾，再次点题；通过排比句，突出学会欣赏的意义

2021年上海市中考作文范文

真题回放

《现代汉语词典》（第7版）对“有意思”有这样的一种解释：有意义，耐人寻味。生活中的人、事、物，大多如此。

请以“比看上去更有意思”为题，写一篇600字左右的文章。

要求：（1）不得透漏个人相关信息；（2）不得抄袭。

范文 比看上去更有意思

“谁无暴风劲雨时，守得云开见月明。”徜徉人生长径，是一路繁花如锦，是一路风雨兼程，行至远方。当我在山巅眺望云海，感叹“轻舟已过万重山”之际，蓦然回首，那为梦想矢志不渝拼搏的时光，让滑冰比看上去更有意思。

直接点题

翩若惊鸿，婉若游龙，穿梭来去间，四散扬起的冰晶化作清雾，在冰刀与冰面触及的一刹那绽放开来。偌大的冰场上，几位即将参赛的滑冰运动员正进行着最后的适应训练。炫目的灯光照耀在白净无瑕的冰面上，那是我第一次近距离地接触专业滑冰选手，而自那之后，那锐利的冰刀，也在我心里刻下一道难以磨灭的纹痕。

引入：初次接触冰刀，留下深刻印象；细致的动作描写，刻画了滑冰运动员在赛场上的矫健身姿

犹记得，第一次穿上冰鞋的我势在必得，踌躇满志。然而，当我切切实实地踏步在冰场上时才发现，那想象中轻盈灵动的姿态与当时的我相隔千里。颤颤巍巍间，我刚准备直立身体，那冰刀却不听使唤向前溜去，重心不稳间，我一个趔趄摔倒在地，剧痛如潮水一般袭遍全身，恍惚间，一只手突然伸到我的面前：“别害怕，把重心压低，身体稍微前倾，我们从最基本的开始练起！”抬起头，迎向教练坚定的目光。那一

刻，我心下雀跃，忘我投入，滑冰真的比看上去更有意思！

递进：第一次学滑冰；细致描写初学时的动作与困难

星霜荏苒，居诸不息，经过一段时间的练习，从最开始扶着栏杆如履薄冰般滑行，到掌握基础动作后感受劲风在耳畔呼啸的畅快，冰场见证了我倔强的勤奋与坚持。每次下课后，在空无一人的场地上加练，四周静谧无声，只有冰刀同霜面摩擦时的沙沙作响。在我听来，那声音有种交响乐似的空灵与悠扬，伴随着这袅袅的韵律，我的步伐也越发轻盈，心中所有的烦恼也在此刻一扫而光，酣畅淋漓间，我伸展双臂，仿佛振翅欲飞的天鹅。原来，只有亲自体会，才能体悟这看上去远无法比拟的自由和畅快。

蜕变：逐渐掌握滑冰；对比初学时场景与熟练后的畅快自如，冰刀的摩擦声与环境的安静

如今，随着技术越发精进，我也逐渐成为冰场上一道赏心悦目的风景。“灯生阳燧火，尘散鲤鱼风。”当冰刀同冰面摩擦，我沉浸在那脚底传来的重量中，心之所向，素履以往，原来，比看上去更有意思的，是无悔的追寻，是如一的初心。

结尾：滑冰技术越发精进，也有了更深刻的感悟；再次点题

2021年广东省广州市中考作文范文

真题回放

请以“这里有我”为题，写一篇文章。

要求：（1）文体自选（诗歌除外）；（2）600字以上；（3）文中不要出现考生的姓名和所在学校名称。

范文 这里有我

操场上，喧闹的人群和欢呼声构成了一幅热闹的画面。回想起这么多天的努力，我不由得热泪盈眶。我终于成功了，终于胜利了！

开篇通过比赛后的场景引入

运动会即将开始，班里的同学们都兴高采烈地组队准备参赛，最难的1500米长跑却无人问津。大家面面相觑，却没有人想要报名。突然，我的心中突然升起了一股强烈的渴望，我想做出尝试，我想努力改变，我想为班级贡献一份力量——我想让大家知道这个赛场有我，这个温暖的大家庭也有我。

引入主题

“我报名！”我毅然举起了手，老师对我投来赞许的目光。

运动会前的那段日子，我都会在黄昏时独自来到操场练习。看着空无一人的操场，我暗暗给自己打气，起势，发令，跑！第一圈下来，我大口喘着粗气，脚就像灌了铅一样，步子也越迈越小，直至停下。但想到老师和同学们的期许和信任，我告诉自己绝不能轻易放弃，一圈、两圈、三圈……我逐渐适应了长跑的节奏，呼吸也越来越有节奏，脚下更是变得越发轻盈。一天、两天、三天……为了班集体的荣誉，为了这里有我的诺言，我坚持着，努力着，逐渐让自己的身体适应了高强度的训练。

子主题一：赛前训练

比赛的日子终于到来。我站在跑道上，和大家一样做着热身运动。哨声响起！那一刻，我感觉自己仿佛和整个世界融为一体，大地是我的依托，风成了我的助力，白云伴我前行，“这里有我”的信念从心底升起。我咬紧牙关，调整呼吸，然后迈大脚步，加快频率，朝着目标冲去。我感觉自己的脚步越来越轻，越来越快，仿佛化身飞驰的猎豹。加速，再加速……就快了，我全身的力量都集中在脚尖；就是这一刻，我奋力冲起，冲过了终点线！

子主题二：比赛的场景

最终，比赛结果揭晓，第一名！我喜出望外，也百感交集，从默默无闻到争得荣誉，我用责任和担当兑现了承诺，我用行动证明，赛道有我，班级有我，未来也都会有我！

结尾：照应开头，再次点题

2021年广东省深圳市中考作文范文

真题回放

请以“这创意，让我激动不已”为题，写一篇文章。

要求：（1）文章内容要求思想健康，积极向上，充满正能量；（2）字数不少于600字，不超过900字，文体不限，除诗歌外；（3）文中不得出现真实的人名、地名、校名，如不可避免，请用××代替；（4）不得抄袭或套作。

范文 这创意，让我激动不已

运用形容词突出天气炎热，路途的艰难，为引出下文做铺垫

那天，头顶是炙热的阳光，脚上是滚烫的石砖，背上是被汗水浸透的衣裳，为一睹乐山大佛的真颜，我勇敢征服了那陡峭石梯。但炎热实在让我难以忍受，瞻仰了大佛，我迫切地想要一根冰凉的雪糕解暑。环顾四周，我惊讶地发现其他游客手中举着新奇而精致的雪糕，有的是漂亮的灵宝塔、有的则是可爱版的大佛，色彩缤纷，栩栩如生。我一时“饥渴难耐”，无比激动，不禁咽了咽口水，脚下的步子迈得生风——我要赶紧挑选这样的雪糕！

引出主题

当我走进店里，眼前的景象让我目不暇接，无数游人在这里挑选，只见陈列着琳琅满目的雪糕的冰柜被围得水泄不通，里面是我此前从未见过的“灵宝塔”和“乐山大佛”雪糕。几番纠结，我最终选择了一根奶油味的白色“灵宝塔”。我迫不及待撕开包装一睹模样。哇，那些纹路、形状，每一处都精巧不已，简直和本尊一模一样，看着精致漂亮的雪糕，我仿佛已经见到了灵宝塔最初的靓丽神韵。我一时都舍不得张嘴，待我轻轻咬下一角品尝，冰凉清爽瞬间充斥了我身体的每个角落，

这全新的味觉和视觉体验让之后的每一口都带来了满满的惊喜。一根雪糕下肚，我心中盛满了愉悦和满足。

通过视觉、味觉，表现文创雪糕的外形、味道

看着满是游人的店面，看着人们举着雪糕兴致勃勃的表情，看着一个个图样精致的文创雪糕，我内心激动不已，我想，它们不只是简单的冰淇淋，而是融合了历史、顾及了需求、注入了新鲜活力的宝贵创意！它们经由精心的设计与制作，是具有独特个性、风格的小巧艺术品，也是灵宝塔、大佛与雪糕的结合，更是人们与文化的联系；它们打破了常规和束缚，以逼真脱俗的外表和独特深厚的内蕴触动人心，刻进人的心底。

深化了文创雪糕的文化内涵

至今，若问我对乐山的印象，除去亲眼见到的风景，便是文创雪糕最令我回味了。**附加于文创雪糕上的创意，既能消减暑气、送上甜蜜，还能唤起人们对于历史、文化、艺术的热爱，加深经典与时代、与文化的紧密联系。**生活的旅途还在继续，我想，我会激动于那些震撼人心的美景，更会激动于这些点亮生活的美好创意。

结尾进行总结，再次点题，总结雪糕的特别之处

2022 年北京市中考作文范文

真题回放

从下面两个题目中任选一题，按要求写一篇作文。

（1）运动赛场上，求学生涯中，每一项新纪录的诞生，都是对自己的突破与超越。个人的生命历程里，人类的历史进程中，每一次创造新纪录，都翻开了发展和进步的新篇章。创造新纪录，一直是我们人类共同的梦想与追求。以“我创造了新纪录”为题作文。可写实，可想象。文体不限，诗歌除外。

（2）作家史铁生的《那个星期天》，记述了自己小时候一个星期天的经历，表达了真实的情感体验。在你的记忆中是否有一个星期天，发生过特别的事情，遇见过特殊的风景，获得了别样的体验？在你的想象中是否有一个星期天，经历一场奇遇，解开一个谜团，见证一个奇迹？以“那个星期天”为题作文。可写实，可想象。文体不限，诗歌除外。

要求：将作文题目写在答题卡上，作文内容积极向上，字数在600～800之间，不要出现所在学校的校名或师生姓名。

范文1 我创造了新纪录

热烈的太阳炙烤着大地，枝头的鸟儿都丧失了生气，而我却兴致勃勃地在泳池里徜徉，灵活地变换着各式各样的花式游泳姿势。

运用对比，表现我对游泳的喜爱

听见教练的呼唤，我破水而出，草草抹了把脸便朝着教练所在的方向走去。他拍拍我的肩，告知了我一个好消息——我要代表我们队参加市里面的游泳比赛了！

引入主题

既然要做，就要做到最好。这是我一贯的准则。我再次跃入水中，马不停蹄地开始了训练。然而，这一次我的成绩并不尽人意。“为什么越想努力做到最好，却越得不到好的结果呢？分明不久前才破了一项纪录啊。”我难免有些灰心，不解地说道。“失败常有，成功则贵在坚持。”教练温和地说。看着他眼底的期望，原本紧张彷徨的心忽然落到了实处。“我不会让自己留下遗憾的。”我在心中暗暗说道。

遇到困难，设置悬念

那个夏天，我如同一只定点的陀螺，不断地在游泳馆与家之间盘旋，只为了能够最大程度地激发自己的潜能。我开始仔细留意自己的短板，有的放矢地查漏补缺，争取化劣势为优势。一次次的筋疲力尽，都是努力授予我的勋章。沉浸在水中时，我便是最为灵活的那一尾鱼。

努力训练，激发自己潜能

紧张的比赛时刻终于到来，在我破水而出的那一瞬间，迎接我的是鲜花与掌声。我做到了！我不但获取了名次，还创造了青少年组的新纪录！

完成比赛，创造新纪录，点题

摩挲着这枚象征荣耀的奖牌，我不禁思绪翩跹，心潮起伏。这场比赛与以往的任何一场都不同，这段经历弥足珍贵，而这个“新纪录”也绝不止最好成绩这么简单。要知道，这是我突破自我、迎来蜕变的见证，更是成长的新起点——纪录之“新”，新在我第一次创造了近年来花式游泳的传说，新在我第一次通过努力摘取了梦寐以求的桂冠，新在我第一次知晓了奋斗的内涵！

总结比赛经历与训练过程，再次深化主题

站在这个新纪录的起点上，我将不惧任何困难，砥砺前行，以坚持为矛，以毅力为盾，披荆斩棘，蜕变成为更好的自己！

结尾，抒发个人感悟，确定以后努力的方向

范文2 那个星期天

人生三万天，每一天都近乎相似，却又有所不同。那个星期天，一如往日般烈日高悬，在处处蝉鸣的午后，百无聊赖的我细细地翻看着那本《我与地坛》。

开篇点题，引出下文

“没想到这地坛这么大。”耳边，突然传来一位老妇人的声音，周遭似乎还有其他人的应和。惊诧之际，我抬头一看，在我前方的不远处，是一位静坐在轮椅上的拿着书的中年男子，周围偶有人经过，谈论着刚刚的话题。地坛？定睛再看，金黄的落叶铺满了整个园子，祭坛上飞满了白色的鸽子，厚重的古殿端坐着，偶有几声风铃轻声响动，却显得这里更加寂静。

构建了在地坛“遇见”史铁生的场景

原来，我来到了书里的地坛世界。带着欣喜，我迟疑着走上前，那位，便是我所钦佩的作家史铁生吗？我走上前，才发现他并不能看见我的身影，也听不见我的声音。他缓缓放下书，喃喃道：“地坛真大，母亲曾在这里日夜寻我，可我却只看见了园中自己的车辙，忽略了母亲的脚印。等她去世后，我才发现这个道理。”我心中一紧，年少时，我们只顾着朝前奔跑，抱怨命运给予我们的不公，却忽略了身后的人，尤其是那个默默坚守的母亲。

直接引用《我与地坛》的句子，以作家自己的口吻说出来，似在与作者对话，便有了“我”的感悟

跟随着史铁生，我来到他的家中，他俯首桌边，写下：“倔强只留给我痛悔，丝毫没有骄傲。我真想告诫所有男孩子，千万不要和母亲来这套倔强。”简短有力的文字一下将我的思绪拉回了无数个我与母亲喋喋争论的日子，有时候，尽管知道自己不对，我也不愿低头。如今想来，这样的倔强不仅是对母亲的伤害，更是给自己留下了万分的羞愧。

直接引用《我与地坛》的句子，同时联系生活——作者与母亲的相处，深化“我”的感悟

忽有一声车鸣响起，我的眼前还是那个熟悉的书桌，心中却有了全然不同的感受。**那个星期天的地坛之旅，教会了我珍惜眼前的朴素道理，亲情温暖着我们，何以要等到失去后再惋惜呢？**

回到现实，再次点题，突出了“这个平常星期天的不同之处”，并抒发自己的感悟

2022年天津市中考作文范文

真题回放

“野火烧不尽，春风吹又生”是小草的坚韧；“千磨万击还坚劲，任尔东西南北风”是竹子的坚韧。坚韧的精神，不仅在于“坚毅、勇敢”，更强调“韧性、韧劲”。生命需要韧劲。有韧劲的人，无论身处怎样的困境，都能坚定信心，坦然面对，勇敢前行；没有韧劲的人，遇到困难时，往往灰心气馁，畏缩不前，一事难成。同学们，对此，你有怎样的经历和感受呢？

请自拟题目，自选角度，写一篇文章。

要求：（1）紧扣主题，内容具体充实；（2）有真情实感；（3）文体不限（诗歌、戏剧除外）；（4）不少于600字；（5）文中请回避与你相关的人名、校名、地名。

范文 生命的坚韧

“竹子似乎天生就有一种倔强的秉性，挺拔的身躯，连纤细的竹枝也总是努力向上生长。”每每读到这句话，竹子坚韧的力量总会鼓舞我。

开篇即引用，直接点题

记得那次，我刚刚参加了市里举办的书法比赛，日日苦练的我却与第一名擦肩而过，内心不禁满是沮丧，躲在家中不常出门。妈妈见状，愁在心头却上眉头，总是让我出去走走，我禁不住妈妈的软磨硬泡，换

了身轻便的衣服便出门了，心想着那就随便走走吧。

"我"内心沮丧，出门走走，引出下文

一出小区门，我便被满眼的绿迷住了双眼，也停住了前行的脚步。新竹老竹皆是苍翠挺拔，片片竹叶在微风中摇曳，似是柔情似水的少女在风中起舞，婀娜多姿。而放眼望去，整片竹林如一片浓郁的青纱，轻轻抖动；又如万顷碧波，掀起阵阵涟漪。多么美好的大自然，我不禁忘却了失意的苦闷，只余满心的欢喜。

运用比喻，将竹子与竹林的美表现出来，"我"也变得欢喜起来

这时身旁的一位老者开始喃喃自语道："'千磨万击还坚劲，任尔东西南北风。'好竹！好竹！"听着这满怀深意的话语，我不禁陷入了深思。春日，它迎着风节节向上；盛夏，它在暴风雨中屹立不倒；金秋，它依旧翠绿；凛冬，它是白雪皑皑中的一抹生机。而我却因一次小小的失败而终日闷闷不乐，遑论迎难而上了。自然之强，生命之弱，本应被压制，世间却往往创造出生命的奇迹：石缝之中本不会有生命，却往往出现野草的一抹绿；花儿娇嫩，却能在凛冽寒冬嗅得白梅一抹冷香……我蓦然明白，朝气蓬勃的我不该退却，而应勇敢坚毅地前行。这，便是生命坚韧的力量，也是小小的翠竹带给我的感触。

竹子的坚贞，让"我"反思。这里，竹被赋予了坚韧的内涵

我虽不能创造奇迹，却能在面对挫败时淡然相对，如这翠竹，凭借生命坚韧的力量，凭借一次又一次的努力战胜困境。我重拾昔日练字的决心，朝着梦想的方向大步跃去。往后的岁月里，耳畔总会响起老者的那一番话，眼前总是一番绿波涌动。

结尾，再次联系生活，抒发自己感慨，重拾信心

2022年上海市中考作文范文

真题回放

傅聪在国际钢琴比赛获奖后，傅雷写信给他："人生本是没穷尽、没终点的马拉松赛跑，你的路程还长得很呢，这不过是一个光辉的开场。"在成长的道路上，无论精彩还是平凡，顺利还是受挫，得意还是失落……我们都可以对自己说，"这不过是个开场"。

请以"这不过是个开场"为题，写一篇600字左右的文章。

要求：（1）不得透露个人相关信息。（2）不得抄袭。

范文 这不过是个开场

梅雨时节，我与母亲漫步在悠长的陌生小巷，几声悠扬的戏腔伴随着潇潇细雨传入我们的耳畔，在它的带领下，我们叩响了一方红木门。几个俏丽的女孩穿着长衣水袖，抹着浓墨重彩，咿咿呀呀地唱着戏腔，见来人，蓦地停住。

我心生好奇，主动央求母亲，想要体验一把。在母亲的交涉之下，我终于穿上了那轻盈秀丽的戏服，跟着老师体验黄梅戏曲之美。

从听到曲声到体验黄梅戏，逐渐引入主要故事情节

"台上一分钟，台下十年功。"若要想成角儿，长年累月的厚实基本功可谓是重中之重。我当然得从最为基础的"唱念做打"开始学起。只见老师婀娜迈步，洋洋水袖灵巧一挥，清透有力的唱腔便响彻了云霄。我心生羡慕，在老师鼓励的目光之下也依葫芦画瓢起来。但我到底是初学，只落得个照猫画虎的下场，甚至连一句完整的唱词都无法流畅地演绎，令我又羞又恼。

初学黄梅戏，表现不尽如人意；为引入主题铺垫

尽管老师善意地鼓励着我，我却说什么都不愿再接着继续学习了。就在这时，妈妈温声宽慰道："害羞什么？这不过是个开场而已，没有谁生来就能够婉转于戏曲之间的。"我红着脸，心想："对啊，这不过是个开场而已，若我这时退却了，那我这辈子便都与黄梅戏无缘了。"

两次点题；通过妈妈的安慰与"我"自己的心理变化，迎来转折

于是我重拾信心，在老师的悉心指导下，再次开始了尝试。周围的俏丽女孩纷纷对我投来鼓励的目光，我长吸一口气，尽量学着老师的模样迈着步子，眼波流转间，一句响亮的唱词从我的口中溢出。不算清透，但比起第一句，已然有了进步。

再次尝试，并取得了进步

真是一次令人难忘的戏曲初体验，时间缓缓流淌，回到下榻的酒店时，一小句唱戏有模有样地自我的口中溢出。我知道，黄梅戏的种子已于我的心中种下，但这一切，不过是个开场。

再次点题

富有魅力的黄梅戏帮助我打开了领略传统文化之美的大门，但我知道，传统文化之美远不止于此。这不过是个开场，在清透秀美的戏曲道路之上乃至在领略传统文化之美的路途之中，我都还有很长的一段路要走。身处于这个开场之中，我知道，等待着我的，是拥有着无数风光的漫漫长路。

结尾，重申主题

2022年广东省广州市中考作文范文

真题回放

请以“我是如此地热爱__________”为题，写一篇文章。

要求：①把题目补充完整，然后作文；②文体自选（诗歌除外）；③600字以上；④文中不能出现考生的姓名和所在学校名称。

范文 我是如此地热爱阅读

“一日无书，百日荒芜。”我爱阅读，它像一股清泉，滋润着我的心灵；它像一盏明灯，照亮着我的思维。阅读就是我生命中最美妙的伙伴！

运用比喻，说明阅读的作用；直接点题

自我出生时起，阅读好像就和我有着千丝万缕的联系。曾听妈妈说起，每当年幼的我哇哇大哭时，能治愈我的良方就只有一个——绘本！这时，只要妈妈将绘本摊放在我的跟前，我便会立马止住眼泪，伸出小手不停轻点着绘本上的图画，把所有烦恼都抛之脑后。

子主题一：幼时便喜欢阅读

长大一些后，我便开始了有意识地阅读。每当我拿起一本新书，就仿佛进入了一个全新的世界，那里有无数的故事、智慧和情感等待着我去探索、学习。说到最喜欢的种类，童话一定榜上有名！我赞美白雪公主的勇敢，歌颂丑小鸭的坚持，感叹灰姑娘的善良……

子主题二：长大后的自主阅读

后来，小说又成为我的心头好。还记得那个燥热的夏天，我跟随爸爸回到了乡下的老家。回老家后，我成了爷爷书房的常客。那天，书柜上的一本《西游记》锁住了我的目光。我小心翼翼地将书本取下，开始了我的阅读。渐渐地，我跟随师徒四人走进了书本的世界。《西游记》

的故事实在是太吸引人了，我时而嘴角上扬，时而瞪大双眼，时而激动得涨红脸庞，嘴里还不停说着："太棒了！"一个下午很快过去了，我如入无人之境，眼里心里只有书籍。就这样，我痴痴地坐在木椅上，全神贯注地看完了那本精妙绝伦的《西游记》。

子主题三：逐渐爱上小说

记得爷爷的书房很小，里面除了一些旧书、几把桌椅和墙上挂着的一副牌匾之外，似乎装不下其他东西。牌匾上赫然"嚼书"两个大字，让幼时的我只觉得威风，也让如今的我深以为然。就在这阅读的深入间，我发现自己已然"嚼"起了"书"，故事的情节是我的主要食粮，人物和细节便是其中的调味品！在酸甜苦辣中，我尝得了作品的本味。也在这时，阅读的意义在我的心尖发散开来。我爱上了阅读，爱上品味文字的内涵和意义，爱上感受故事的美感和韵味……在一次次的"嚼书"中，知识、乐趣和能力都尽收腹中。我想，这就是阅读的魅力所在吧！

子主题四：感悟阅读的意义，爱上阅读

我是如此热爱阅读，漫漫人生中，我会继续坚持我的热爱！

结尾再次点题

2022年广东省深圳市中考作文范文

真题回放

阅读下面材料，根据要求完成写作。

平凡而普通的生活，是生命的常态。不过，日常生活中的人、事、物，情、景、理，也能让人产生新的体验、新的感悟、新的收获，从而感觉“超越了平常的自己”。

请以“是你，让我超越了平常的自己”为题，写一篇作文。

要求：（1）思想健康，内容充实，语言流畅，书写清晰；（2）文体不限（诗歌除外）；不少于600字，不超过900字；（3）文中不得出现真实的人名、地名、校名，如不可避免，请用××代替；（4）不得抄袭或套作。

范文 是你，让我超越了平常的自己

一盆太阳花安静地居于阳台一隅，零零星星的花骨朵点缀其上，几乎要淹没在一片绿中，让人提不起观赏它的兴趣。但正是这看似不起眼的花让我豁然开朗，最终实现了自我超越。

运用对比的手法，设置悬念，引出下文

那是一个平常的下午，老师宣布今年的数学竞赛即将来临。我摩拳擦掌，下定决心，准备做一番尝试。但是，我的数学不过中游水平。面对难度骤然提升的竞赛题，我几乎束手无策。阳台的小桌成为我与难题斗争的一次又一次的战败之地。无意中，我瞥到角落那弱小又不起眼的花骨朵，心中的郁闷到达了极点。“你这丑花！跟我的数学成绩一样烂。”我难过地咒骂道。

故事开始：“我”因挫败而沮丧，连带讨厌太阳花

又一次惨重的战败发生在模拟测试。锐利刺眼的分数和老师失望的眼神夺取了我周遭其他的颜色，我心如槁木。伤痕累累的卷子被平摊

在阳台的小桌上，我失落地垂着头。忽的！一片彩色不经意地闯进了我的视线。我怔愣地抬头望去，在阳台的角落，那盆太阳花不知何时悄然绽放了。它沐浴着阳光，摇曳生姿，耀目盛放着。惊讶之余，我的钦佩之情油然而生。只是安静地待在角落的一盆花，却倔强地朝着太阳的方向，展示着它的蜕变，燃烧着自己的生命力。这是多么坚定，多么充满魄力啊！

连这么渺小的生命都在为自己一瞬的绽放努力向阳，区区一个数学竞赛，我就要轻言放弃吗？

转折：心情烦闷之际，看到太阳花悄然绽放，“我”有所感悟

自此，不知多少个寂静的夜晚，多少个安谧的午后，我都坐在桌前，一遍一遍地进行着与难题的斗争；课间课下，老师的办公室常常出现我询问的身影……困难并未减少，但每每我想放弃的时候，那盆太阳花的身影就浮现在我脑中，告诉我坚定自己的信念。惊风飘白日，光影驰西流，一日复一日，我的数学成绩稳步提升。

改变：被太阳花的努力绽放所鼓舞，“我”坚定信念，继续努力

令人欣喜的消息终于传来，我在数学竞赛中获得了省级二等奖，这是本身位处中游的我不敢想的成绩。若没有这一盆“不起眼的”太阳花，若没有它拼尽全力地绽放的那一瞬，我又何曾会意识到坚持的重要？又怎么会取得这样好的成绩呢？

结果：“我”获得省级二等奖，再次感悟太阳花带给“我”的改变

花开之际，沁于人心。太阳花啊，是你让我常持坚定，是你让我不再轻言放弃，是你让我超越了平常的自己！

结尾，照应开头，重申主题——太阳花让“我”超越了平常的自己

2023年北京市中考作文范文

真题回放

从下面两个题目中任选一题，按要求写一篇作文。

（1）北京是一本读不尽的书。阅读作品，读到北京的风物与精神；走进建筑，读到北京的历史与文化；参加活动，读到北京的习俗与礼仪……翻开北京这本书，你读到了什么？以“我读到的北京”为题作文。文体不限，诗歌除外。

（2）在课文中，我们读过高大的皂荚树，顽强生长的小桃树，力争上游的白杨树。树，见证岁月，寄托情感，象征精神。倘若发挥想象，在鸟儿、小草、泥土、风雨等的眼中，树也会有不同的故事，呈现不同的风采。以“我生活中的一棵树”为题作文。文体不限，诗歌除外。

要求：将作文题目写在答题卡上，作文内容积极向上，字数在600～800之间，不要出现所在学校的校名或师生姓名。

范文1 我读到的北京

“桃叶儿尖上尖，柳叶儿就遮满了天……”胡同里，摇椅上，一位两鬓斑白的老人一手持着蒲扇轻轻地摇晃着，嘴里还不忘哼出慵懒韵味的小曲儿。在婉转悠长的歌声中，北京的书页被缓缓翻开，展现在我的眼前。

引入主题：“读”北京

在北京生活了十余年的我，自然是对这里再熟悉不过了。“一日之计在于晨”，北京人总会用美味的吃食开启新的一天，其中，糖油饼无疑是我的最爱。刚出锅的糖油饼最为香甜酥脆，一口咬下去，伴随着“刺啦”一声，外层的酥皮便在我的齿间化作细碎的壳，里面的内馅则软糯可口，二者一起，构成了记忆里最甜蜜的味道。如果这时，再喝上一口北京的特色豆汁，温热的暖流下肚，那么，一整天的活力都将在此刻被注满。

子主题一：北京人的早晨

北京自然不只可口的小吃，一个个充满了历史底蕴的建筑，构成了北京最厚重深沉的底色。提到北京，便不得不提到故宫。红墙、金瓦，是故宫最绚烂夺目的颜色，彰显着过去百年的皇家威严；文书、珍宝，是故宫最引以为傲的典藏，体现着中华千年的历史积淀。过去，故宫见证了帝王的雄风、人才的选拔，欢迎了新中国的伟大诞生；如今，仍有大批专业人员驻足于此、坚守本心，十年如一日地保护和修复着故宫的文物，彰显着大国工匠精神，令人叹服。

移步圆明园，这里却是大异于故宫的另一番光景。一入园，迎接游人的只有那陡然独立的大门和几根孤独的石柱，尽管这里的花草竞相开放，却使来往的每一个了解其历史的人感到无尽的感慨与悲凉。这个被雨果誉为世界奇迹的辉煌宫殿，却被两个强盗闯入，“一个掠夺，一个纵火”，熊熊燃烧的烈火带走了圆明园的躯壳，野蛮粗鄙的英法联军搬空了圆明园的珍宝。从此，世界奇迹轰然坍塌，只剩暮色中的几缕残烟，似乎在诉说着历史的悲痛……

子主题二：北京的历史建筑。选取了故宫和圆明园两个具有代表性的建筑

“青年者，人生之王，人生之春，人生之华也。”战火纷飞的觉醒年代，李大钊以生命为章，在北京的土地上，呐喊出对青年的赞颂与鼓舞。“往者不可谏，来者犹可追。”我们青年，更该缅怀历史，珍惜当下，继续书写北京之书，谱写时代华章！

结尾：引用名人名言，发出青年继续书写北京之书的感慨

范文2 我生活中的一棵树

老家村头的那棵槐树已经立在那儿几百年了。它一直矗立在我回家

的必经之路上，每当我眺望到那个宽厚高大的身躯时，我就知道我离家不远了。……引出下文

小时候，我和小伙伴们一起捉迷藏，而这棵老槐树旁便是我最喜欢藏匿的地方。它的造型很奇特，虽说其黑色树干特别粗，需三人合抱，但中间部分是空心的，空心的地方甚至可以藏进去一个人，周围只剩下一圈树皮在支撑着。虽说如此，但一到夏天树的顶部仍然郁郁葱葱，花香十里。……写槐树外形，对比树干的老、空与郁郁葱葱

爷爷说在抗战时期，它曾为八路军战士挡过子弹呢，身上光荣的弹孔还在。我听完急忙跑去观察，惊讶地发现居然真的有。只见灰黑的树皮上散布着三四个形状大小相同的圆洞，但很明显地看出这些伤都已经“愈合”了，只是留下了几点痕迹记录着它曾历经的岁月。我不禁肃然起敬，**想来老树几百年来一言不发，默默无闻地面对着身体内部蛀虫的蚕食、外部环境的打击，仍然以这样坚挺的姿态伫立着，春天长出最嫩的芽，夏天开出最香的花。**……写槐树坚毅的品质

如今我已长大了成为一名初中生，更多时光与书本做伴。而在这求学生涯中，在遇到学习上的困难时，我习惯于出言推脱，将自己的失败归因于其他因素，仿佛话多就能掩盖自己的懦弱。而老树呢？几百年来不改身姿地挺拔着，静看世间的一切，从不浮躁，沉默安稳，坚忍不拔。想及此，我心中顿生惭愧。……运用对比，发出感悟

和老树相比，我在面对生活中的挫折与困难时如此懦弱，从不敢正面接受挑战，从不能默默克服。但我想，如今我已有勇气了，是老树给我的勇气，是老树教会我要用坚忍的意志与处变不惊的态度面对世间的一切，我又何尝不能做一棵树，做一棵自己生活中的树呢？

老树啊老树，你是一位令人尊敬的长者，给了我无限的底气，教会我为人处世的道理。老树，我已在归家途中，我已眺望到你挺拔的身影，我离你已经不远了。……运用比喻，深化老树内涵；照应开头

2023年天津市中考作文范文

真题回放

每个人都是社会的一员，人与人之间常常会产生各种关联，因而与人交往就成为生活的重要组成部分。在交往中，你也许会遇到困惑与烦恼，但也会发现人性的美好，获得温暖与启迪，还可能会领略到从未见过的风景……同学们，对此，你有怎样的经历和感悟呢？

请自拟题目，自选角度，写一篇文章。

要求：（1）紧扣主题，内容具体充实；（2）有真情实感；（3）文体不限（诗歌、戏剧除外）；（4）不少于600字；（5）文中请回避与你相关的人名、校名、地名。

范文 夏日清风

烈日当空，热浪袭来，为了完成老师布置的社会活动，我已经被夏日烤炙许久了，好在有来自陌生人的微小善意带来清风徐徐，让我心间清润，豁然开朗。

开篇点题，引出下文

一早，我就去居委会领取了发社区简报的任务，想到我也能为社区做好事，我激动地来到了小区人流最多的马路，早晨的人们步履匆匆，买早点、坐公交……熙熙攘攘间，沉睡的城市就这样被唤醒，正巧，远处走来了一位遛狗的爷爷，我抓住时机，试探地问：“您好，请问需要一份最新的社区简报吗？”“最新的？来一份，谢谢你啊，小朋友。”

引入故事，顺利卖出第一份报纸

成功地送出第一份报纸后，我欣喜若狂，眼看一位拿着公文包穿西装的叔叔从我身边走过，我笑着问道：“您好——”我的话还没说完就被他打断了，只见他面露不快：“我不需要广告传单！别打扰我。”我

还没来得及解释，他就转身走了，不知道是天热还是窘迫，被误会拒绝的我脸颊有些发烫。遭遇挫折

正当我抱着报纸踌躇无措时，一位奶奶向我走来。只听她开口：“这是社区简报吧，给我来一份！”“太好了，您拿好。”我欣喜地说道。“谢谢你，小朋友。别灰心，有人拒绝，也有人接受，这是正常的，生活因波折而多彩。”接过报纸时，奶奶在我耳边轻语。如醍醐灌顶，也如清风拂面，奶奶善意的提醒吹散了我的烦闷，我顿时动力满满，更加卖力地干起活来。被善意温暖

一天的辛劳告终，我的思绪开始翻涌。回想今天的起起落落，我不禁感慨：**如果说波折是生活的底色，那么生活又会因为人与人之间的善意而润色！**正是老奶奶的温柔开解让我得到慰藉，受到鼓励，正是这简单的善意给予了我丰沛的勇气和动力，正是那微小却又伟大的善意，为人与人的交往赋予了动人的色彩和非凡的意义。

回顾一天的经历，发出个人感悟

善意对于那个炎炎烈日下的我来说，正如清风，看似无形，实则蕴含无限力量；善良对于这个世界也像清风，它为躁动不安送去抚慰，为平淡无奇带来活力，它流动着，奔赴着，传递着，感染着每一个人。而我也愿追随着清风的脚步，不吝惜付出自己的善意，不忽视善意的力量，不断地将善意传递。结尾，感悟善意

2023年上海市中考作文范文

真题回放

会心，意思是从学习、生活中领会道理，或是对别人没有明说的意思心领神会，也可以指彼此之间的情意相合。

请以“会心之乐”为题，写一篇600字左右的文章。

要求：（1）不得透露个人相关信息。（2）不得抄袭。

范文1 会心之乐

曾经，数学对于我而言是一座高峰，让我望而却步。可一次偶然，我竟解开了多少人放弃的难题，那一刻的惊喜和满足，让我体验到“会心之乐”的美妙。（开篇点题，引出下文）

那天数学老师仍旧一板一眼地讲课：“想要学好几何题就要学会在大脑中构造三维空间……”我百无聊赖，对那些图形线条难以提起一丝兴趣。等做习题时，我就看着那些图转笔发愣，同桌见此热心地主动教我：“这道题要用找点连线的方法……”他认真又耐心的讲解帮我解开了这道题，有那么一瞬间，我的内心生出一丝隐秘的成就感，数学，好像也不是那么无趣。

在同桌的帮助下，我开始听课、开始做题，难得地做了数学老师眼中的乖学生。日子一天天过去，很快便迎来了期中考试。考数学时，我内心忐忑又期待。随着考试铃声响起，我和所有考生一样开始奋笔疾书。当做到最后一题时，我眉头紧锁，这道题是求证几何图形上两条线段相等的题，我在脑中构造试卷上的几何图形，可是怎么也想不出如何求证相等。我突然起了倔劲，想要试一试，验证一下自己近日的努力成果。我不断地画图，不断地求证，甚至用草稿纸折了又折。时光悄悄流逝，突然，我灵光一闪，找点连线！我终于找到了解题思路和方法。

细致描写遇到难题，努力解开难题的经过

一气呵成地做完题目，我有如破土而出的枝芽，一身轻松。不断尝试，不断思考，找寻到答案的那一刻，**会心之乐喷薄而出，那是因解题明“理”而“会心”，因内心豁然而“乐”；是因不避困难而“会心”，因拨云见日而“乐”；因茅塞顿开而“会心”，因证明自己而“乐”**……这种感觉如干涸的河床注入源源不断的清泉，润泽内心，亦如步履坚定攀上群山之巅，“会当凌绝顶，一览众山小”，这种感觉我从未体验，却直觉“妙哉”！

总结经验与过程，发出感慨

我从未如此雀跃，解开答案的那刻我收获无尽快乐，更加体验到了数学之趣。而人生就像解数学题，唯有迎难而上，不断坚持与努力，才能眼见“柳暗又花明”，体会其中蕴藏的“会心之乐”。

结尾点题，深化主题

范文2 会心之乐

“同声相应，同气相求”，《周易》这样形容两个志趣相投的人。若有幸遇见一个知己，哪怕只有一段入心的交谈，都足以让我体验到“会心之乐”的美妙。

我期待遇到友谊的“会心之乐”，引出下文

犹记得，那是寒风刺骨的冬日，我在公交车上缓缓落座后，注意到离我不远的地方坐着一位背着旧书包的老人，他穿着洗得发白的灰衬衣，手里捧着一本微微发皱的书。我忍不住坐到他身旁，轻声问道：“爷爷，您看的是什么书啊？”闻言，老人怔了一下，随即抬起头来，徐徐开口：“这是我的孙子送给我的《红楼梦》。”说这话时，老人眉眼间的笑意是藏不住的。

初识

见我不知该说些什么，他抬眸望向车窗外，思绪飘远，将那些有关红楼的往事娓娓道来："小时候，我上不起学，但特别爱看书……"听着老人讲述着自己与《红楼梦》的缘分，我的眼眶渐渐泛红，热泪在眼眶打转。我越发敬佩他，敬佩他文化水平不高，却对文学有着超乎常人般的热爱，于是，我便忍不住同他攀谈起来。

开始交谈

几番对话后，我发现我和老人十分投缘，我们从书中那些让人痴醉的诗句谈到了对人物的见解，而且出奇的一致。不仅如此，我们也从《红楼梦》谈到其他的书，甚至聊到了日常生活中的酸甜苦辣。虽然我与他存在年龄上的差距，我的阅历也远不及他，但我们仍然颇有共鸣。那一刻，我突然明了，"会心之乐"与时间、地点，抑或是其他的客观存在都无关系，只要有着相同的热爱和相仿的心境，便无须多言。

深入交流，感悟到"会心之乐"

窗外的风景在不经意间掠过，如果不是报站声，我想我一定会错过下车的最佳时机。下车前，我与老人挥手作别，心中是无尽的感慨。本是萍水相逢，竟让我领略到了"会心之乐"的真谛，那是一种可遇不可求的感觉，是一个人与另一个人的心灵相通。

随着我渐渐长大，许多事情都发生了改变。但不变的是，我一直学着像那位老人一样，在书的海洋里增加学识、丰盈内心，用心感悟生活点滴，积累人生阅历，期盼再遇"会心之乐"。

照应开头

2023年广东省广州市中考作文范文

真题回放

请以“一样的__________，不一样的我”为题，写一篇文章。

要求：①把题目补充完整，然后作文；②文体自选（诗歌除外）；③600字以上；④文中不能出现考生的姓名和所在学校名称。

范文　一样的跑道，不一样的我

走出考场，夕阳已经落山，天际冲起一团半圆形的霞光。看着一样的跑道，惊觉，我已是不一样的我。

引出主题

清风拂过，树枝摇曳，思绪猛然飘飞。那是半年前的傍晚。墨色的浓云挤压着天空，压抑着整个世界都静悄悄的。我坐在跑道旁低头望着眼前不合格的成绩单，焦躁地将它掷落，一阵悲伤涌上心头。“所有人都及格了，只有你不及格，你是最差的。”脑海中始终被这句颓废的话所充斥着。

讲述半年前，体育不及格，失意、焦躁的“我”

抬眸，望见同学们在跑道上迈着矫健的步伐，轻盈地摆动臂膀，脚底下传来沙沙的响声，铿锵而有力。不知不觉，我竟陶醉在他们自信的步伐中。我捡起被我掷在地下的成绩单，傍晚的微风吹拂着我的内心，这次，我要重拾自信，做跑道上最棒的自己！

被同学的自信感染，“我”要重拾自信，决定挑战自己

后来，我勇敢地站在了跑道上，“起跑，迈步，冲刺……”我心里一遍又一遍地规划着每一步的动作。哨声吹响，我咬紧牙关，不顾一切地向前奔跑，腿越迈越快，仿佛在地上迸出了火花。看到自己在队伍的中游，不由得心生喜悦。在接近600米时，一股疲倦感涌来，腿脚也变得软绵绵的。“坏了，用力过猛了，有点坚持不下去了。”我在心里

默念道。苦涩的橡胶味飘进鼻腔，呛得我直犯恶心，脚下的频率慢慢地降下来了。“要放弃吗？你之前都放弃了。”脑海中突然闪现消极的念头。我用力地摇了摇头，心想：“你是最棒的，还有最后200米，要相信自己能坚持下去。”傍晚的夕阳洒在终点的标志牌上闪出灿烂的光芒，我咬紧牙关，努力地奔向前路的光。“合格！”教练微笑着朝我说道。在同一条跑道上，我看到了一个不一样的自己。

重回跑道，克服疲倦、消极心理，努力坚持，终于“合格”，看到了不一样的自己

一阵风吹过，将记忆中的我拉回。暮色四合，跑道上还残留着阳光的余温，我的眼角在不知间填满了泪水。跑道上坚韧的自己，让我明白了自信、坚持的意义。今时今日，我不再是跑道上那个怯懦的胆小鬼，也不是只会半途而废的人，我是跑道上一个充满自信且能坚持到底的人。我也相信，在未来的人生跑道上，我将砥砺前行，不畏险阻！

回到现实，对比过去的自己与现在的自己，深化“一样的跑道，不一样的我”这一主题

2023年广东省深圳市中考作文范文

真题回放

十四五岁的你，一定学了很多东西，比如学科知识、才艺技能、日常经验、思想见识等。你也定曾有意或无意将它们用在生活中，或解决了问题，或展示了自我，或帮助了他人，或服务了社会……请你写出来这样一件事，与大家分享吧！

以“把学到的用起来真有意义”为题，写一篇作文。

范文1 把学到的用起来真有意义

不知从何时起，那略显笨重的相机成为我身上不可或缺的一件物品，无论我走到哪里，都会带着它。

儿时的我对“用相机拍照片”这件事充满好奇，等长大后，我便从书上、视频中学习如何使用相机、如何拍出好看的照片。从数码相机到单反相机，从简单的摁快门到搞懂光圈、快门、感光度等复杂术语，从端平相机、取景对焦，到学着构图、学着找准角度，我一点点地摸索、学习，虽然过程枯燥，但热爱始终有增无减。闲暇时，我常抱着相机到处闲逛，找找新发现，看看新变化，然后摁下快门，将它们统统记录下来。（通过一系列的描写，表现自己热爱拍照、学习拍照的经历）

今年“五一”假期，我们一家来到九寨沟旅游。眼前的美景让我忍不住拿起相机一拍再拍。行至五花海时，身旁突然传来一阵喧闹，哦，原来是一群爷爷奶奶正准备拍照呢！我刚准备让出位置，一位老奶奶叫住了我：“小朋友，看你背着相机，能帮我们拍张合影吗？”（引出下文）

我赶忙答应下来。老奶奶招呼着让大家安静，然后让我当上了合影的“总指挥”。我回想着摄影知识，又环顾四周寻找合适的位置。有了！“大家站在这里吧！背面就是五花海，前面也没有其他摆设，画面非常干净，效果会很好的！”我鼓足勇气说道。“快听小朋友的，瞧这说的，多专业啊！”我笑着指了指位置，然后低头调整起相机的参数。“这里有点背光，但要留足景深……光圈不能太大，改一下快门、感光度……”我不断拨动相机的按键，又试拍了几张看看效果。一切准备就绪，“咔嚓”，合影完成了！

一系列的动作描写，描绘了“我”帮人拍照时的认真，并将自己的所学运用到生活

看着爷爷奶奶们争先恐后地传阅着照片，不时发出赞美和惊叹时，我的心里尽是喜悦和满足——掌握的拍照技能居然帮了大忙，学到的摄影知识居然发挥了作用，我学到的东西居然能给予他们如此多的便利和快乐！此时，我实实在在地体会到把学到的东西运用起来是多么有意义——**运用摄影，我复刻自然之美，记录生活之乐，为他人的旅程留下纪念，也为自己的成长历程留下了独特的印记！**

拍照被认可，“我”体验到快乐，感悟将学到的东西运用起来是多么的有意义

我喜欢摄影，喜欢把学到的东西运用起来，喜欢它们让生活更有意义！

范文2 把学到的用起来真有意义

听着如往常一般悠扬的钢琴声，我的思绪也随着这乐音越飘越远，记忆里，钢琴陪伴了我的整个童年，同我一起走过了无数个春夏秋冬。移开手指，乐声戛然而止，我拿起琴架上那张刚拍不久的合照，看着照片上那一个个真诚的笑颜，我的心中也荡起阵阵涟漪。

设置悬念，引出下文

那是一个碧空如洗的大晴天，在班主任和几位老师的带领下，我和同学们一起坐上了前往市养老院的公交车。一路上，我们有说有笑，而我的心中也充满了欣喜与期待：过去的我弹钢琴，面对的大多是考级的评委，还从来没有专程为老人演奏过。欢声笑语里，很快，养老院的大

门便出现在了我们眼前。

进入回忆，前往养老院为老人演奏钢琴，“我”欣喜与期待

在发放完慰问物品之后，便到了学生表演的环节。看着前面表演的同学顺畅而精彩的演出，我的心中不由得生出了几丝紧张。带着几分忐忑，我走上了表演台，我娴熟地坐上矮凳，脚踩踏板，双手抚上琴键，在手指的轻舞间，我的不安悉数退散，一曲《爱之梦》徐徐展开。那一刻，恬静柔和的琴声飘扬在整个养老院上空，接连的降A大调势如破竹，左手主调、右手分解和弦相继展开，乐曲情绪不断高涨，热烈而激昂，我沉浸于其中，而旋律之间的起伏感和流动感也带动了在场的每一个人，老人们的脸上更是绽放出了一个个慈爱的笑颜。一曲奏毕，台下掌声雷动，而我也极为触动。

运用细节描写，刻画“我”弹奏钢琴时的氛围以及现场反应

过去的我，曾经一度陷入迷茫，在我花费了大量的时间和精力来学习钢琴后，我却再也难以找到其中的趣味。一次次的考级比赛使我成为机械的弹琴者，而忘却了自己初识钢琴的那份欣喜的初衷。如今，看着老人们如醉的模样，我终于发现音乐的动人之处，它以柔美抚慰人心，以动听给予我们陪伴。下台后，养老院的老人们都对我竖起了大拇指，我的心里也充满了骄傲。工作人员为我和老人们拍下了这张合照，我们每个人都露出了最灿烂的笑脸。

对比自己学习钢琴、参加考级的经历，得出感悟，发现音乐的动人之处，并收获赞美

如今，这张照片被我放在琴架的最显眼处，它时刻提醒着我勿忘初心，学无止境。而将学到的用于实践，以自身所学为他人带去快乐和抚慰，正是最有意义之事。

结尾，直接点题，抒发自己的感想

1 2 3 作文训练法

落笔最有神

4 多维观点表达

笔神作文 —— 编著

SPM 南方传媒 | 广东人民出版社
·广州·

图书在版编目（CIP）数据

落笔最有神：作文123训练法 / 笔神作文编著. —
广州：广东人民出版社，2023. 9
ISBN 978-7-218-16711-4

Ⅰ. ①落… Ⅱ. ①笔… Ⅲ. ①作文课—小学—教学参考资料 Ⅳ. ①G624. 243

中国国家版本馆CIP数据核字(2023)第117098号

LUOBI ZUI YOUSHEN:ZUOWEN 123 XUNLIANFA
落笔最有神：作文123训练法
笔神作文 编著

出 版 人：肖风华

策划编辑：严耀峰 钱飞遥
责任编辑：严耀峰
责任技编：吴彦斌 周星奎
项目执行：赵 丹
特约编辑：宋嘉伟 万 慧
插 画：尹红玉
封面设计：青空工作室
装帧设计：熊施丽 杨淇富

出版发行：广东人民出版社
地 址：广州市越秀区大沙头四马路 10 号（邮政编码：510199）
电 话：（020）85716809（总编室）
传 真：（020）83289585
网 址：http://www.gdpph.com
印 刷：广州市樱华印务有限公司
开 本：787毫米×1092毫米 1/16
总 印 张：32 总 字 数：400千
版 次：2023 年 9 月第 1 版
印 次：2023 年 9 月第 1 次印刷
总 定 价：140. 00 元(全4册)

如发现印装质量问题，影响阅读，请与出版社（020-87712513）联系调换。
售书热线：（020）87717307

序言

PREFACE

作文是展现语言表达能力的重要组成部分，也是培养逻辑思维和创造力的有效方式。很多学生觉得写作文很困难，不是无话可说，就是说不到点子上。久而久之，写作成了痛点，甚至成了挥之不去的梦魇。因此，找到一种能够快速提升写作水平的方法，迅速掌握写作技巧，成了许多学生梦寐以求的事情。

《落笔最有神：作文123训练法》是一套专为6至15岁学生提高写作能力而编写的书籍，它通过系统的训练方法，引导学生从素材积累到逻辑构建，再到实战技巧的全方位提升。这套书共分为4册，每册都独具特色，又相互衔接，形成一个系统的作文训练流程。

通过《重点积累素材》这一册，大家可以学习到如何收集丰富的素材，在写作时有更多的选择和灵感；进入到《高效构建场景》的学习，可以掌握如何在作文中合理安排和展示情节，使作品更加生动有趣；通过《速成实战技巧》可以学习如何快速构思并完整展开自己的想法，提高写作的效率和语言表达的准确性；《多维观点表达》将引导大家从不同角度思考问题，帮助形成独特的观点并清晰地表达出来。

为了帮助大家更好地掌握写作技巧，本套书使用了大量生动有趣的讲解方式。这样的讲解方式使抽象的规则和技巧变得更加易于理解。同时还使用了实用的案例，通过具体的写作示范，激发大家的写作灵感，提供需要的指导，帮助大家更好地应用所学的技巧，学会正确组织思路、合理安排文章结构，并且能够流畅表达自己的想法。

《落笔最有神：作文123训练法》的特别之处在于，它以生动有趣的讲解和实用的案例为辅助，让大家能够轻松理解和掌握写作技巧。相信通过这套书的训练，写作会变得简单易行，大家都将受益匪浅，能够更自信地应对各种写作任务。

目录
CONTENTS

第四章
善用引用：增加写作内涵

第五章
妙用举例：增强写作说服力

第一章

3W 法则：构建写作框架

写作中的 3W 法则指的是时间（When）、地点（Where）和人物（Who）这三个要素，它们共同构成了故事发展的背景和线索，帮助作者组织情节、展示角色并创造情感共鸣。明确时间、地点和人物这三个要素，有助于构建故事的框架和结构，使写作更加条理清晰、逻辑连贯。同时，将这些要素明确清晰地表达出来也有助于读者更好地理解和欣赏作品。本章将分别详细介绍时间法则、地点法则与人物法则，并通过范文教你如何在写作中具体使用它们。

01 时间法则

时间（When）指的是事件发生的具体时间或时间段。明确时间可以帮助读者掌握故事的时间线和发展顺序，使故事更加有逻辑性和连贯性，同时还有助于创造氛围和情感。例如，描述一个特定的季节或一个重要的历史时刻，读者可以更好地感受到故事中的人物所处的环境。

在应用时间法则时，我们要根据故事情节的需要灵活地将时间设定在过去、现在或未来。具体应用时可以采取的措施，以及需要注意的事项主要有以下几点。

以时间为线索

以时间为线索，把事情发展过程中比较明显的时间写出来，并叙述在此时间内发生的故事。它以时间的推移为顺序，将诸多材料组合成文章。这是写作中常用的一种形式，以时间为线索行文，文章层次清晰。例如，人教版语文七年级下册中的《老山界》一文主要写红军长征途中翻越老山界的过程，表现红军战士不怕苦，不怕累，勇往直前的革命乐观主义精神。该文以时间推移来组织材料：第一天下午动身——天色晚了到一户瑶民家——天黑到山脚——夜里山里露宿——第二天黎明抢早饭——下午两点多到山顶。以时间为线，连接起一个个事件，一目了然。

选择合适的时间

时间要素是为写作服务的，人物的出场、故事情节的发展等都需要考虑到最合适的“时间”。在构思及行文过程中，如果能始终考虑并巧妙处理“时间”这一要素，就会给我们的写作带来很多方便。时间要素使用得巧，不仅能使人物形象更加鲜活，而且能让故事情节更加吸引人。

这就要求我们在写作中，一定要确保“时间”准确。一方面，要确定事件发生的年代、季节、日期和具体时刻等。另一方面，要确保人物的活动、故事开展与时间相符。例如，堆雪人、打雪仗，一般不会发生在我国南方的夏天。

让时间变得具体

在具体的写作中，除了使用昨天傍晚、上周五等表达形式之外，还可以用特殊的节假日，如六一、暑假、五一、春节等；或者特殊事件的发生时间，如新中国成立那天、蛟龙号入海那天等，这些都可以使得文章的时间变得具体。

此外，我们还可以通过一些具体的事物的变化来表现时间，如钟表的滴答声、太阳的位置等，使读者更直观地感受时间的存在和变化。

利用时间营造氛围

某些特定的时间，常常能给人带来不同的感受或环境氛围，例如，假日，一般是休闲的、节奏缓慢的；工作日的早晨，一般与匆忙、紧张有关；午后，一般可以想到悠闲，等等。因此，我们在写作中，也可以

利用时间元素来创造特定的氛围和情感。例如，描述夜晚的宁静、黄昏的浪漫或清晨的活力，以增强读者对故事情节的感受。

此外，在某些故事中，也可以利用时间制造紧迫感，增加故事的悬念和紧张感。例如，设置一个时间限制或倒计时，让读者对事件的发展感到紧张和期待。常见的有，临近期末考试，却落下了很多功课；后天就要开学了，假期作业还没有完成。

利用时间厘清时序关系

在描写多个事件同时或交替发生时，要注意事件的时序关系，确保读者能够清楚地跟踪各个事件，理解它们之间的时间关系。同时，要确保时间跨度的合理性和逻辑性，避免出现时间上的矛盾或不合理的情况。

合理运用时间法则，可以使故事的时间线条清晰可见，使读者能够更好地体验故事中的时间流逝，更好地理解情节发展以产生情感共鸣。

题目1：以“夏日清晨”为话题，写一篇记叙文

范文　一个难忘的夏日早晨

夏天的早晨总是特别美丽。还记得，我曾经历过一个让我终生难忘的夏日早晨。

记得那是一个夏天的早上，时钟刚刚走到五点，许多人还沉睡在梦乡的时候，夜已经带着疲惫的星星悄悄地离开了，窗前明晃晃一片，天亮了。夏日的早晨，天亮得比哪个季节都要早。

打开窗户，微风从窗外进来，轻轻地、柔柔地吹到我的脸上。我洗

漱完毕后穿上运动服，在外面简单地吃过早餐，便踏上了我最喜欢的自行车，决定骑行到附近的公园，享受这美丽的早晨。

在公园里，草地上铺满了晶莹的露珠，绿树成荫，鸟儿欢快地歌唱着。这时，太阳已经挂在树枝上，和煦的阳光照在我的身上，迎着太阳，我的心好像也变得开阔和激动了起来。

骑行半个小时后，我停了车，找到一片宽敞的草坪坐下，闭上眼睛，倾听着大自然的声音。微风吹拂着我的脸庞，树叶轻轻摇晃，发出沙沙的声音。我感觉时间在这一刻静止了，只有我和大自然的交流。

突然，一只蝴蝶飞了过来，它好像把草地上的小花儿当成了舞台，像个亭亭玉立的少女一般，站在上面翩翩起舞。我笑了笑，觉得自己成了大自然的朋友。

太阳渐渐升高，公园里的人开始多了起来。我站起身，骑上自行车，准备返回家中。

虽然这次早晨行看上去似乎没有什么特别的，但在我心里，这个早晨给我留下了深刻美好的记忆。

回到家后，我拿起铅笔和纸，将这个难忘的夏日早晨的景象细细地画了下来，我想将它永远留住。我画了很长时间，每一笔、每一画都能让我回想起那宁静而美丽的时刻。

这个夏日早晨教会了我珍惜时间，感受大自然的美好。每当遇到美丽的早晨，我都会静下心来，享受它给予我的美妙时光。

范文解析

在这篇以“夏日清晨”为主题的记叙文中，作者运用了时间法则来描写一个难忘的夏日早晨，使得读者能够清晰地把握事件发生的时间，并且更加深入地参与到故事中。

具体来说，可以参考该范文的以下方法来运用时间法则：

（1）使用具体的时间词语和短语，如“一个夏天的早晨”“时钟刚刚走到五点”“太阳已经挂在树枝上”“骑行半个小时后”“太阳渐渐升高”。

（2）使用正在进行时、过去时态来描述事件和经历，如“曾经历过一个让我终生难忘的夏日早晨”“和煦的阳光照在我的身上”。

（3）使用描写来表达早晨的特点和自己感受，如“夏日的早晨，天亮得比哪个季节都要早”“草地上铺满了晶莹的露珠”“宁静而美丽的时刻”“美妙的时光”。

（4）使用转折来引入意外的事件，如“突然，一只蝴蝶飞了过来”。

（5）使用具有感情色彩的词语来表达对时间的感悟，如“珍惜时间”“美丽的早晨”“宁静而美丽的时刻”“美妙的时光”。

题目 2：以“一种植物”为主题，写一篇记叙文

范文　樱花之梦：美景与回忆

“昨日雪如花，今日花如雪；山樱如美人，红颜易消歇。”读到这几句诗，它便勾起了我对古城墙脚下那片樱花林的美好回忆。

那是三月一个阳光明媚的周末的清晨，我和好友一同踏上了前往樱花林的行程。路途遥远，将要花费不少时间，可我心中依旧充满期待，我想象着即将见到的美景，兴奋之情难以抑制。

一个小时的车程后，我们下车步行，一股清香扑面而来，我们奔向樱花林。此时，春意盎然，樱花已经盛开了许多。远远望去，宛如一片片粉色的云彩，如同梦境般绚丽。近看，一根根树枝上开满了鲜艳的樱花，宛如众多小手掌张开来，每个手指都洋溢着可爱的光彩。这些樱花争相绽放，彼此争奇斗艳，美不胜收！

在林间穿行半小时后，我们找到一片宽敞的草坪，坐下来静静地欣赏樱花。这一刻，时间仿佛停滞，我们全神贯注地凝视着这些绽放的花朵。阳光透过树叶的缝隙洒下斑驳的光影，照亮樱花的每一个细节。我们聆听着鸟儿的歌声，感受着温暖的春风拂过面庞。

沉醉之时，我仿佛化身为其中一朵樱花，穿着粉红色的纱衣，沐浴在阳光下，同树上的其他樱花一样随风翩翩起舞。我的优美舞姿吸引了无数蝴蝶和小蜜蜂，它们欢快地围绕着我飞舞，与我一同融入这个春天的盛会。片刻后，风停了，我也停止了舞蹈，静静地站在那里。一只蝴蝶飞到我身旁，告诉我舞动春天、畅游春天的快乐。一只小蜜蜂也在我的耳边悄声说：“无论是平地还是山巅，美景无处不在，只要我们努力地去发现、去欣赏，幸福和美好将常伴于身。”

微风轻拂耳畔，我忽然明白我并非樱花，而是一个欣赏樱花的人。

范文解析

在采用时间法则记事时，可以使用具体的时间词语和短语，描述行动发生的先后顺序和过去的经历，从而让作文中的叙述时间更加具体，顺序清晰，让读者更好地理解故事情节、体会作者的感受。

具体来说，可以参考下面的时间运用法：

（1）使用具体的时间词语和短语，如“三月”“这一刻”“周末”“片刻”。

（2）描述行动发生的先后顺序，如“一个小时的车程后”“在林间穿行半小时后”。

（3）使用过去时态来描述过去的事件和经历，如“那是三月一个阳光明媚的周末的清晨”。

（4）使用将来时态来表示打算或期望的行动，如“将要花费不少时间”“即将见到”。

02 地点法则

地点（Where）是文章的重要要素之一，也是记事类作文的必要要素之一。地点指作者所记事件发生的场所。一般来说，在写作时，处理时间问题，也面临着地点的处理。约束地点，犹如选择一扇可供观赏风景的窗，它限定了写作者看风景的角度与氛围，同时也能帮助读者在阅读中了解故事在哪里发生。

在写作文时，明确地点，可以帮助读者想象故事发生的环境和背景，并加强读者对情节和角色的认知。地点可以是真实的地方，如学校、家庭、博物馆、科技馆，也可以是虚构的地方，如奇幻的世界或未来的星球。通过生动的地点描写，读者可以更好地融入故事情境，提高阅读的沉浸感。

在应用地点法则时，可以采取的措施及需要注意的事项主要有以下几点。

以地点为线索

以地点的变换作为行文的线索，可以迅速搭建起写作框架。以写景、参观访问过程为内容的文章一般用地点作线索，叙述时写清在每个地点发生的事情。例如，鲁迅先生的《藤野先生》就是以地点的转换为线索来组织材料的："我"在东京——"我"在仙台——"我"在北京。文章以地点为线索，内容显得井然有序，层次分明。

地点是环境的一部分

写作中，我们常说“典型环境塑造典型人物”。环境是故事的一部分，环境变了，故事也变了。而地点是环境的一个重要要素。在描述地点时，需确保其与故事情节是相联系的，不应在地点设定上出现相互矛盾的情况。同时，在写作中，生动而具体的地点描述，包括地点内的景象、此处特定的人或物的活动、声音等，可以创造特定的氛围和情感，让读者更好地融入故事。

例如《爸爸的花儿落了》一文，“进了家门，静悄悄的，四个妹妹和两个弟弟都坐在院子里的小板凳上。他们在玩沙土，旁边的夹竹桃不知什么时候垂下了好几枝子，散散落落的，很不像样，是因为爸爸今年没有收拾它们——修剪、捆扎和施肥。”选择家作为地点，描述家中院子的场景，描绘院子里的夹竹桃、弟弟妹妹们的活动，构建了不祥的气氛。

选择合适的地点

地点，在写作中往往也是要为情节和主题服务的。例如考试之后，把故事安排在教室里，或者回家的路上，或者家里……由于这些地点的不同，参与事件的人和环境也会有所不同。因此，在作文写作时，要选择好合适的写作“地点”，才可以更好地安排人物和构思故事情节。

因此，在地点的选择上应有所考虑。一般来说，作文构思和写作时要选择熟悉的地点，熟悉的地点有助于把握场面和环境的描写，也有助于联想到自己曾经读过或者经历过的类似场景，为自己写作带来方便。

不过，有时候为了写作的需要，也要考虑选择特殊的地点。因为只有在特殊的地点，才会发生特殊的事件，才能使得故事出现特殊的情况，才会有特殊的表达效果。例如，在“太空”才能体验到失重的感觉。

要学会变换“地点”

在写作时，常常用地点的转换来组织材料。地点转换，就是空间的转移，或立足点、观察点的转换。在写作中，需思考“地点”这一要素的变换，选择最合适的地点来突显最想要表达的主题。值得注意的是，在许多情况下，事情发展的时间和地点的转换是统一的，写作时，要注意二者的结合。

巧妙交代地点

在文章中，如果“地点”是重要的写作要素，那务必要对地点进行必要的交代。一般而言，可以采用直接交代或间接交代的方式。

直接交代，即直接告诉读者这件事发生的具体位置，例如“家里”“海边”“郊外”。间接交代，即通过记叙和地点相关的事物或环境，让读者推测出该事件发生的场所，例如“窗外的景色一览无遗”“望着眼前一望无际的海水”。

题目 1：以“一次校内外活动”为主题，写一篇记叙文

范文 爬西塞山

“势从千里奔，直入江中断。”上周六，老师带着全班同学前往险峻秀丽的西塞山，开启了一场精彩的登山之旅。

站在山脚下，我跃跃欲试，想成为第一个到达山顶的人。

“同学们，出发了！”随着班主任的一声令下，同学们分散地向山顶进发。我非常踊跃，走在队伍最前面，紧紧跟着领头的吴老师，甩下后面的同学一大截。脚下的土路变为石阶，我低着头，看着自己的脚快速地左右交替，脑子里只有一句话：“山顶还有多远？”

忽地，身前领路的吴老师停下了。他转身看了看闷头前进的我，说道：“爬山可不能一直低着头啊。你看前面！”我的视线追随着老师的引导：前方，一面石壁青苔遍布，依稀可见一些暗红的字样。不过是一面普通的石壁，我心里想着。大约看了一会儿，我心生不耐，想继续前行。

似是看出了我的意图，吴老师温润的声音再次响起：“这里是西塞山著名的桃花古洞，你看看四周，或许可以悟出完全不同的意境。”我向上望去，头顶是一截奇形怪状的石头，呈现出一种包裹感。那石壁也并非铺在山体之上，而是微微陷入。我定睛一看，这石壁居然是山洞的洞门。侧下，一方古钓鱼台潜藏其中，在缥缈的云雾中若隐若现。我脑中突然出现一位古人，他坐在台边，感受山谷的幽深，聆听鱼鸟的呼唤。这份畅想一下子让我心潮澎湃，我惊喜地定在原地。

身后，同学们的叽叽喳喳越来越近，吴老师继续领路，快步向前走去，我却不想那么快登顶了。混入大部队后，我一路见证了摩崖石刻的壮观震撼、西塞山铁桩的浓厚古意、北望亭的清幽淡雅……终于，我到

达了山顶。虽然很多同学领先在前，可看着刚刚上来的路，我心中只有无限的满足与快乐。经过这一遭，山顶不仅仅是一个普通的目标，更是绮丽风光的顶端，是无数历史印迹的句点。

冲刺或许是爬山的选择，但是路上的美景才是爬山的意义啊！

范文解析

当记述活动或事件时，应用地点法则可以增强作文的真实感和可视化效果。地点法则的运用，能够有效地交代场景和增强读者的阅读体验，让读者能更快地进入故事。比如，在这篇作文中，我们可以先明确以下地点：

（1）西塞山：这次登山之旅的主要地点，也是故事的主要发生地；

（2）山脚：登山之旅的起点；

（3）山顶：登山活动的目的地；

（4）桃花古洞：登山途中的主要景点；

（5）摩崖石刻、西塞山铁桩、北望亭：其他景点。

通过地点设定，作者创造了一个清晰的空间，使读者能够更好地理解行文的思路。这些地点的描述，有详有略，都是为表现故事和主题服务。因此，在该文中，我们可以看到地点法则的具体应用，例如：

（1）以地点的移动作为行文的线索。此次活动的地点是西塞山，整个故事便围绕登山活动展开，爬山的顺序是山脚——山腰——山顶。作者围绕每个地点的所见所闻展开具体描述，以此串起整个故事。

（2）地点的选择方面也有考虑。西塞山可以看的风景有很多，作者则重点描绘了桃花古洞的景观，对其他的景物则较为粗略地做了介绍，这与作者想要表达的主题有关。

（3）地点是变化的，为故事和情节服务。地点的转换，带来环境的变化，也会导致人心境的变化。该文中，地点随着活动的推进，从山脚到山顶，各个景点的变化导致作者心境和感悟的变化：从一门心思想尽快登上山顶，到停下来欣赏山中景，受到震撼，开始注意沿途风景，到最后登上山顶，感悟领略路上的景才是登山的意义。

（4）地点可以营造氛围。“势从千里奔，直入江中断。”出自唐代诗人韦应物的《西塞山》，展现了西塞山的雄伟、奔放，也显示出其险峻。站在山脚，望着险峻的高山，“想成为第一个到达山顶的人”，紧张的氛围一下子就出来了。这也为后面作者无心欣赏沿途美景做了铺垫。

题目 2：以“家乡”为话题，写一篇记叙文

范文 我的家乡

我亲爱的家乡，是我心中最美好的地方。它位于一片翠绿的山脚下，四季如画，给人一种宁静和温馨的感觉。

我的家乡有一条宽敞而整洁的大道，两旁是高大的树木和鲜花盛开的花坛。路边的小商店和熙熙攘攘的人群让整个街道充满了生气。沿着街道走，可以看到各种各样的店铺，有水果摊、小吃摊、书店和玩具店等。街道的尽头是一座古老而庄严的庙宇，每逢节日，人们都会来这里祈福。

我最喜欢去的地方是家乡的公园。公园位于城市的中心，是人们放松身心的好去处。公园里有一片宽阔的草坪，草地上铺满了色彩斑斓的鲜花，花香扑鼻。在公园的中央有一个漂亮的喷泉，水柱高高地喷射着，飞溅的水花带来湿润的凉意，舒爽怡人。公园里还有许多儿童游乐设施，如秋千、滑梯和蹦床等，孩子们玩得不亦乐乎。

除了美丽的景观，我家乡还有许多美食。街头巷尾都有各种各样的小吃摊，随便走进一条街、一条小巷，都能闻到那扑面而来的诱人香气。我最喜欢吃的是家乡的特色面食——热干面。那是一碗滚烫无汤的面条，上面铺满了芝麻酱和葱花，当它们混合在一起时，香气四溢。吃上一口热干面，香味瞬间充盈整个口腔，让我感到无比幸福。

我家乡的人们都热情友好，他们善良、勤劳。每当节日来临，家家户户都会互相串门，分享快乐和美食。那时，街道上弥漫着浓浓的节日气氛，人们手持彩灯，载歌载舞，一起庆祝节日的到来。

家乡是我最爱的地方，它给予了我无尽美好、温馨的回忆。

范文解析

这篇作文通过对地点的景物进行生动而详细的描写，比如家乡的风景、热闹的街道、宜人的公园等，让作文更加生动有趣，为读者展示出家乡的美丽景色、丰富文化和人们的热情友好，读者更能深刻地感受到作者对家乡的热爱。

具体来说，该文从以下几个方面运用地点法则：

（1）地点景象描写：介绍一个地点时可以选择其中的景物进行叙述。如文中介绍家乡，描述“宽敞整洁的大道”“树木”“花坛”“店铺”“庙宇”；再把地点缩小到城中心的公园，展示公园的草坪、鲜花和喷泉等。

（2）地点气味描写：利用嗅觉、味觉突出地点的特殊，可以引起读者产生相同的感受。如描写草地“花香扑鼻”展现公园的芬芳；以街头巷尾“扑面而来的诱人香气”展现家乡的美食。

（3）地点变换：该文的主要写作对象是家乡，通过镜头的变换，我们可以看到家乡的街道、公园、街头巷尾。地点的变化，带来了环境的改变，也构成了写作的线索。

以上地点法则的运用丰富了作文的内容，让读者能够更加全面地了解并体会到作者眼中的家乡之美。

03 人物法则

人（Who）是事件的触发者，事件的发展与人物的言行举止是密不可分的。因此，在写作中，人物尤为重要。人物是指参与事件的角色，包括主角、次要角色和其他相关人物。明确人物可以帮助读者了解故事中的角色关系、动机和行为，使故事更加有趣。通过对人物的描写和塑造，读者可以与他们建立情感联系，关注他们的成长、冲突和变化。人物的特征和行为对故事情节的发展起到重要的作用，因此在写作中也要仔细刻画和塑造人物形象。

以下是人物（Who）法则的一些要点和注意事项。

以人物为线索

以人物为线索写出的作品往往真实感较强，给人身临其境的感觉。当然在故事中，线索人物可以是事件的直接参与人，也可以是毫无关系的人，但必须是见证人，因为他是作者特意安排的一条眼线，是连缀故事情节的必要人物。例如，鲁迅先生的《孔乙己》就是以“我”——一个咸亨酒店小伙计的所见所闻为线索，贯穿全文。

合理安排人物

写作中涉及人物，可能有一个，也可能有多个，这种情况下，需要确定主要人物、次要人物以及人物间的关系。主要人物，是故事的主角、核心和焦点。主角的特点、目标、内心世界和成长经历对于故事的发展至关重要。

次要人物，可以是朋友、家人、敌人或导师等。次要角色的存在应该有助于主角的成长和故事情节的发展。

确定了主要人物与次要人物，接下来就要明确角色之间的关系。这些关系可以通过对话、互动和回忆等方式展示，使读者更好地理解角色之间的纠葛和动机。

值得注意的是，在写作中，一旦确定了人物角色及其关系，就要保持人物的一致性和逻辑性，避免角色行为的突变和不连贯。

发挥主要人物的作用

主要人物是故事的关键。在写作中，合理安排好主要人物的活动、性格特征、身份的转变等，才能推动情节的发展、揭示主题。例如，在写人类作文中，可以具体描写角色的外貌特征、性格特点和个人习惯，达到人物形象生动的效果。

发挥次要人物的作用

在写作中，次要人物的主要作用是牵线搭桥，推动情节；侧面衬托主角；揭示主题。因此，在写作中，我们可以通过次要人物的所见所闻，把故事相关的情节自然地融合在一起，把对主要人物的感受、评论写出来。此外，还可以通过次要人物的活动来衬托主人公的活动和形象，从而达到塑造人物形象的效果。

人物形象塑造

写其人莫过于知其人。人物的基本性格特征就如同一个人的骨架，作者在骨架的基础上才能不断丰富血肉、创造细节，将其塑造成活生生的人。但是，在写作中，我们往往无法面面俱到，这时候就可以抓住给人印象最深刻的点来刻画人物外貌，选取典型事件来表现人物性格，来完成人物塑造。

题目 1：以“亲人”为话题，写一篇记叙文

范文 我的姥姥

如果把我的家比作一艘航船，那么每个成员都在其中扮演着重要的角色。妈妈就像一位细心的航海士，时刻留意天气的变化，为我们提供航行的指引。爸爸则是船上的掌舵人，负责决定我们前进的方向。我自己则是一名机灵可爱的实习水手，不断学习和成长。在这艘航船上，还有我亲爱的姥姥，她就像一位经验丰富的老船长，带领着我们一同乘风破浪，驶向幸福的彼岸。

姥姥今年已经六旬有余，岁月在她一头黑发中交织出银丝，而她依旧保持着老当益壮的精神和活力。姥姥总是给家里带来欢乐和笑声。她幽默而开朗，总能调动家庭的气氛，创造出温馨愉快的氛围。我们常常一起分享笑话、嬉戏玩耍，还会一起动手制作美味的食物。每逢生日或节日，姥姥总会亲自制作美味的蛋糕或家常菜肴，让我们感受到家庭的温暖和团聚的喜悦。

不仅如此，姥姥始终怀有一颗善良的心。我记得她向我无私地奉献

着爱，用深沉的关怀陪伴着我成长。无论我在学校表现出色，还是遇到困难，姥姥总是鼓励和支持我。记得我的一次校园演出，姥姥本因去外地而错过，但她特地从远处赶来观看，并给予我最温暖的鼓励和赞美。回首往昔，我深深感激姥姥给予我的无私爱意和宝贵教导。未来的岁月里，我将一直陪伴在姥姥的身边，我们共同驾驭这艘被称为家的航船，继续乘风破浪，驶向幸福的港湾。

这就是我那和蔼善良的姥姥。我永远感激她对我的付出，也希望她能够感受到我对她的深深爱意。愿我们共同创造美好的回忆，让爱在我们之间流淌，直到永远。

范文解析

记述亲人时，可以采用人物法则来写作。在以亲人为主题的作文中，假定以姥姥为主题，就可以先确定主要角色、次要角色和其他相关人物，随后通过角色塑造、情感和价值观的表达，使文章更具亲切感和感染力，读者能够更好地理解和感受到家庭关系中的情感和价值。

具体来说，可以从以下几个方面运用人物法则对姥姥进行刻画：

（1）确定人物：根据“亲人”的主题确定故事的主要角色为姥姥，确定次要角色是“我”，其他相关人物有爸爸、妈妈。

（2）角色关系：文章在描述每个家庭成员时，使用了形象的比喻和生动的细节来突出其角色特征。如妈妈被比作“细心的航海士”，爸爸是“认真的掌舵人”，姥姥是“和蔼慈祥的老船长”，作者则是“机灵可爱的实习水手”。这些比喻使得读者可以清晰地理解每个人在家庭中的职责和作用。

（3）形象塑造：姥姥作为主角，文章着重描写了其外貌特征、性格特点，如有着银丝的黑发、“保持着老当益壮的精神和活力”“幽默而开朗”。还给予姥姥明确的行为动机，即“始终怀有一颗善良的心”、对“我”有着“无私爱意”。这些描写立体地塑造了姥姥的形象，让读者能够更好地理解并认同角色。

（4）情感表达：文章通过对姥姥的感激之情和深深的爱意的表达，展现了作者的情感和价值观。这种情感的表达使得文章更加温暖和感人，增强了读者的情感共鸣。作者对姥姥的感激和爱意不仅是一种情感的表达，也体现了家庭关系中的亲情和牵挂。

总的来说，写作中可以巧妙地运用人物法则，通过角色与角色关系的确立、形象塑造和情感表达等方法，生动展现出文章中角色形象。

题目 2：以“老师”为主题，写一篇记叙文

范文　我的英语老师——王老师

我的英语老师王老师就像一株寒梅，傲骨凌风，不畏严寒。

若你见过我的老师，你一定会联想到梅花。王老师的外表和寒梅有着异曲同工之妙。她身材高挑，气质优雅，总是穿着朴素而端庄的衣服。她的嘴角总是挂着一丝笑容，给人以温暖和亲近的感觉。正如梅花在严寒的冬天中独自绽放一样，王老师在教学中散发着自信和坚毅的光芒。

“冰雪林中著此身，不同桃李混芳尘。”然而，与梅花相比，王老师的品性更是让人折服。她严谨而公正，从不偏袒任何学生。她不仅注重我们的英语学习，更注重培养我们的独立思考能力和创造力。她总是鼓励我们勇于表达自己的观点，并纠正我们的错误，让我们在学习的道路上不断进步。她的课堂氛围和谐而温暖，每次上课我们不仅能体会到

知识的魅力，还能感受到快乐的气息。

王老师的风范不仅体现在她教学的才华上，更体现在她对学生的关怀和呵护上。每当有学生遇到困难时，她总是不辞辛劳地耐心指导，给予帮助和支持。她像春泥一样，用自己的经验和智慧滋养着我们，让我们在英语学习的道路上茁壮成长。

王老师正如寒梅一样不畏困难，她以身作则，孜孜不倦地教育着我们。她的教诲将铭刻在我心中，激励着我不断追求知识和进步。她在教育的舞台上独树一帜，用她的才华和品德为学生们树立榜样。

谢谢您，王老师！感谢您给予我宝贵的英语启蒙和人生指引。我将永远感念您的教诲和关怀。您就像一株寒梅，独自绽放在寒冷的冬日中，给予我们温暖和希望。您的坚韧和毅力让我明白，无论环境如何，我们都应该保持自己的独特和品德，用自己的才华和努力为他人带来改变。

范文解析

记述以老师为主题的人物时，同样可以采用人物法则。在以老师为主题的作文中，可以先确定要讲述的主要角色及其相关人物，随后通过角色塑造、情感和价值观的表达，以向读者展现出生动的人物形象。

具体来说，可以从以下几个方面运用人物法则对老师进行刻画：

（1）确定人物：根据“老师”的主题确定故事的主要角色为英语老师——王老师，次要人物为“我”，其他相关人物为学生们。

（2）角色关系：该文为师生关系，因此作者从自己的视角使用比喻手法来描述老师的特点，将王老师比喻为“寒梅”。这样的比喻使读者更容易理解和记忆，加深对老师的印象，突出主要人物的特殊性。

（3）外表描写：在文章中，作者通过描绘王老师的外貌和穿着来展现她的特点。她“身材高挑，气质优雅”，“总是穿着朴素而端庄的衣服”，“嘴角总是挂着一丝笑容”，这些外表描写使读者能够直观地感受到王老师的形象特征。

（4）性格塑造：作者进一步描绘了王老师的品性及性格，强调她的“严谨和公正”“不偏袒”，注重培养学生的独立思考能力和创造力，“在教学中散发着自信和坚毅的光芒”，遇到有困难的学生时“总是不辞辛劳地耐心指导”，多方面呈现出王老师的性格特征、对学生的关怀和教育方式。

通过以上人物法则对主要人物王老师进行描绘刻画，文章更加生动有趣，读者也能够更深入地了解到王老师的特点和对学生的影响。

第二章

多维视角：丰富写作层次

视角，也就是我们常说的角度，指观察事物、分析问题的立足点、出发点。“横看成岭侧成峰，远近高低各不同。”站在不同的角度，对事物的看法是有差异的，甚至大相径庭。因此，我们从哪一个视角切入，就以此来统领全篇。写作便是这样，确定了写作主题和框架之后，选择好叙述视角就显得十分重要。通过多维视角的组合，可以创造出独特而丰富的作品。本章将教你如何多角度叙事、写人、状物、写景、议论，从而增加作文的丰富性和层次感。

01 多视角叙事

一旦开始行文，视角就诞生了。例如，“我站在山顶”“你站在山顶”“他站在山顶”，虽是同一个场景，但讲故事的人，听故事的人，讲述的距离都是不同的。对此，我们不妨将抽象的视角概念转换为几个问题：谁在说？对谁说？以什么形式说？视角要解决的，就是写作者、人物和读者之间的距离和关系。

在叙事行文中，视角主要包括第一人称视角、第二人称视角、第三人称视角。以“班级生活”为例，我们可以应用多重视角进行写作，如运用第一人称，直接表达情感变化；运用第二人称，拉近与读者的距离，提升文章感染力；运用第三人称，以旁观者的身份叙述，能更好地展现事件的全貌。以第一人称“我”写“我”与同学的和睦相处、互帮互助；也可以用第三人称，以旁观者的身份描述同学之间和睦相处的事，表现和谐的班级氛围……从不同视角展现班级生活，写作也会更丰富。

第一人称视角

第一人称视角，是我们熟悉的叙述视角。它以“我”作为叙述的主体，让文章中的“我”讲述事情经过，自然而然地带有一种特殊的亲切感和真实感。使用第一人称视角叙述时，通常有两种形式：第一种是“我”叙述自己的故事（叙述人即主人公）给读者“你”听，第二种是叙述人“我”叙述主人公“他”的故事给读者“你”听。

第一人称“我”作为叙述人来叙述时，与第三人称叙事同样都涉及“你”“我”“他”，但在第一人称叙事中，叙述人“我”是出场的，不仅有自己个性化的情感特征，而且与主人公构成现实关系，真实感更加强烈，在第三人称叙事中，叙述人“我”不出场。例如，《孔乙己》一文中，以小伙计的视角来叙述，使得小说的叙述真实可信。由此可见，以“我”进行叙述时，仿佛与读者进行面对面的交谈，给人一种真实、亲切之感。

运用第一人称视角叙述时，常常也有化物为人的写法，就是把动物、植物或无生命的物品等拟人化，赋予物以人的言行和情感，并作为叙述主人公“我”来诉说。

在使用这一视角行文时，需注意口吻，要符合其身份、特点。同时，也要赋予物以语言、动作、情感、思维，也就是所谓的人的灵性。如果运用在说明文中还要注意知识性和科学性，使物性、人性、科学性三者有机融合；如果运用在议论文中，物象对某一现象的认知也应具有思辨性。

第二人称视角

第二人称视角的叙述，构成了一种作家“我”与读者“你”的对话关系，读者往往自觉地居于对话者“你”的位置，自觉地将自己与主人公等同起来，更有一种感同身受的阅读感受。

第二人称视角依据“你”的不同，也大致有两类：一种“你”是故事人物，多见于书信类作品；还有一种“你”直指读者。

第三人称视角

第三人称视角，是常用、常见的视角，大多传统小说都采用此视角。第三人称可以是通晓一切的全知视角，也可以是只了解部分的限知视角。这时叙述人可以充满感情和具有倾向性地叙事，也可以克制自己的情感和态度，达到一种纯“客观”的零度叙事，就仿佛“他”的故事是一种自动呈现。例如，《变形记》一书以格里高尔作为叙事对象，叙事的焦点在格里高尔这个人物的身上。通过他的经历，来看他变成“甲虫”后周围的一切人、物和事。

第三人称的优点是不受时间和空间的限制，能够比较自由、灵活地反映客观内容，适合讲故事。

在确定了写作的视角后，在具体叙事时，还要注意以下方面。

（1）用心观察。艺术来源于生活，没有深刻地体会生活，没有亲身参与到事情中或者实践的程度不够，就无法深入了解和认识事件的发生、发展与结果，那写出来的文章就会很浅显、很宽泛，不细致也不生动。因此，在叙事类文章写作中，事件应该来源于亲身的经历，有细致的观察。

（2）再现情境。作者要把脑海中的记忆呈现出来，并让读者很容易地代入角色，就要构建一个特定的情境，使情景再现。例如，在《少年闰土》中，鲁迅十分巧妙地利用“我”与闰土的对话展现了一幅幅生动的画面，像雪地捕鸟图、海边拾贝图、刺猹图等。作者通过情境再现，将读者引入和谐美好的农村生活中，感受乡土少年的淳朴与童真。

（3）注入真实情感。记事类文章的核心要点是“真”，要做到人物“真”，叙事“真”，语言“真”，情感“真”，用真情打动人心，触动灵魂。这样才能在同类作文中有特色，脱颖而出，给人留下深刻的印象。所谓注入真实情感，就是在写作中用质朴的语言描绘生活的点滴，将亲情、友情呈现出来，使读者的心灵被动人的情感深深吸引并有所触动。

（4）添加丰富情节。想要避免作文内容单调枯燥，就要在情节设计方面多花一些小心思。在《少年闰土》中，鲁迅用简洁生动的语言将多种情节展现出来，给读者的感觉就是“我”与闰土有很多互动，听了很多“奇闻”，在欢笑交谈中增进了友谊。

（5）把握整体节奏。恰当的叙事节奏可使文章起伏错落，引人入胜。过快的叙事节奏好比蜻蜓点水，容易泛泛而谈；而写作文又不是鸿篇巨制，限于篇幅也不可能叙事太慢。因此，在写作时要注意详略，可有可无的不写，无关紧要的略写，必要情节细写。

题目：以“相逢”为主题作文

范文 相逢他乡，心觅故乡

“独在异乡为异客”，跟随着父母离开故乡贵阳，辗转来到这座滨海城市的我，正漫无目的地走在这异乡的街头，企图以散步排解心中的乡愁。对故乡的浓浓思念一直萦绕在我的心头，久久不能散去。

穿过十字路口，一个大红色的招牌猝不及防地闯进了我的眼帘——“花溪牛肉粉”。这是离开贵州后再也没有品尝过的家乡味道，于是，我毫不犹豫地走了进去，老板热情地问道：“小姑娘，想吃什么？”“牛肉粉，谢谢阿姨！”我微笑回应着。阿姨一声应下，便转身去厨房忙碌了。

很快，一碗热腾腾的牛肉粉便放在了我的桌前。一闻：那是属于贵州酸汤的独特香气，直接、浓郁的酸味侵袭着我的鼻腔；一尝：米粉滑弹可口，酸辣的口味更是瞬间遍布了整个口腔。我惊喜极了，这简直和家乡的味道一模一样！我喜出望外，家乡话更是脱口而出：“孃孃，您也是贵州人吗？”阿姨听后，喜滋滋地说：“我就是花溪本地的。怎么样，孃孃做的粉好吃不？”我忙不迭地点头，阿姨原本因忙碌而疲惫的脸在此时也露出了灿烂的笑容。

“你尝尝孃孃做的这个糊辣壳，保证正宗！”我兴奋地接过，那碗独属于贵州的黑里泛红的辣椒就像一把钥匙，一下子便打开了我记忆的闸门。小学的时候，我并不能吃辣，每次早晨和相熟的同学一起吃粉时，却都会不自量力地“攀比”上几番，好像只有那个最能吃辣的人才能赢得最终的胜利。每到那时，我们几个都会被辣得“嘶哈”声此起彼伏，却都不肯喝上一口水，嘴里还不停地说着："一点都不辣嘛！"此刻，这家并不宽敞的小店仿佛就是故乡的那家老店，它们有着同样的味道，也带给了我相同的感动。想到这里，我的心中五味杂陈，虽有与乡人相逢的亲切，却也因为这熟悉的味道与乡音加深了我对故乡的思念。

这天，我与故乡因一碗美味相逢在他乡，熟悉的美味在舌尖绽放，家乡灵动秀美的山川美景，家乡质朴和善的老少男女，家乡带给我的美好时光，都一幕幕地出现在我脑中。故乡柔情似水，牵引思念；乡情厚重绵长，伴我远行。

范文解析

"相逢"本意是指"没有约定的遇见"。如果在写作时，把相逢的对象定义为某一个具体的人，那这个主题下的写作视角就单一了。相逢的对象可以是人，也可以是书籍、历史、某一个建筑……总有一次相逢会触动我们的心灵，温暖我们的人生。所以，在写作时，我们可以从多个角度来写。

故乡是一个抽象的事物，所以在立意的时候，可以把回到故乡当作与故乡的相逢，也可以在外地偶然遇见某一种故乡风物、偶然品尝到一种熟悉的家乡味道、偶然聆听到亲切的乡音……认定为"与故乡的一种相逢"。在这篇文章中，作者通过"一碗花溪牛肉粉"与"故乡"相逢，让整个叙述变得更为具体，情感表达更为直观。

与此同时，通篇以第一人称视角叙事，通过"我"的所见、所闻、所品、所感，将"我"对故乡的思念和热爱表现得更真实、直接和热烈。例如，"对故乡的浓浓思念一直萦绕在我的心头""这熟悉的味道与乡音加深了我对故乡的思念"。

02 多角度写人

写人记事是中小学生作文的两大题材。事与人有关，因此，哪怕是单纯记事的文章也离不开写人。只有把人写好，作文才能出彩。

人是丰富的，一个人有各种各样的身份，如儿子、丈夫、朋友、员工、父亲；一个人的性格特征也是多样的，如善良、纯真、勤劳、坚强等。然而，我们平常可能习惯于关注自己熟悉的那一两种身份或某个方面的性格。如果在写作中，我们只关注一点或两点，那写出来的人物自然也就单一、扁平了。

描述人物要多角度，这也是文学艺术的一个规律。就好比导演拍电影，他们不会把摄像机固定在一个位置上，他们常常会变换角度，如一会儿平移，一会儿升，一会儿降，一会儿推近，一会儿拉远，一会儿仰拍，一会儿俯拍，从不同的角度、不同的侧面、不同的距离去拍摄人物，这样拍出来的人物才会栩栩如生，活灵活现。

当然，要从不同角度去描述人物是不容易的。

要观察

观察的角度要多，把要观察的人物的形貌、生活习惯，以及细小的言语、动作、眼神等“看在眼里，记在心里”，甚至“写在本子里”。观察得越仔细，对人物的了解更深入和具体，在写作时才有内容可写。

确定描述的重点

有了明确的主题，再从平日观察来的众多材料中，挑选出几例生动而又典型的事例来。挑选事例时，一定要有意地从不同的角度来选取，要尽量避免单一角度。

精选素材

为深入、全面地刻画人物形象，在写作时要对与描写对象相关的事例进行取舍。事例的选取，一定要与人物的性格特点吻合，选择的切入点越准确，对塑造人物的帮助才越大，人物形象才可能被塑造得更加丰满，从而给读者留下的印象就越深刻。

恰当描写

要想把人物写得生动形象、立体，就得有动作、语言、心理、外貌等多种描写。尤其是细节描写，最能反映一个人的思想、情感等，因此，要把人物细微的动作及其变化写具体。我们不仅可以对人物进行语言、动作、外貌等正面描写，还可以通过描写周围人物的反应，来衬托出主角的特征。恰当进行侧面描写，有时能起到锦上添花的表达效果。

（1）外貌描写。外貌描写又称肖像描写，即通过对人物的外貌特征，如人物的容貌、神态、衣着、姿态等进行刻画，以揭示人物的性格特点。

（2）动作描写。动作描写是具体细致地描写人物在某一情境下所做出的动作反应，借动作显现人物的内心活动、态度、性格等。

（3）心理描写。心理描写是对人物的心理状态以及内心活动进行描写，以显现出人物在一定的环境下的心境，这也是表现人物性格、品质的一种方法。

（4）语言描写。语言描写是通过记录事件中人物的语言来塑造人物形象。成功的语言描写能够突显人物的性格色彩，深刻反映人物的内心世界。

题目：以“我的好朋友”为题作文

范文 我的好朋友

什么是好朋友？我总是在思考这个问题。我想，我需要在生活中找找问题的答案。

“报告！”一张热情洋溢的脸庞出现在教室门口，那是我第一次见到她的场景。初一入学这天，大家都在适应新的环境，而她的出现让我眼前一亮，白皙透亮的皮肤，明亮有神的眼睛，高高的马尾，高挑的身形，浑身都充满着青春的活力。她扭头看到了我，突然扬起嘴角，脸上写满了活泼和友善，我便鼓起勇气和她打了招呼，一来二去我们便熟络起来。我问她为什么一见我就笑得灿烂，她说，朋友，就是一眼相中，气味相投！

炎炎夏日的午后，蝉声一浪高过一浪，直教人内心烦闷。而此时的我正在为自己的行李发愁，该如何横跨整个学校，将行李从校门口搬回学校另一头的宿舍呢？思考无果，我只好扛起行李，向宿舍的方向“挪”去。重重的行李就像大石头一样狠狠地压在我的背上，焦虑和烦躁瞬间填满了我整个身体。正气喘吁吁时……咦？身后的重量似乎轻了不少。这时我才发现，一双小手正稳稳地在我身后托起了沉重的行李。是她！只见她紧锁着眉头，咬着牙齿，一步一步地向前走着。在太阳的炙烤下，一滴滴汗水不断地从她的鼻尖滑落，她却无心擦拭，依旧不愿意松开托举的双手。见此场景，我的鼻头不禁酸了起来。我问她为什么愿意不遗余力地帮助我，她说，朋友，就是尽最大的力量相互帮助！

在同学、老师眼中，她是一个“三好学生”。不仅是学习，就连琴棋书画她也样样精通。于是，遇到难题时，我都会向她请教。每当她费尽心神，终于又帮我解开一道“世纪难题”时，她就会双手叉腰，自信地说出那句经典的口头禅：看吧，我真是太有才了！随后，便又埋下头，继续研究下一道题去了。就这样，在一次次的讨论中，我们的成绩都有了明显的进步。我问她为什么愿意毫不吝啬自己的知识，解“囊”相助，她说，不一起学习，共同进步，又怎么能算得上朋友？

什么是好朋友？直到这样热情大方、善良无私、耐心包容的她出现，我才终于有了答案——是无私的帮助者，也是共同前进的陪伴者，朋友，就是我人生最宝贵的财富！

范文解析

这篇范文精选了初遇、帮助搬运行李、解出难题共同进步三件事，并从多角度描述了好朋友这一人物。

（1）外貌描写。“一张热情洋溢的脸庞”“白皙透亮的皮肤”“明亮有神的眼睛”“高高的马尾”“高挑的身形”，使用多个形容词描述好朋友的外貌，将她充满活力和自信的形象完整地呈现了出来。

描写好朋友与自己初遇时的神态，“突然扬起嘴角”“脸上写满了活泼和友善”，并为二人此后的对话及发展成为朋友做了铺垫；“紧锁着眉头，咬着牙齿”“一滴滴汗水不断地从她的鼻尖滑落”写出好朋友帮忙搬行李的卖力程度。

（2）语言描写。文章由“报告！”引入二人初遇一事，简短有力的语言体现出好朋友的活泼；用“看吧，我真是太有才了！”体现她的自信；还记录三个场景中好朋友的多句语言，“她说，朋友，就是一眼相中，气味相投！”“她说，朋友，就是尽最大的力量相互帮助！”“她说，不一起学习，共同进步，又怎么能算得上朋友？”以此突显好朋友对“朋友”的看法，塑造她重视朋友的人物形象。

（3）动作描写。“一双小手正稳稳地在我身后托起了沉重的行李”具体、细致地描写好朋友在“我”有困难的时候积极出手相助的动作反应，用“稳稳地”一词体现出她对帮忙一事的坚定。

（4）心理描写。通过写自己搬运行李时的心理状态，“焦虑和烦躁瞬间填满了我整个身体”，衬托出有好朋友帮忙之后的“如释重负”以及对她的感激心理。

通过以上角度来描写人物，让读者更加全面地了解“我的好朋友”这一人物形象，不仅能够看到人物的表面形象，还能感受到人物的性格、气质和特点，增强文章表现力。

03 多角度状物

当我们欣赏一个精美的物品时，我们往往会从不同角度来看，如从里往外看，从下往上看，拿到阳光下看……细致的观察，不同的视角，可能会让我们发现它的特别之处。如果你只是在那里傻傻地看，呆呆地想，不想办法去找，谁也不会帮你找到新的视角。想要找到新的视角，只能靠自己去努力。

所有的事物都可以从多个视角去看待、去研究、去观察。当你看不见其他视角时，不妨绕到事物的背面、下面、侧面，把物品不停地翻转、敲打、揉捏，或许能发现新的视角。只有找到自己不一样的视角，写作才能更独特。

无论是有生命的动植物，还是无生命的静物，我们身边存在着各种各样的物品，怎样才能多角度地将物写好、写活，这就要依靠一些方法与技巧了。

抓住特征

不同的物有不同的特点，即使是同一种物，也会有某些细微的区别和独特之处。这就要求，写作者要从大小、形状、颜色、质地（制造材

料结构的性质）等方面，对所写的物品仔细观察，找到物的主要特征。抓住了物的主要特征，也就找到了写作的角度。

在《飞向蓝天的恐龙》中，有这样一段文字：

数千万年后，它的后代繁衍成一个形态各异的庞大家族：有些恐龙像它们的祖先一样两足奔跑，有些恐龙则用四足行走；有些恐龙身长几十米，重达数十吨，有些恐龙则身材小巧，体重只有几千克；有些恐龙凶猛异常，是茹毛饮血的食肉动物，有些恐龙则温顺可爱，以植物为食。

这段文字分三组，每组都从两个角度对比着介绍了恐龙不同方面的特征。例如，第一组“两足奔跑”“四足行走”，是从恐龙的行走方式对比着来说明的；第二组“身长几十米，重达数十吨”“身材小巧，体重只有几千克”是从恐龙的身形、体重对比着来说明的；第三组“凶猛异常，是茹毛饮血的食肉动物”“温顺可爱，以植物为食”是从恐龙的性格、食性对比着来说明的。这些从不同角度来对比的描写，组合起来就共同说明了恐龙家族“形态各异”的特点。这样的方法值得我们学习。

关注细节

描写任何事物，都要细致描写，认真刻画。无论是写外形，还是写动物的生活习性，都不能几笔带过，概括叙述。特别是在描写小动物的生活习性时，要注意准确地使用动词，再现小动物活动的情景，给人以“如在眼前”之感。

合理联想

要想把“物”写活，一是要注入写作者的真情实感；二是要活用“物”的个性特征，展开联想，以使语言生动。这两者一旦浑然天成，“物”的神采就顿时迸发出来了。

为充分展示“物”的个性特征，在观察时，就可以发挥想象和联想，例如，树，可以想象成一柄巨大的雨伞；一只燕子的尾巴，可以想到展开的剪刀。在写作时，我们可以使用一些修辞方法，如比喻、拟人、夸张、排比等，使描写出的物品更生动，更富有感染力。

调动多种感官

调动多种感官写物，就是要求我们从视觉、听觉、嗅觉、味觉和触觉这些角度来状物，充分调动读者的五官，使描写的物更加丰满立体、细腻真实，给人一种如在眼前之感。值得注意的是，这里所说的调动多种感官来写，并不是说一定要把五官全都用上，而是可以选用其中的两三种进行描写。

赋予物以内涵

状物时，不能仅仅停留在对物的外形描写上，还应该在文章中表达作者的思想感情，例如，对人生的感悟、对美好理想的追求、个人情感的寄托等。在描摹物品形态的同时，赋予它们一定的象征意义。

在写作中要注意掌握好“物”与“志向”，“物”与“感情”的内在联系。物品的主要特点要与写作者的志向和意愿有某种相同点或相似点；描述时，自己的志向要以物品的特点为核心。

总而言之，在进行状物类作文写作时，需要关注描述的本体，明确写作范围；学会观察，有目的、有顺序、有选择地观察，选择好写作角度；通过合理联想，让物“活”起来；动静结合，进行具体描述；赋予物品以内涵，进一步升华思想，走创新作文之路。

题目：以“我的心爱之物”为题，写一篇作文

范文 **我的心爱之物**

谈到我的心爱之物，非吉他莫属。

我的吉他是三年前妈妈送给我的生日礼物。我的吉他不大，看着有点像小提琴，共鸣箱的形状像个大葫芦，它还有一个长长的琴颈，琴头的形状看起来很优雅，再配上不同粗细的琴弦，品竹弹丝的乐声就流了出来。

记得我第一次接触到吉他，是在云南旅游的时候。夜晚漫步在丽江古城的街头，随处可见三三两两的人在弹奏乐器。吉他是这些歌手们拿的最多的乐器，看着他们的手指在琴弦上飞快地弹拨着，和着歌声，美妙的音乐弥漫在街头，我很快就被吉他的声音所吸引，并为吉他的神奇而沉迷。旅行结束后，我开始了解吉他，并决定学习这个神奇的乐器。

刚开始的时候，我碰到了很多困难，手指的按弦和扫弦需要准确地掌握，而且记谱也并不容易。但是，我坚持下来了，因为吉他带给我无尽的快乐和满足感。

吉他不仅让我享受音乐的美妙，还成为我自我表达的工具。每当我感到兴奋、悲伤或者思考问题的时候，都会拿起吉他，弹奏出一段属于自己的旋律。在弹奏的过程中，我能够将情感通过音符传递出去，它们像是我内心的声音，用音乐的语言述说着我的故事。

除了个人的成长，吉他也让我结识了一群志同道合的朋友。我们组织吉他社团或者乐队，经常一起排练、表演，分享音乐的快乐。在这个过程中，我们互相激励、相互学习，每一次演出都是一次难忘的经历，并且建立了深厚的友谊。

吉他不仅仅是一件乐器，它还蕴含着我对音乐的热爱和追求。通过不断地练习和探索，我从学吉他这件事上学到了坚持、耐心和创造力。它为我提供了一个表达自我的平台，让我能够找到自己的声音，并且从中找到内心的平静与欢愉。

无论是在家里独自弹奏，还是和朋友们一起演奏，吉他始终是我的好伙伴。它让我感到充实，带给我快乐，也让我发现了自己更深层次的情感和潜力。吉他已经成为我生活中不可或缺的一部分，伴随着我成长和探索音乐的无限可能。

范文解析

在这篇范文中，作者从多个角度对吉他进行了描写，从外观，到我与吉他的相识，吉他陪伴我成长，赋予了吉他更深层的内涵——它是我的好伙伴，伴我成长、探索音乐的无限可能。

（1）抓住特征：第二段，直接对吉他的外形进行描写，如看起来像小提琴，共鸣箱像大葫芦，长长的琴颈、不同粗细的琴弦，将吉他的外形生动地展现在了读者眼前。

（2）调动多种感官：在作者第一次遇到“吉他”的时候，充分调动了视觉、听觉来描写吉他的特别之处。

（3）赋予物以内涵：这篇文章的主题是“我的心爱之物”，能成为“心爱之物”的物品必然有其特别之处。文章通过赋予吉他深刻的内涵，突出了吉他的特别之处，如，学习吉他让我感到快乐和满足；吉他是我情感表达的工具；吉他联系了我与朋友；吉他让我找到内心的平静……吉他在某种程度上已经与作者的情感合而为一了。

04 多角度写景

写景，即描绘景物。运用语言文字把看到的、听到的和接触到的各种自然景物，有条理地、具体地、生动地描绘出来，让读者看到一幅优美的风景画，以此来烘托环境气氛，抒发自己的思想感情。

描绘景物，一般有以下三类：一是游记，写的是在游览过程中所见的景物；二是描写生活中常见的自然现象；三是描写人们生活处所周围的景致。景物描写一般有交代故事背景、揭示人物心境以展示人物性格、奠定情感基调以及推动故事情节发展的作用。

写作中涉及写景，可以注意从多角度去描绘景物，包括方位上的多层次变化。比如，从点到面或从面到点、从远到近或从近到远、从上到下或从下到上、从正面到侧面或从侧面到正面等，当然还包括视听结合、虚实结合以及动静结合。只有这样，描绘的主体形象才会更突出，更好地寄托思想感情。

如何多角度写景，可以从以下几个方面着手。

细致地观察

对景物的观察，可俯视、仰视，也可近观、远望；可从宏观着眼，也可从微观入笔；可写视觉形象，也可写听觉、嗅觉、触觉等感受；可以写实景，也可以写想象的虚景。总之，观察的视角可以多种多样，观察的程度越细致、越具体越好。

方位变化写景

方位的变化即描写的顺序，按方位顺序写景可以使描述更清晰、有条理，画面感更强，呈现出景物的不同方面。

例如，在《白杨礼赞》中，“汽车在望不到边际的高原上奔驰，扑入你的视野的，是黄绿错综的一条大毯子”，是远景。接下来有段文字：“它的干通常是丈把高，像加过人工似的，一丈以内绝无旁枝。它所有的丫枝一律向上，而且紧紧靠拢，也像加过人工似的，成为一束，绝不旁逸斜出。它的宽大的叶子也是片片向上，几乎没有斜生的，更不用说倒垂了。它的皮光滑而有银色的晕圈，微微泛出淡青色。”这写的是近景。这篇课文就是由远及近的写法。

时间变化写景

可以尝试选择不同的时间段来描述景物，例如早晨、中午、傍晚等，或从春夏秋冬等不同的季节来描述风景，可以更加全面、细致和生动地描述同一景物的不同变化，让读者更好地感受到风景的魅力。

动用多种感官

在观察景物时，可以把视觉、听觉、味觉、嗅觉、触觉等多种感官调动起来，对景物进行多角度地描绘。这样可以全面地展示其特点，使得景物变得立体、饱满，让景的声、色、味、态尽显，让读者获得全面、深刻的印象。例如，《春》中写：“红的像火，粉的像霞，白的像雪。花里带着甜味儿；闭了眼，树上仿佛已经满是桃儿、杏儿、梨儿。花下成千成百的蜜蜂嗡嗡地闹着，大小的蝴蝶飞来飞去。野花遍地是：杂样儿，有名字的，没名字的，散在草丛里，像眼睛，像星星，还眨呀眨的。”这段描写就是充分调动了视觉、味觉、听觉等不同的感官，描绘了三种有代表性的春花，表现其繁花似锦，给人一种互不谦让、竞相开放、争奇斗艳的感觉。

正面描写与侧面描写相结合

正面描写是通过正面、直接的方式对景物进行描述，这种方式可以直接表现景与物的特征；另一种描写手段是侧面描写，是通过对有关的人、事、物的描写来烘托、反射被描写的景物。将两种写作手法结合，可以更立体地展示我们所要表现的景、物。

动静结合

动静结合就是将动态描写和静态描写相结合，以静写动，以动衬静，塑造栩栩如生的艺术形象。动静结合的手法主要有：化动为静，以静写动就是把运动的事物当作静止的事物来写，想象并描写出动态事物在静止时的形态和神态；化静为动，以动写静就是把静止的事物当作运动的事物来写，想象并描写出静态事物在运动时的形态和神态；动静结

合，相映成趣，同时描写静态的事物和动态的事物,让静景动景相辅相成，相得益彰，相映成趣。

虚实结合

虚实结合，指既把正在发生的事写清楚，同时也巧妙地融入与之相关的内容。因此，这里的实，就是对真实事情的叙写；这里的虚，是与此相关的回忆、背景、联想、想象，甚至是一些特定的心理活动等。例如《长城》中有这样一个段落：“站在长城上，踏着脚下的方砖，扶着墙上的条石，很自然地想起古代修筑长城的劳动人民来。单看这数不清的条石，一块有两三千斤重。那时候没有火车、汽车，没有起重机，就靠着无数的肩膀无数的手，一步一步地抬上这陡峭的山岭。多少劳动人民的血汗和智慧，才凝结成这前不见头、后不见尾的万里长城。”很显然，这段文字有虚有实，两者很好地结合在一起，作者在发出慨叹的同时，也将万里长城所被寄予的中国精神体现出来。

题目：以“四季美景”为题，写一篇作文

范文 北海公园的四季

北京北海公园是一座绮丽多姿的园林，四季的美景交织在这里，每个季节都有着独特而迷人的景色。

春天是最宜人的季节，北海公园整个园区被各色鲜花点缀，如梦似幻。一进入园中，映入眼帘的是一片生机蓬勃的草地。郁郁葱葱的草地，像是铺着一条翠绿的地毯。在春风的吹拂下，漫天飞舞的柳絮将园子装点得如诗如画。湖面上的樱花倒影与满天杜鹃花交相辉映，花海的浪漫景致让人陶醉其中。

夏天，北海公园阳光充沛，湖水碧绿清澈，成为人们清凉消暑的理想去处。漫步湖畔，微风拂面，伴着悠扬的蝉鸣声，看湖水波光粼粼，莲叶翠绿，鱼儿在水中悠然自得。园内的山岩峭壁上，绿意盎然的藤萝攀附其中，而湖边的柳树下，人们休闲垂钓，享受夏日的宁静与闲适。远处的白塔与蓝天绿水组成一幅天然的风景画，令人流连忘返。

当金秋的阳光洒在公园中时，所有景物都仿佛被涂上了一层金辉。秋风拂过水面，涟漪荡漾。湖边的枫树，叶片渐渐变红，如同点缀在湖水上的绚丽彩带，美不胜收。走进公园的花坛，花草们也换上了秋装。紫藤爬满了亭子，藤上的紫花与秋叶相映成趣；菊花盛开，各色花朵铺满整个花坛。适宜的天气与悦目的美景让人们在这里怡然安宁。

冬天的北海公园则给人一种静谧的感觉。漫步在被洁白的雪所覆盖的小径上，迎面吹来的寒风吹醒了人们的身心。公园的湖面被冰封，晶莹剔透，犹如一块巨大的镜子，映照出天空的蓝与云的白。湖边的树林里，树枝上挂满了冰凌，闪烁着微弱的光芒。公园中的人们穿着厚厚的

冬装，他们或结伴散步赏景，或在雪地里尽情嬉戏。欢快的笑声在冬日的公园里回荡，一派欢乐的景象。

北海公园的四季各有各的特色，春天的浪漫、夏天的生机盎然、秋天的绚丽，以及冬天的静谧，给人们带来了不同的美感和心灵的沉醉，是人们体验大自然鬼斧神工之美的理想去处。

范文解析

这篇文章在“四季美景”的主题下，选择北海公园作为描写对象，以春、夏、秋、冬为时间变化顺序写景，调动多种感官、运用多种写作手法，描绘了北海公园在不同季节下展现出来的独特美景。其多角度写景的具体应用如下：

在描绘北海公园的春景时，主要动用视觉感官进行描写，“整个园区被各色鲜花点缀”“郁郁葱葱的草地”“漫天飞舞的柳絮”“湖面上的樱花倒影与满天杜鹃花交相辉映”，展现出春天里公园中如诗如画般的浪漫景色。

在描绘北海公园的夏景时，主要运用方位变化的方式写景，从湖畔的“蝉鸣声”“湖水波光粼粼，莲叶翠绿，鱼儿在水中悠然自得”，到“园内的山岩峭壁上”有着“绿意盎然的藤萝攀附其中”，再到人们在湖边的柳树下休闲垂钓，最后是“远处”的“白塔与蓝天绿水组成一幅天然的风景画”，由近到远，增加了公园景色的层次感，细致地展现出夏天里公园生机盎然的景色全貌。

在描绘秋天里的北海公园时，主要动用视觉感官，细致入微地描写不同的景物，写“秋风拂过”的水面“涟漪荡漾”，写湖边的枫树“叶片渐渐变红”，还写“爬满了亭子”的紫藤和“铺满整个花坛”的菊花，用各色花朵展现秋天里北海公园绚丽的特色。

在描绘冬天里的北海公园时，主要运用动静结合的写作手法，用人们的“动”，如“或结伴散步赏景”“或在雪地里尽情嬉戏”“欢快的笑声在冬日的公园里回荡”，来衬托冬天里公园的“静”，如“湖面被冰封，晶莹剔透”“湖边的树林里，树枝上挂满了冰凌”，动静对比增加了场景的意境，突显出冬天里北海公园的静谧的特点。

通过使用以上多角度写景的方法，让文章更加生动、有趣。在北海公园这个具体地点下，以春夏秋冬为时间变化顺序，多角度地描绘了北海公园在不同季节下展现出来的独特美景，可以让读者更好地感受到北海公园在四季变换中的美丽与魅力。

05 多角度议论

人对某一个具体的事件、现象的认识或看法，往往是不一样的。有时是“点”的认识，有时是“线”的认识，有时是“面”的认识，有时又是“立体的、多维的”认识。好的认识，总是要连“点”成“线”，连“线”成“面”，聚“面”成“体”，多侧面，多角度，多视角地认识事物。

议论文的写作，普遍存在着不会说理或者说理不够深刻的问题。除了生活阅历不够、思想匮乏之外，没有思路也是令学生倍感棘手的问题。没有思路，说理必然单一、单薄，甚至不乏片面性，相应地也就削弱了议论的深刻程度。

其实，学会从不同角度来思考问题，从多方面来对中心话题或者观点进行不同向度的分析，在打开思路的同时，论证也就更充分了。

在具体写作时，可以通过以下方式确定写作角度：

发散聚元

运用发散思维，进行多方位、多侧面、多层次的思考、探究，进而从中提炼出不同的立意，再决定以某一种立意作为自己议论的中心思想。具体发散方法如分解大问题、寻找关键点、展开联想、适时切换思维方式、模拟问题解决方式等，然后将这些发散出来的角度整合成一个完整的观点，以便使文章更加全面和深入。

打破常规

它往往针对某一已成定论的观点提出相反的、看似与原来观点矛盾的见解，从而迸发出智慧的火花。

例如，“异想天开”，本是告诫人们不要做白日梦，我们可以用“就要异想天开”为题来论述想象对于人类创造发明的重要性。类似的写作训练有助于我们从平常中看到不平常的东西，从而收到意想不到的好效果。

俗中见巧

改变习以为常或约定俗成的思维角度，从事物易为人忽视的角度出发提出观点，使文章有新的角度，巧的立意。这就是俗中见巧的立意方法，这样才能显示出自己作文的与众不同来。

在具体的写作中，我们可以灵活运用对比、举例等手法，多角度、多维度地对论点进行分析、阐释。

题目：以“耐心”为主题，写一篇议论文

范文 与耐心同行

培根曾说：“无论何人，若是失去耐心，便失去了灵魂。”在人生的道路上，耐心是不可或缺的，它是人类宝贵的财富，若能与耐心同行，便能拥有美丽的人生。

与耐心同行，成就理想之美。理想的实现除却自身能力、努力、运气之外，耐心也是其中最为重要的一环。著名作家莫泊桑直到三十岁，都未能发表一篇文章。他逐渐对创作失去信心，在姐姐的建议下，他拜访了享誉文坛的大作家福楼拜。福楼拜热情地接待了他，一番交谈后，福楼拜指着书架上自己的作品说道：“当初我也同你一样灰心过，动摇过，但是最后还是坚持下来了，因为我有足够的耐心。”莫泊桑虚心地听取了福楼拜的建议，继续埋头苦读，勤作不辍，终成“短篇小说之王”，实现其人生理想。

与耐心同行，成就意志之美。意志是一种目标，也是一种决心，意志的磨炼离不开耐心的支持。古往今来，滴水石穿也好，铁柱磨成针也罢，精卫填海也好，夸父追日也罢，都难在耐心，贵在耐心。任何事情都不会一蹴而就，每一小步都很重要，我们想完成一件事情必须保持耐心。那些妄想短期内一步登天的人，不仅会失败，还会消磨掉自己的意志。好的人生，好的成长，都需要文火慢炖、细水长流，这也是对意志品质的塑造与磨炼。

与耐心同行，成就信任之美。信任是一份诚心，是相信不会被伤害，是没有顾虑和防卫。而信任的养成与耐心地相处、沟通密不可分。

从事信访工作近30年的陆建强，每年要受理上百起信访事项。面对响不停的投诉电话、从未间断的群众来信，他总是以换位之心勉励自己，从不抱怨、不敷衍，耐心地帮助每一位受访者解决问题。正是他这份难能可贵的耐心，收获了群众的信任，在遇到困难时，大家愿意去寻求帮助。他也正因为这份耐心、这份信任入围第二届“最美信访干部”。

那如何能与耐心同行呢？少一点功利，多一份淡泊；少一点焦虑，多一份淡定；少一点喧嚣，多一点宁静。如此，方可保持一颗耐心，成就人生之美！

范文解析

在这篇文章中，其主要的论点是“若能与耐心同行，便能拥有美丽的人生”。围绕耐心，作者分别从成就理想、成就意志、成就信任三个角度进行了论述。

角度一：耐心成就理想之美。这个分论点下，以莫泊桑重拾耐心，并成为“短篇小说之王”的事迹，来论证该观点。

角度二：耐心成就意志之美。这里以举例论证的形式，引用了文化典故，如滴水穿石、精卫填海、夸父逐日等，论证耐心成就意志之美。

角度三：耐心成就信任之美。作者用陆建强30年信访工作，用耐心获得群众的信任，并入围第二届“最美信访干部”的事迹，论证该观点。

第三章

巧用对比：突出写作中心

运用对比是写作中一种重要的表现手法。通过对比，可以突出不同观点或事物之间的差异或优劣，使读者更加清晰地理解两者的区别。运用对比可以帮助你清晰地展示自己的观点，提供全面的分析，增强论证的力度，激发读者思考，使你的写作更加深入人心。

01 逐点对比

逐点对比就是对每个点进行详细比较，可以用来清晰地展示两个不同观点或事物之间的差异，这种方式可以清晰地展示出它们之间的差异性和相似性。

比如，有对立的观点或者事物A和B，我们可以逐点进行详细比较。

对比各自的特点

分别描述A、B的特点，并进行比较，以突出它们的不同。例如，在对比写作和绘画的特点时，我们可以这样描述：写作是一种用文字来描述事物、事件或想法的方式，通常以词汇、修辞等语言艺术来进行表现；绘画是一种用图像来表达事物、事件或想法的方式，通常以线条、色彩、空间布局等来进行表现。

对比各自的优缺点

分别列举A、B的优缺点，并进行比较，突出它们之间的差异。还是以写作和绘画为例，写作能够提高我们的语言表达能力和思维能力，但视觉冲击力往往不足；而绘画能够增强我们的视觉表现能力并培养空间感，但其直观性也减少了韵味。

对比其应用场景

分别描述A、B被应用在哪些领域或场景中，对比A、B的应用范围，指出它们之间的不同。例如：写作通常用于记录心情、事件发展等；而绘画用于表现色彩和形式，通常可以用来填色、艺术创作等。

对比其影响和结果

分别讨论A、B的影响力和产生的结果并进行比较，强调它们之间的差异和对立。例如：写作可以影响人们的思维方式，而绘画可以影响人们的视觉审美。

另外，要注意的是在比较的过程中应保持客观公正，不能有失偏颇。

题目：以“区别”为主题，写一篇议论文

范文 冬夏之分

寒来暑往，春华秋实，四季宛若手执绘笔的画师，为人间草木山川涂抹上绚丽的色彩：春日青山如黛，桃李争辉；夏日晴光明媚，碧水潺潺；秋天层林尽染，麦浪澄黄；冬天粉妆玉砌，白雪皑皑……每个季节都有独一无二的景致，春耕秋获，夏收冬藏，节气的分别，藏匿在每个微小的角落。

以四季总起全文

冬夏之分，是风景的相异。夏天的池塘边，杨柳垂下纤柔的枝条，在微风的吹拂中徐徐摇曳。小溪澄澈而清凉，连水底锦鲤的花纹都清晰可见，绿树投下浓荫，蝉鸣阵阵，诉说着不尽的生机。而到了冬天，凛冽的寒风让小溪结冻，岸边的柳树也只剩下光秃的枝丫，鱼群不见踪影，雪落过后静谧得连叶落的声音都清晰可闻，然而，我们能因此说冬日了无生机吗？不，那勃勃的生机，在路旁的雪人上，在孩子们的笑语中，更在每一个等待来年破土而出的种子里。

对比冬夏风景的差异

冬夏之分，是生活方式的迥然。夏天的时光总是漫长，即便夜色入暮，太阳仍留恋着人间，不愿收起它的明亮。而街巷上，楼宇间，也总少不了熙熙攘攘的热闹氛围。一天的暑热过后，人们贪婪地抓住夜晚短暂的清凉，或去公园散步，或围坐在饭店的桌旁，点上些美食谈笑风生，直到深夜也不散去。与之相比，冬天似乎冷清许多，每到夜晚，月明星稀，寒风骤起，凛冽的寒气让人们不得不蛰伏家中，然而，沏上一杯热茶，裹上厚实的衣被，或读书或写作，不也是一种别样的乐趣吗？

对比冬夏人们生活方式的差异

“人间至味是清欢。”就连食物也蕴藏着冬夏之分。夏天，驱散暑热的最佳方式，无疑是一杯甘洌蜜甜的绿豆冰沙了，刚从冷柜中取出的冰沙冒着白烟般的冷气，轻抿一口，冰凌连同绵软的豆沙一同进入脾胃，让人余味无穷。而到了冬日，无论大江南北，热气腾腾的火锅虽形态不同，却都是必不可少，从北国的“什锦”到南国的“边炉”，丰富的食材与沸腾的汤锅相交融，烹煮出足以抵御严寒的幸福与温暖。

对比冬夏人们饮食的差异

“一年好景君须记，最是橙黄橘绿时。”四季是一首交响乐，不同的旋律相互交织，合奏出的却是美妙的和谐，而各个季节的不同之处，还等待着我们去发掘、去寻觅。

以四季总结全文

范文解析

在以“区别”为主题的作文中，选定要对比的事物，如冬季与夏季，然后采用逐点对比的方式进行详细比较，突出了冬季的静谧、寒冷，夏季的生机盎然、热烈。

具体来说，该文通过逐点对比的写法，清晰地展示了冬季与夏季的风景、生活与食物的差异。

首先，对比冬夏风景的差异。先描述了夏天池塘边杨柳摇曳、小溪澄澈、绿树荫浓、蝉鸣阵阵的生机盎然景象，然后写冬天寒风凛冽、小溪冻结、枝丫光秃的静谧景象，并输出观点——冬天其实也暗藏生机：在路旁的雪人上、孩子的笑语中、等待破土的种子里。

其次，以夏天的暑热和冬天的凛冽，对比人们迥然不同的生活方式。夏天，人们在清凉的夜晚去公园散步、围坐在饭店的桌旁品着美食，谈笑风生；冬天，人们蛰伏家中，沏上热茶、裹上厚实的衣被，读书或写作。

最后，文章对比了冬夏不同的饮食。夏天是驱散暑热、甘洌蜜甜的绿豆冰沙；冬天是虽南北形态不同但都能带来腾腾热气、能够抵御严寒的火锅，通过对比突显出了夏的酷热与冬的严寒。

02 并列对比

并列对比是将两个或多个事物、观点放在同一句子或同一段落中进行对比的方法，以突出它们之间的相似之处或不同之处。通过并列对比，读者可以直接看到两者之间的区别，从而更清楚地理解作者的意图。

将两个事物或观点放在同一句子中进行对比时，其应用如下：

示例1：

不同学科之间的比较，例如比较语文和数学之间的差异：语文主要关注词汇、语法等方面，注重培养我们的语言表达能力和阅读理解能力，而数学则主要关注概念、运算等方面，注重培养我们的抽象思维和逻辑运算能力。

示例2：

不同学科的学习方法比较，例如比较学习语文和数学的方法之间的差异：学习语文需要多读、多写、多背，而学习数学则需要理解概念、多做计算。

示例3：

不同地方之间的比较，例如比较公园和学校的差异：公园拥有许多绿地，环境开阔，绿树成荫，空气清新，为人们休闲娱乐和锻炼身体提供了好去处；相比之下，学校以教室为主，也有图书馆、实验室等设施，但教学环境都相对封闭。

示例4：

不同活动的比较，例如比较参加运动会与读书会的差异：运动会场上氛围热烈、紧张，观众们为运动员们加油、呐喊、助威，充满了活力与激情；读书会上氛围安静、轻松，读者们在讨论书中的观点和问题，分享着自己的阅读体验和心得体会。

将两个事物或观点放在同一段落中进行对比时，其应用如下：

例如，进行工业发展前后环境的比较：

在工业发展之前，人们生活的环境优美，空气清新，河海清澈，各种动植物种类繁多，生态系统相对平衡。工业革命后，人们过度发展工业，忽略了环境污染问题，空气变得污浊，水污染越来越严重，动植物种类减少，生态系统出现失衡。工厂烟囱喷出的浓烟、废水污染、化学物质泄漏等，都给人们的生活带来了极大的危害。

综上所示，通过并列对比，读者可以直接看到不同事物之间的区别，这种对比可以帮助读者更清楚地理解作者的倾向和意图。在写作中，通过使用并列对比，可以让读者一目了然地看到两个事物或观点的差异，并更加深入地思考和探讨它们之间的关系和影响。

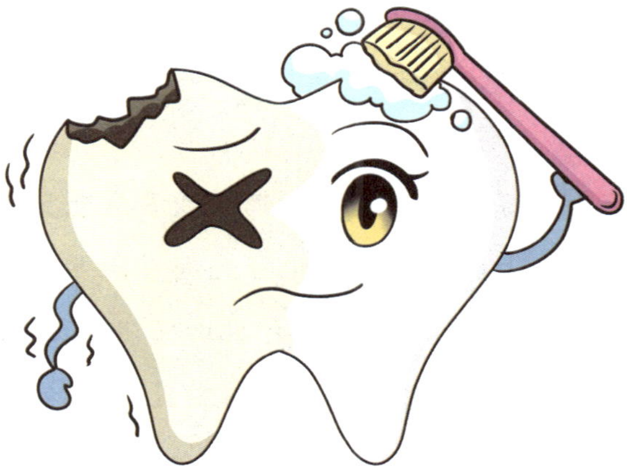

题目：以“你喜欢的地方”为主题，写一篇作文

范文 我爱游乐园和图书馆

我喜欢去游乐园，因为那里有许多刺激和好玩的游乐设施。坐过山车时，我可以感受到风在耳边呼啸而过，心跳也会随之加快。而旋转木马让我感到快乐和轻松，每次坐上去都会笑得合不拢嘴。在游乐园里，我可以尽情地玩耍、释放自己的能量，感受到无尽的快乐和刺激。

然而，我也喜欢去图书馆，那是一个安静而神奇的地方。进入图书馆的大门，宁静的氛围扑面而来。在图书馆的角落里，我可以静静地坐下来阅读一本书，沉浸在故事描绘的世界中。每当我翻开书本，似乎整个世界都变得安静而平和。我可以从书中学到许多新的知识，拓宽自己的视野，让想象力飞翔。

游乐园和图书馆，它们是完全不同的地方，但都有吸引人的地方。游乐园让我感受到刺激和快乐，而图书馆则给我带来宁静和知识。它们就像两个不同的世界，一个是充满欢声笑语和活力的世界，另一个是安静而充满智慧的世界。

在游乐园，我可以与朋友一起尽情玩耍，享受欢乐的时光。而在图书馆，我可以独自沉浸在书海中，与文字为伴。这两个地方给了我不同的体验，也教会了我如何平衡娱乐和学习。

所以，无论是去游乐园还是图书馆，我都能找到自己喜欢的东西。它们互补而不冲突，让我在娱乐和学习之间寻求平衡。我会时不时地去游乐园放松心情，感受快乐，也会去图书馆汲取知识，培养自己的能力。游乐园和图书馆，它们都是我的宝贝，让我的生活更丰富多彩。

范文解析

在这篇以“你喜欢的地方”为主题的作文中，我们也可以另辟蹊径，引入两个地方，采用并列对比的写作方法，突出对这两个地方不同的喜爱。并列对比法可以清晰地展示游乐园和图书馆的不同特点，并通过对比突出了它们各自的吸引力和重要性。并列对比的方式让读者一目了然地看到两个事物之间的差异，更好地理解作者的观点，使作文更有说服力和表现力。

作文通过并列对比的方式，将游乐园和图书馆的特点进行了对比。在游乐园方面，文章描述了刺激和好玩的游乐设施，以及感受到风呼啸、心跳加快的情景。而在图书馆方面，作文描绘了安静而神奇的氛围，体现作者沉浸在故事中的感觉。

通过这种并列对比的方式，读者可以直接看到游乐园和图书馆之间的差异。游乐园带给人们刺激和快乐的体验，而图书馆则提供安静的氛围和知识。这种对比让读者更加清楚地理解作者的观点，即游乐园和图书馆是完全不同的地方，但都有吸引人的地方。

在结尾部分，作文再次强调了游乐园和图书馆的互补关系，并表达了作者对它们的喜爱和对两者之间平衡的重要性的认识。通过坚持在游乐园放松心情和在图书馆汲取知识，作者能够在娱乐和学习之间找到平衡，并获得丰富多彩的生活。

03 分段对比

分段对比是指不同观点的对比，或一个问题的不同方面的对比。这种方式可以使对比更加明确和系统化，让读者更容易跟随并理解作者的论述。

详细来说，我们可以如以下分段对比的示例，将不同的观点或事物分别放在不同的段落中进行阐述和对比。

例如，以“是否应该多参加兴趣班”为中心进行论述，应用分段对比时可以这样表述：

段落1（关于观点A）：观点A认为，学生应多参加兴趣班，这样可以培养学生的兴趣和特长，提高综合素质。通过参加兴趣班，学生可以接触到不同的领域和知识，拓宽自己的视野，培养多元化的思维和创造力。此外，还可以培养学生的团队合作能力和领导才能，在实践中学会与他人沟通、合作和解决问题。

段落2（关于观点B）：然而，观点B强调学生不应参加太多的兴趣班，时间和精力是有限的，应该将精力集中在学习上。而且参加多个兴趣班还可能会带来过多的压力和负担，并让学生陷入过多的选择和竞争中，导致无法集中精力学习，甚至影响学业。

再如，我们在讨论“科技进步的利与弊”这个问题时，可以这样应用分段对比的形式：

段落1（关于观点A）：观点A认为，科技的发展是人类社会进步的关键。它带来了许多创新和便利，改变了我们的生活方式和工作方式。科技的进步提高了生产效率，加速了信息传播，推动了经济增长。许多人相信，只有通过科技的发展，我们才能应对未来的挑战并实现更好的社会发展。

段落2（关于观点B）：不过，观点B强调科技发展带来的负面影响。随着科技的进步，环境污染和资源浪费日益严重。工业化和大规模生产导致了大气污染、水污染和土壤退化等环境问题。此外，科技的快速发展也带来了数字鸿沟和隐私问题。观点B认为，我们需要更加谨慎地应用科技，平衡经济发展和环境保护的关系。

通过分段对比，读者可以清晰地看到两个观点之间的区别，看到一个问题的不同方面。每个段落都专注于阐述一个观点，并提供相应的论据和例证。这种分段对比的方式使得观点A和观点B的对比更加明确和系统化，读者可以更容易跟随并理解作者的论述。在写作中，使用分段对比可以使观点更加突出，同时也能够提供更多的信息和论据来支持论述的完整性和说服力。

题目：以“两面性”为主题，写一篇议论文

范文 网课的两面性

近年来，随着互联网技术的迅速发展，网课这种授课形式逐渐流行起来，它也成为我生活中一种常见的学习方式。网课独特的灵活性和便利性让我深感惊喜，但凡事都具有两面性，有利就有弊，网课也不例外。

总起点明主题：网课具有两面性

网课无疑有好的一面。首先，它有着更灵活自由的学习时间和环境。上网课，我可以根据自己的时间去安排，自主学习，无需受制于固定的上课时间和地点，我随时随地都可以开始和结束。这对于我这样有各种兴趣爱好的人来说无疑是一大便捷。其次，网课还提供了多样化的学习资源。我不但可以观看来自全国各地优秀名师的教学视频，还能够和天南地北的同学一起学习，这简直是前所未有的学习体验。不仅如此，网课还培养和锻炼了我的自律性和责任感，现在的我不仅能自觉管理时间和掌握学习进度，还能独立完成课后作业和复习，我的学习能力有了很大提升。

描述网课好的一面

然而，网课也有不好的一面。首先，网课教学会造成学习效率的低下，没有老师的及时督促和严格的时间限制，大多数同学的注意力难以长时间集中，上课时也没有在学校时的紧张感，容易分心，有时还会过于松弛和拖沓。其次，网课对同学们的自学能力要求很高，有时候遇到一些难以理解的知识，同学们无法及时反映给老师，就不能得到及时的针对性的解决，学习效果很难得到保证。此外，网课学习期间，同学

们会长时间盯着手机和电脑屏幕，不仅眼睛容易疲劳干涩，还会产生懒惰、懈怠，影响身心健康。 描述网课不好的一面

这些网课的好与坏，我们应该理智看待。面对网课的弊端，我们应该调整好学习姿态，保持专注和积极的学习态度，不把网课当作放松和娱乐的途径。面对网课的独特优势，我们应当正确认识，充分利用，做学习的主人。我们更要自律、自觉，安排好学习和生活，保护好我们自己的眼睛和身体。 指出应理性认识网课的好与坏

总之，网课有利也有弊，我既喜欢它的自由便利，也苦恼于它的没有约束。我想，只有全面地认识了网课的利与弊，我们才能充分发挥网课的优势，才能更好地利用网课促进自己的学习和成长！ 总结

范文解析

这篇文章分析了网课的利与弊两个方面。

先在一个段落中写网课有好的一面，如“有着更灵活自由的学习时间和环境”“提供了多样化的学习资源”“培养和锻炼了我的自律性和责任感”等；再在下一个段落描述网课还有着不好的一面，如“会造成学习效率的低下”“学习效果很难得到保证”“眼睛容易疲劳干涩”“还会产生懒惰、懈怠”等。这一对比使得文章对“网课的两面性”表达更加精准，也避免了重复模糊，使议论更严谨。

最后总结全文，再次点明主题：网课有利也有弊。进而阐述自己的观点：既喜欢它的自由便利，也苦恼于它的没有约束。要充分利用网课的优势来促进自己的学习和成长。

范文 无人机——一把双刃剑

古往今来，科技创新对于世界的改变，可谓是天翻地覆——从阿基米德发现浮力定律时高呼而出的“尤里卡”，到奥本海默创造的原子弹那巨大的蘑菇云。人类文明的火光因科技而闪耀，亦因科技而飘摇不定，同样，无人机的应用，便是其中鲜明的缩影。引言

无人机从发明到现在，已经像小燕子一般“飞入寻常百姓家”。仅需一个遥控器，一部手机，它便会扑扇着“翅膀”高高飞起，飞过高楼、山川。而最让人惊讶的是，这只“小燕子”还十分灵敏，无论是翻转还是悬浮都不在话下，拍出来的视频更像是科幻电影一样，十分精美。还记得节假日期间，各地纷纷举行了无人机表演，那闪烁着荧光的“小精灵”在天空中井然有序地跳着曼妙的舞蹈，那场景比烟花还要绚烂。而除了民用领域之外，无人机在战场上也成为战士们不可或缺的“好伙伴”：无论是具备超高侦查能力的“翔龙”、还是察打一体的新一代无人机“翼龙Ⅱ”，它们跨越数千公里远的距离进行侦查、探测甚至是攻击行动，那些传说中的“千里眼”“顺风耳”因为它们的存在而变成了现实。如此看来，这小小的无人机，内部却隐含着大大的奥秘！

描写无人机的“利”

无人机为我们的生活带来巨大便利的同时，也有着一些风险隐患。很多人图一时之快，忽视无人机禁飞令，随意施放无人机，一旦位于飞机航道附近，这些可爱的“小精灵”就有可能变成可怕的“定时炸弹”，威胁公共安全。此外，由于无人机的“眼睛”十分灵敏，且活动灵活，它们很可能侵犯私人空间，并造成个人隐私的泄露。同时，由于无人机同数字技术紧密联系，有时，黑客只要敲击几串代码，这些“小

精灵”就会变得不听管教，甚至与操作者反目成仇，那场景是多么可怕啊！ 描写无人机的“弊”

作为一项具有代表性的科技产品，无人机深刻地诠释了“科技是一把双刃剑”这句话的真谛。如何让其为己所用，将风险降到最低，仍需要我们共同努力。 总结

范文解析

这篇文章用对比的方式讲述无人机的利与弊两个方面。

首先，通过科技创新对世界的改变引入无人机的应用，随后点明文章主题：“人类文明的火光因科技而闪耀，亦因科技而飘摇不定，同样，无人机的应用，便是其中鲜明的缩影。”

其次，运用分段对比的方式，先在一个段落中写无人机在生活中、军事上的使用，说明它不仅能拍出高楼山川的精美视频、进行无人机表演，还能进行军事上的侦查、探测与攻击行动，体现出无人机丰富多样且独特的功能；再在下一个段落描述无人机目前所存在的风险隐患，“威胁公共安全”“易造成泄密”“容易被黑客入侵”等。这一对比使得读者对无人机存在的利弊产生清晰的认知。

最后总结全文，指出降低无人机风险仍需我们共同努力。

04 对立描写

对立描写是对形成对立的事物或场景进行对比的描写，使读者感受到不同事物之间的差异。我们可以使用形象生动的语言来描述两个或多个对立的事物，突出它们的差异和独特性，让读者更深入地理解和体验不同事物的特点和影响。

具体来说，我们可以参考以下示例，运用对立描写来展示论述对象之间的差异。

示例1：夜与白昼

夜，寂静而神秘。暗黑的帷幕笼罩大地，星光点缀在无垠的宇宙之中。夜晚的空气清冽而凉爽，让人仿佛置身于宁静的境地。微风轻抚着脸庞，带来一丝凉意，似乎在述说着岁月的沉淀。在夜的怀抱中，思绪随着星辰流转，心灵得以放松和沉静。

白昼，热烈而充满生机。明亮的阳光洒在大地上，万物焕发着勃勃生机。鸟儿在枝头欢快地歌唱，花朵在微风中摇曳生姿。白昼的世界充满了活力和热情，人们奋发向前，追逐梦想的脚步不停。

通过对立描写，我们可以清晰地感受到夜与白昼之间的强烈反差。夜晚带来的宁静和思考的氛围与白昼的活力和热情形成鲜明的对照。这种对立描写让读者更加深入地感受到不同时间的特点和影响。

示例2：大树与小草

如果你选择成为一棵大树，那么意味着你更注重稳定性和安全性，因为它们枝干粗壮、根系发达，可以更好地抵御风暴与洪水。

如果你选择成为一棵小草，那么意味着你更注重灵活性和适应性，因为它们柔软且灵活，更能够适应各种不同的土壤。

示例3：冰与火

冰，具有透明和纯净的特点，常常给人寒冷的感觉，但在夏季却被用来冷却食物和饮料，还能制作成冰淇淋、刨冰等，给人们带来美食的享受。它还能在冬季被制作成冰雕等，给人们带来观赏的愉悦感。

火，具有发光和产热的特点，常常给人灼热的感觉，可以用于烹饪和加热食物，如烧烤、火锅等，给人们带来美味和满足感。还能在冬季燃起篝火，给人们带来温暖与欢乐。

在写作中，运用对立描写可以帮助读者更好地理解和体验事物的差异，同时也能够增强文章的表现力和感染力。通过对比不同事物的特点和影响，我们可以更好地传达自己的观点和感受，使读者产生共鸣和思考。

题目：以“日夜”为主题，写一篇作文

范文　夏天的日夜

夏天的日夜，如同两个截然不同的世界。

夏日的白昼，阳光明媚而炽热。万物在炎热的阳光下生机勃勃地生长着，草木葱茏，花朵争奇斗艳。阳光穿透云层，洒在大地上，照亮了一切。人们纷纷脱下沉重的衣物，穿上轻薄的夏装，迎接夏日的热情。

烈日炎炎，人们纷纷涌向泳池、海滩享受着清凉，孩子们在水池中尽情嬉戏。夏日的白昼充满了活力和热情，人们尽情释放自己，沐浴在炽热的阳光之下。

然而，夏日的夜晚却是另一番景象。随着太阳的西沉，夜幕降临，天空渐渐被黑暗笼罩。夏夜的气温虽然相对凉爽，但炎热的余温依然弥漫在空气中。夏日的夜晚，星星点点的亮光点缀在宁静的天空，月亮散发着柔和的光芒。微风轻拂，带来一丝凉意，夏夜的寂静让人感受到宁静与神秘。人们摆脱了白天的繁忙和喧嚣，沉浸在安静的夜晚中。夏夜的街道上少了白昼的繁华，取而代之的是灯火通明的夜景。夏夜的夜晚，人们在微风中漫步，感受着夜晚的美好与宁静。

夏日的白昼与夜晚如同两个极端，白昼炎热，夜晚凉爽；白昼喧嚣，夜晚宁静；白昼活力四射，夜晚静谧神秘；白昼给人们带来热情和活力，而夜晚则给人们带来宁静和思考的时刻。夏日的白昼和夜晚相互补充，形成了一幅丰富多彩的夏季画卷。

夏日的日夜，一个阳光灿烂、热情洋溢，一个宁静神秘、安逸舒适。它们互相映衬，让我们感受到了生命的多样和丰富。无论是白昼的热情还是夜晚的宁静，都是夏日不可或缺的一部分，都为我们的夏日生活增添了美妙的色彩。

范文解析

在这篇以“日夜”为主题的描写景物的作文中，通过对立描写，可以有效传达夏天日与夜的多样性和丰富性。白昼和夜晚相互补充，共同构成了一个完整的夏季画卷，为人们的夏日生活带来丰富多彩的体验。

对立描写在展示事物差异和独特性方面起到了重要的作用，让读者更深入地理解和体验夏日的日夜。

通过对比夏日的白昼和夜晚的不同特点，展示它们之间的差异，具体分析如下。

（1）描述白昼的夏日：

描写阳光明媚、炽热的天气，以及阳光下万物生机勃勃的景象。

描述人们脱下沉重衣物、穿上夏装，迎接夏日热情的场景。

描绘人们纷纷涌向水域享受清凉，孩子们在水池中嬉戏的场景。

（2）描述夜晚的夏日：

描绘夜幕降临、天空被黑暗笼罩的场景。

描述夜晚相对凉爽，但仍带有白天炎热的余温。

描绘星星点缀的宁静天空，月亮洒下柔和光芒的夜晚景象。

描述夜晚的街道少了白昼的繁华，灯火通明。

（3）对立关系的呈现：

对比白昼的炎热与夜晚的凉爽，形成温度上的对立。

对比白昼的繁华喧嚣与夜晚的宁静神秘，形成氛围上的对立。

对比白昼的活力四射与夜晚的思考和放松，形成人们行为和情绪上的对立。

通过以上对立描写，读者能够清晰地感受到夏日白昼和夜晚之间的差异和对立。白昼的炎热、繁华和活力与夜晚的凉爽、宁静和神秘形成鲜明的对比，突出了它们各自的特点和氛围。这种对立描写使读者更加深入地体验到夏日不同时间段的独特之处，增强了作文的表现力和感染力。

05 对立统一

对立统一是一种哲学概念，指的是事物内部存在着相互对立的两个方面，但又相互依存、相互制约、相互转化。

对立统一可以用来展示事物的多面性。我们可以选择一个主题或观点，然后从不同的角度来分析和描述。

比如，如果写一篇关于手机的文章，我们可以从正面和负面两个方面来讨论，既展示手机的便利性和创新性，也提及手机使用过度可能带来的负面影响。对立统一可以帮助我们在写作文时更加全面、深入地思考问题，并丰富文章的内容和观点。

在写作文中运用对立统一的思维方式，可以按照以下步骤进行：

选择一个主题或观点

确定你要写的主题，可以是一个具体的问题、一个社会现象、一个事件等，或是你要支持的观点。

找出对立的两个方面

思考这个主题或观点存在的对立面，即相互矛盾的两个方面。

例如，当主题是手机的使用，则可以找出手机的利和弊两个方面。

分析对立的两个方面

对于每个对立面，分别进行分析和描述。列出它们的特点、优点、缺点、影响等。

例如，手机的利可以是方便沟通、获取信息和娱乐等；而手机的弊可以是影响学习、容易沉迷于游戏和导致眼睛疲劳等。

寻找解决方法

思考如何解决对立面之间的矛盾，找到它们的统一，并提出解决方法或观点。这个方法或观点应兼顾两个对立面，并达到一个平衡。

例如，我们可以提出合理使用手机的观点，即在享受手机带来的便利和乐趣的同时，也要注意控制使用时间，合理安排学习和娱乐的时间，保护眼睛健康。

总结观点和启示

最后，总结你的观点，强调对立统一的重要性，并提出对未来的思考和建议。

例如，我们可以说手机是一种有利有弊的工具，我们要学会正确使用手机，合理安排时间，做到学习和娱乐的平衡，保护自己的身心健康。

通过以上步骤，你可以在写作中运用对立统一的思维方式，使文章更加全面、深入和有说服力。记得在写作过程中保持逻辑性和条理性，让读者能够清晰地理解你的观点和思考过程。

题目：以“平衡”为主题，写一篇议论文

范文　学习与娱乐应相辅相成

学习与娱乐是两个看似截然不同的活动，但在我的眼中，它们应该相辅相成，共同促进我们的成长和发展。

首先，学习是我们成长的基石。通过学习，我们可以获取知识，培养技能，提高自己的能力。学习让我们不断进步，不断超越自己。在学习的过程中，我们会遇到各种挑战和困难，但正是这些挑战和困难，让我们变得更加坚强和勇敢。学习是一个持续的过程，它需要我们付出努力和时间，但只有我们坚持不懈，才能够取得成功。

然而，学习并不意味着我们要完全放弃娱乐。娱乐可以让我们放松身心，缓解学习带来的压力。在紧张的学习之余，适度的娱乐可以帮助我们调整状态，提高学习效果。例如，我们可以选择一些轻松愉快的娱乐活动，如阅读、听音乐、观看电影、外出郊游等，这些活动可以让我们放松心情，减轻学习的负担。

在学习与娱乐相辅相成的过程中，我们需要找到平衡点。首先，我们要合理安排时间，将学习和娱乐的时间合理分配。在学习的同时，也要给自己留出一些娱乐的时间，让自己得到放松和休息。其次，我们要选择适合自己的娱乐方式，避免沉迷于一些不良的娱乐活动，如打游戏、看肥皂剧等。最后，我们要学会自律，合理安排学习和生活，不要让娱乐成为学习的障碍。

总之，学习与娱乐应该相辅相成。学习是我们成长的基石，而娱乐可以帮助我们放松身心，调整状态。只有让学习与娱乐相辅相成，我们才能更好地成长和发展。

范文解析

在这篇以“平衡”为主题的作文中，作者通过对立统一的角度议论学习与娱乐，内容更有逻辑性和条理性。通过展现事物的不同方面和矛盾关系，使文章更加引人入胜。

在这篇作文中，你可以先简单介绍学习和娱乐并提出自己的观点：它们应该相辅相成，共同促进我们的成长和发展。

然后，通过学习与娱乐在时间与精力上的冲突来展示它们之间的对立关系。

接下来，你可以提出在学习中适当娱乐的重要性：在紧张的学习之余，适度的娱乐可以帮助我们调整状态，提高学习效果。

最后，你可以探讨学习和娱乐之间的统一关系，即它们并不是完全对立的，而是相互依存、相互促进的。同时，你也可以探讨如何在学习和娱乐之间找到平衡点，比如合理安排学习和娱乐的时间，选择适合自己的娱乐方式，以及学会自律等。

结尾处再次提出自己的观点：学习与娱乐应该相辅相成。然后说明这么做的好处：只有让学习与娱乐相辅相成，我们才能更好地成长和发展。

通过对立统一的写作方法，你可以展示出学习和娱乐的多样性和复杂性。

第四章

善用引用：增加写作内涵

在写作中，引用是支持和加强你的观点的关键。引用可以分为直接引用和间接引用。在记叙文中使用引用可以增强感染力和亲切感，引发读者的阅读兴趣。在议论文中，通过引用可信和权威来源的观点和资料，可以为你的论点提供论据，以增强你的观点的可信度和说服力。本章将为你介绍能增加写作内涵的两种引用方法。

01 直接引用

直接引用是将他人的原话或原文直接运用到自己文章中的修辞手法。在作文中无修改地把某人所说的原话或所写的原文，全句、全段甚至全部，完整地一字不误地记录或抄写下来，放在自己的文章中，我们需要使用引号将直接引用的内容标注出来，以示区别。

在记叙文中，有时会直接呈现人物话语来展示其性格或特质；在议论文中，当我们需要引用他人的观点或者数据时，直接引用是非常常见的方式。

在记叙文中使用直接引用，如下所示：

示例1：

身为纪律委员的她可是我们班最有活力、最富激情的人，每当大家在自习课上吵得闹哄哄的时候，她就猛地从座位上站起来，一巴掌拍在桌子上，然后用比海浪还要澎湃的声音高喊一句：“安静！再吵记名字了！”原本嘈杂不堪的教室一刹那变得安静无比，仿佛一根针掉下来都能听得清清楚楚。

示例2：

爸爸总是和我说“要自信”，我知道，这是因为他希望我能够独立思考，勇敢面对困难，相信自己有能力实现目标。渐渐地，我明白了爸爸的话，自信并不是一种与生俱来的能力，而是通过我们在生活中的经历和努力所获得的。

示例3：

我每次遇到问题都会找我的姐姐，她总是耐心地听我倾诉，给我鼓励和帮助。有一次，我考试考得不太好，向她哭诉，姐姐听了却没有责怪我，只是说："不哭哦，姐姐会一直陪着你的。不管你遇到什么困难，都要相信自己。"听了姐姐的话，我不再沮丧，而是发誓要更加努力，争取下次考试取得好成绩。我知道，有姐姐在身边，我一定会更加有信心去面对困难。

在记叙文中直接引用他人的话语有以下几个好处：

增加真实感。直接引用话语可以使读者更加身临其境，感受到人物之间的真实对话。通过直接引用，读者可以更好地理解人物之间的情感、态度和动机，增加故事的真实感。

展示人物特点。人物的话语可以展示他们的口吻和语言风格。通过直接引用，读者可以更好地了解人物的个性和特点，进一步深入人物的内心世界。

推动情节发展。对话是人物之间交流和互动的重要方式。直接引用可以推动情节的发展，展示人物之间的冲突、合作、矛盾等关系，使故事更加生动有趣。

节省篇幅。直接引用可以简洁明了地传达信息，避免冗长的叙述。直接引用可以直接呈现人物之间的交流内容，节省篇幅，提高故事的紧凑性和流畅度。

然而，在记叙文中使用直接引用时，需要注意平衡引用和叙述的比例，避免引用过多导致故事显得杂乱无章。同时，引用内容也应与故事情节和人物发展相符，有助于推动故事的发展和人物的塑造。

在议论文中使用直接引用，如下所示：

示例1：

“有志者，事竟成。”这句话激励着无数人勇往直前，为自己的梦想奋斗不止。人们相信，只要有坚定的意志和追求，努力奋斗，最终就能够实现自己的目标和理想。

示例2：

正如高尔基所言：“书籍是人类进步的阶梯。”每一本好书都像是一扇通往知识殿堂的大门，它们将我们从无知的茫茫人海中引领出来，陶冶我们的情操，启迪我们的人生。

示例3：

“千磨万击还坚劲，任尔东西南北风”是青竹在昭示着它的意志，任凭风吹雨打，冷静从容，依然不改坚劲本色；“粉身碎骨浑不怕，要留清白在人间”是那被烧炼的石灰石在昭示着它的意志，坚守高洁，不怕牺牲；“宝剑锋从磨砺出，梅花香自苦寒来”是那宝剑与梅花在昭示着它们的意志，只有经过不断的磨砺才能得到锐利的刀锋，只有熬过孤寂的寒冬才能绽放出诱人的芬芳。

在议论文中直接引用他人的话语或观点有以下几个好处：

表明观点和态度。通过直接引用，作者可以明确表达自己的观点和态度，使读者更容易了解其立场和态度。

增加说服力。直接引用名人的话语或观点可以增加文章的可信度和说服力，使读者更容易相信和接受作者的观点。

增加文章深度。直接引用可以使文章内涵更加丰富、具有深度，读者也可以进一步了解作者引用的来源和细节，从而更好地理解作者想要传达的思想。

然而，在议论文中使用直接引用也需要注意是否会显得太过直接和生硬，这有可能影响文章的逻辑性和连贯性。因此，在使用直接引用时，作者需要根据具体情况进行把握和运用。

题目 1：以“爱”为主题，写一篇作文

范文 我的外婆

我的外婆是我生命中最重要的人之一。她是一个充满智慧和慈爱的人，她曾给予我无尽的关怀和支持。

开头点明外婆的重要性

每当我想起外婆，我脑海中浮现的第一个画面就是她温柔的笑容。她总是用慈爱的眼神看着我，仿佛她的整个世界都围绕着我转动一样。外婆总是教导我坚强、善良和助人为乐。“小龙，你是个聪明的孩子，我相信你对自己有很好的安排。但是要记得越努力越幸运，坚持下去才会成功。”她的智慧和经历让我受益匪浅，我从她那里学到了如何成为一个真正优秀的人。

直接引用外婆的话，体现外婆对“我”要坚强的教导

外婆还是一位出色的厨师。她的厨艺无与伦比，每次我去她家，她总是为我准备我最喜欢的食物。每次，我还没有踏入外婆家的门，她就开始呼唤我：“小龙，快点来尝尝外婆特意为你熬的汤。”她的爱心在每一

道菜肴中都可以品尝到。每当我品尝到她独特的拿手菜，我就会想起她对我深深的爱和关怀。

直接引用外婆的话，体现外婆对“我”深深的爱

除了美食，外婆还经常和我一起度过美好的时光。我们会一起去公园散步、做手工、聊天。每一次与外婆相处，我都感到快乐和放松。她总是倾听我的烦恼，给予我智慧的建议。外婆总是说：“小龙，无论遇到什么困难，都要相信自己，相信未来。记住，你不是一个人在战斗，我会一直陪伴在你身边，支持你、鼓励你。”她的陪伴和支持让我在困难时感到安慰和坚定。

直接引用外婆的话，体现外婆对“我”的陪伴和支持

我很幸运能有一个这样的外婆，她是我生活中的启明星。她对我的爱给了我力量和勇气，使我成长为一个独立、有爱心和有责任感的人。无论我遇到什么困难，我都知道外婆会一直在我的身边，支持着我。

我永远都不会忘记外婆的爱和她对我的影响。她是我人生中最伟大的导师和榜样。我会继续学习外婆的智慧和爱心，将她的价值观融入我的生活中。

结尾总结外婆对“我”的影响

范文解析

作者在这篇作文中，直接引用外婆的话语来体现外婆这一人物形象，说明外婆对“我”的具体教导，以更具体地表现她“充满智慧和慈爱”，以及“曾给予我无尽的关怀和支持”。

如“小龙，你是个聪明的孩子，我相信你对自己有很好的安排。但是要记得越努力越幸运，坚持下去才会成功”，体现了外婆对“我”要坚强的教导。

如“小龙，快点来尝尝外婆特意为你熬的汤”，体现了外婆对“我”深深的爱。

如“小龙，无论遇到什么困难，都要相信自己，相信未来。记住，你不是一个人在战斗，我会一直陪伴在你身边，支持你、鼓励你”，体现了外婆对“我”的陪伴和支持。

这篇作文通过描述外婆的品质、回忆她的教导，并直接引用她的一些话语，避免了冗长的叙述，提高了作文的紧凑性和流畅度，也成功地传达了外婆对作者的影响，使作者对外婆的感激之情更顺理成章。

题目2：以“善良”为主题，写一篇议论文

范文 善意的输出与回馈

“善人者，人亦善之。”中国传统文化历来追求一个“善”字——待人处事、与人交往时应心存善良，崇尚善意之美。善意，是历史中夺目的珍珠，是社会中极为珍贵的宝藏，是为人处世时的不二法宝。善意是互相给予的，向他人输出善意，他人也会将善意回馈于我们。

直接引用《管子·霸形》名句，概括观点

俄国作家托尔斯泰说：“如果一切皆善，就一切皆美。”在一切道德品质之中，善良的本性在世界上是最需要的。当心中充满善意，世界便会变得美好和明亮。当我们将心中的善意外化于行，对他人微笑、问候、帮助时，我们传递的是一种友善和关爱的信息。这样的行为不仅能够让别人感到温暖和快乐，也会让我们自己感到满足和幸福。

直接引用托尔斯泰的名言，表达向外输出善意的重要性

“善良的行为使人的灵魂变得高尚”是法国思想家卢梭的至理名言。诚然，当我们对他人友好和善良时，他们也会对我们产生好感，并愿意与我们交流和合作。这样，我们就能够与更多的人建立起真诚的友谊，共同创造更美好的未来。因此，我们播撒出去的善意终将会回馈在我们自己的身上。

直接引用卢梭的名言，强调他人对于善意的回馈

英国剧作家莎士比亚说：“善良的心地，就是黄金。”社会是一片海洋，而善意则是一艘永不被掀翻的巨轮，我们用善行掌舵，在社会上乘风破浪，在为人处世中摸爬滚打，一路上洁白色的浪花轻拍着巨轮，回馈着我们的善意。我们向外界施以的点滴善意，终将成为一片五彩斑

斓、美丽万分的花海，而弥漫着的花香、养眼的外表，都是外界真诚的回馈。让我们都拿出心中的善意来对待他人吧！我想，充满善意的人间才是我们共同的理想。

直接引用莎士比亚的名言，以比喻作结尾，呼吁大家用善意对待他人

范文解析

在议论文中直接引用名人名言等可以为自己的观点提供支撑，使论述更具有说服力。在引用时，应确保引用的准确性及与作文观点的相关性，并在引用处使用引号进行标示，且应注明出处，例如作者姓名、作品标题等。

在这篇文章中，使用了直接引用名言的写作方法，在开篇直接引用《管子·霸形》的名句“善人者，人亦善之”来概括自己的观点：善意是互相给予的。

其次，直接引用俄国作家托尔斯泰的名言“如果一切皆善，就一切皆美”来表达向外输出善意的重要性。

然后，直接引用法国思想家卢梭的名言“善良的行为使人的灵魂变得高尚”来强调他人对于善意的回馈能使自己得到发展。

最后，直接引用莎士比亚的名言“善良的心地，就是黄金”以比喻作结尾，将善意比作“巨轮”“花海”，以此呼吁大家用善意对待他人。

这样的写作方法，不仅可以帮助你更好地表达自己的思想和观点，增强文章的可读性和吸引力，还能够培养你对名言的理解和运用能力，提升写作水平。

02 间接引用

间接引用是以不改变原句的意思为基础，通过自己的话对他人观点或原文进行概括、解释或者转述的手法。在间接引用中，我们不需要像直接引用那样使用引号，而是可以通过以下方式，用自己的语言将他人的话语或观点进行转述。

如在直接引用的基础上改变有关人称代词，将第一人称改为第三人称；改变标点符号，将冒号改为逗号，并去掉前后引号。当然，还可以在不改变原句意思的基础上改变个别字眼。

例如：

直接引用。小英说：“我要竞选班长。”

间接引用。小英说，她要竞选班长。

又例如：

直接引用。小英说：“我长大后要成为一个音乐家。”

间接引用。小英说她的梦想就是长大后成为一个音乐家。

在记叙文中间接引用别人的话语，可以更加生动地描绘人物之间的语气和状态。在记叙文中使用间接引用如下所示：

示例1：

爷爷早就告诉过他，做人要诚实，可他没听爷爷的话，吃了很大的亏。

示例2：

此刻，我们正站在决胜的起点，无论面临多大的困难和压力，都要记住，我们拥有强大的实力和无限的潜力，胜利就在不远处。这是我在运动赛场上听到广播透过扬声器传来的话语。这句鼓励的话语犹如一道魔法，瞬间激发起了我的斗志，心中涌起一股前所未有的勇气和决心。

示例3：

小明是一个活泼而富有梦想的孩子，他总是充满了对未知世界的好奇和向往。有一天，他兴奋地告诉大家，他要在蓝天里飞翔。小明的这个梦想引起了大家的惊讶。有人觉得这个梦想太过天真，不切实际，但无论别人怎么说，小明一直坚定地告诉自己，只要努力，他一定能够实现飞翔的梦想。

在记叙文中使用间接引用的好处包括：

简化叙述。间接引用可以减少描述他人话语的具体细节，使叙述更加简洁明了。这样可以避免话语过长或者过于复杂，提高读者阅读的流畅性。

突出重点。间接引用可以将话语的关键信息或者重要观点集中呈现，突出故事的重点。这样可以帮助读者更好地理解故事情节和人物之间的关系。

展示叙述者观点。叙述者可以通过间接引用，以自己的叙述方式和语气来表达话语内容，从而展示自己的观点和态度。这样可以更好地塑造叙述者的形象，并丰富故事的层次。

避免对话冗长。有时候，所要引用的内容可能过于冗长或者琐碎，不利于故事的推进。间接引用可以只保留话语的要点和关键信息，避免话语过多地占据篇幅，保持文章的紧凑性。

总之，在记叙文中使用间接引用可以简化叙述、突出重点，同时展示叙述者观点又避免冗长，使文章更加精彩。

在议论文中使用间接引用，如下所示：

示例1：

学到的知识要按时去复习，这是孔子曾告诉我们的道理。及时复习可以帮助我们激活记忆，加深对知识的理解。通过不断地复习，我们还可以回顾和巩固已学的知识，发现和弥补自己的不足之处，进一步深化对知识的应用和掌握。

示例2：

鲁迅先生认为自己成功的秘诀就是珍惜时间，他并不认为自己是天才，而是把别人喝咖啡的工夫都用在工作上了。我们也应该如鲁迅先生那般充分认识到时间的宝贵和有限，要善于分配和规划时间，将更多的时间用于努力学习、追求自己的梦想。

示例3：

友谊是人际关系中非常重要的一部分，对于我们的生活和工作都具有至关重要的影响。著名思想家马克思曾说过，人的生活离不开友谊，但要得到真正的友谊是不容易的，友谊需要用真诚去播种，用热情去灌溉，用原则去培养，用谅解去护理。只有这样，我们才能建立起真正的友谊，从中获得更多的支持和帮助。

在议论文中间接引用别人的观点，使之更好地融入自己的作品中，以支撑自己的思想和观点，同时也能够展示出自己对原文的理解和思考。

题目 1：以"友谊"为主题，写一篇作文

范文 我的朋友小阳

盛夏热烈，我举目远眺，心满意足地望见了那个熟悉的身影：他站在灿烂的阳光之下，高挑纤细，眉目舒展，蓬松的黑发衬得他温润如玉。

他是我最好的朋友——小阳，只比我大上半岁，行为处事却要比我稳重不少。

我的好胜心很强，无论做什么，都勇争第一，锋芒毕露，就连许多高年级的老师都听说过我的名字。而小阳则要内敛许多，本分地完成自己的任务，绝不干夺人眼球的事。他总是思前想后，仿佛有千般万般的顾虑，有时甚至会劝我，要学会适当藏拙。

每次听见他这样说时，我都疑惑万分：为什么要这样呢？自信大胆地朝着第一名迈进有什么不好吗？他只是笑，说我以后就懂了，因为成长往往发生在一瞬间。以后就懂了？我那时一知半解，没想到这个"成长"来得这样快。

在那次由学校组织的辩论赛中，我据理力争，处处追根溯源，可不知为何，势头正猛的我忽然成为对方辩手的"靶子"，无数刁钻的问题被丢到我的身上，令我头晕目眩。最后的结果显而易见，我遗憾败北，散场后独自待在教室角落放空思绪。身边忽然多了一个身影，小阳温柔的嗓音自我耳边响起，知道为什么会被针对吗？他问我。我赌气似的垂首，故意不去看他，他却自顾自地给我讲了个故事。

麦芒过于突出的时候，会压弯麦梗的脊梁。而他曾经也似我一般

志得意满，但因为过于突出，在羽毛球团体赛中成了对手重点突破的对象。他的团队丧失了主心骨，成了一盘散沙，被打得溃不成军。

听到这里，我惊讶地抬头望着他，看着他平静的面庞，这才明白沉稳的表面之下掩藏着怎样的过往。他却毫不在意地笑了笑，大人一般拍拍我的肩膀，告诉我，人生只是一场不断试错的旅途，趁着年轻，我们可以大胆地走进一些无伤大雅的“歧路”，只要能够及时回归正道。

因为失败而带来的低落情绪好像在这一刻湮灭了，我用力点头，在小阳的开解下与自己和解。自此以后，我也学会了藏拙。

夕阳西下，阳光将我们的影子拖得很长，感谢有你，我的良师益友。

范文解析

在这篇文章中，多处使用间接引用转述小阳的话，展示作者对小阳的话语的认同，并以二人之间的对话及经历来表达文章的主题。

如“有时甚至会劝我，要学会适时藏拙”，将平时小阳劝“我”的话语简化概述，突出本文想要表达的主要观点——要学会适时藏拙。

如用“他只是笑，说我以后就懂了，因为成长往往发生在一瞬间”引入接下来“我”所受到的挫折，突出故事的重点，即成长。

如用“小阳温柔的嗓音自我耳边响起，知道为什么会被针对吗？”“他却自顾自地给我讲了个故事”引入接下来所转述的小阳的故事，将小阳身上发生的故事概述为一段话，既节省文章篇幅，避免对话冗长，又能便于读者了解小阳的经历与内心世界。

如“他却毫不在意地笑了笑，大人一般拍拍我的肩膀，告诉我，人生只是一场不断试错的旅途，趁着年轻，我们可以大胆地走进一些无伤大雅的‘歧路’，只要能够及时回归正道”，通过间接引用，将小阳所说的话以作者自己的话转述，体现出“我”已将该道理内化于心。

间接引用别人的话语，可以避免直接陈述，减少了自我表达和对自己观点的过多强调，使文章更加客观和中立，便于读者深入理解。

题目 2：以“宽容”为主题，写一篇作文

范文 山不让尘，川不辞盈

澳大利亚作家安德鲁·马修斯曾用被脚跟踩扁、却把香味留在那脚跟上的紫罗兰来形容“宽容”，由此可见，宽容在生活中扮演着极其重要的角色，让人与人之间的相处留下更多馥郁的芬芳，绽放出真正的人性之光。

君子量不极，胸吞百川流，宽容为他人保留一丝体面和尊严。人

生一世，要接触数不清的人和事，难免会与他人产生矛盾。此时若被仇恨和怒火蒙蔽了双眼，誓要与对方争个鱼死网破，只会耗费掉无尽的时间、精力。不妨选择各退一步，为彼此保留一丝体面和尊严。宽容不仅是对他人的尊重，更是善意和美好的体现。六尺巷的故事家喻户晓，千里家书只为墙，让他三尺又何妨？退让收获的不是得寸进尺，而是更宽广的天地。

渡尽劫波兄弟在，相逢一笑泯恩仇，宽容能让人放下恩怨，冰释前嫌。宽容是冬日里的暖阳，能融化人与人心里的坚冰，甚至将往昔的敌人变成真正的朋友。过往的矛盾、争执难免会让人心生芥蒂，但生活中的智者往往会选择向前看，用宽容对待他人，在对方的心中种下一粒友善的种子。宽容他人，也是宽容自己，使彼此能够放下过去的罅隙和不快，用全新的态度对待这层关系。

宽容是维系人与人之间关系的重要纽带。莎士比亚将宽容比喻为天上滋润着大地的细雨，既赐福于宽容的人，也赐福于被宽容的人。常怀宽容之心，这个世界才会多姿多彩。邻里多些宽容，能更好地和睦相处、享受生活；社会多些宽容，能更好地吸纳人才、创新进步。宽容是人际关系得以维系的重要保证，倘若世上没有宽容，遍地都将是无休止的争吵、殴打，人们为了鸡毛蒜皮争执上一天一夜，正常的生活节奏和社会秩序都将不复存在。

巍峨的大山不拒绝微小的尘埃，壮阔的河流不嫌弃细小的水流。宽容并不是懦弱和胆怯，恰恰相反，它是一个人的格局和修养的体现。生活里对他人多一份宽容，就能收获多一份快乐和美好。

范文解析

这篇文章多处间接引用名言来对“宽容”这一观点进行议论，增加文章内涵。

首先，间接引用澳大利亚作家安德鲁·马修斯的名言“一只脚踩扁了紫罗兰，而它却把香味留在那脚跟上，这就是宽容”来总起全文，向读者解释“宽容”一词的内涵。

然后，间接引用莎士比亚的名言，说他将宽容比喻为天上滋润着大地的细雨，“既赐福于宽容的人，也赐福于被宽容的人”，来说明宽容是维系人与人之间关系的重要纽带。

最后，间接引用晋代张华的“山不让尘，川不辞盈”一句，并进行解释“巍峨的大山不拒绝微小的尘埃，壮阔的河流不嫌弃细小的水流”，以此来总结说明人人都应在生活中对他人多一份宽容的观点。

第五章

妙用举例：增强写作说服力

在写作中，举例是支持和加强论点的关键。利用具体的案例来说明某个观点或主题，可以增强写作说服力。使用真实的个人经历、名人事件、文学作品等作为例子，这样可以使你的论点更加具体、生动，并且能让读者更加深入地理解你的观点，引起读者的共鸣。不同的举例方式有着各自的独特优势，在写作中，可以根据具体情况来选择合适的举例方式，或者结合使用不同的举例方式，以达到更好的效果。

01 个人经历举例

作为学生，我们在家里、学校、社会都会有各种经历与体验，例如，家庭中的亲子互动，学校里的学习生活与人际交往，在外的旅行经历，参加的志愿活动或各种赛事，等等。这些经历不仅丰富了我们的生活，也让我们在经历中成长，受到启迪。所以说，以个人经历为圆心，目之所及皆有戏，心之所思总生情。

写作文，如果结合个人经历来写，有时候就是自己在上学的路上看见了一个什么样的人，做了一件什么事情，而这件事令你印象深刻，你自己有什么感触，将这几个问题写清楚了，就是一篇基础性作文。这样说起来，是不是很简单？但前提是你要遇到那件事，而且你要知道那件事发生的原委，这样你就不会虽然在路过的时候看见了那个人，但写起来没话可说。所以，在写作中，我们经常用"真"，即融入自己的真实经历、真情实感来写作。

在议论文写作中，分享自己在某个情境下的亲身经历，可以有效地支持自己的观点或所要阐述的主题。假设你正在写一篇关于环境保护的议论文，你可以引用一个真实的经历，描述自己曾经参与过的一次环保活动，及所目睹的环境污染对当地居民生活造成的影响。又例如，还可以通过描述自己在公园看到一位爷爷捡起地上的纸屑并放入垃圾桶的经历，来说明每个人都可以从小事做起，为保护环境贡献力量。详细描述自己的亲身经历，可以让读者更加深刻地理解环境保护的重要性，并且增加论点的可信度。

当然，仅仅只有经历，我们可能会写成记叙文。但如果我们能加以提炼和总结，或许可以得到不同的感悟或主题。在运用个人经历举例时，我们还需要注意以下几点。

紧扣论点

在写作中，经常有学生所用素材是生活中的所闻、所见、所感，是真实的，但不能反映事物的本质，不能很好地为主题服务，与中心思想貌合神离；有些文章看似洋洋洒洒，却套路式、标签式地呈现，不能契合文章的中心，如同一枚叶子，表面完整，却干枯无色，没有鲜活的生机。

例如，在题目为《人间烟火气，浓浓爱国情》的文章中，有考生写道：

疫情期间，宅家的网友们化身美食、穿搭、健身博主，借助各大社交平台晒出自己的抗疫日常，让屏幕这边的我们不禁感叹“高手在民间”。一些明星尽显厨神本质，素人们也不认输，纷纷加入厨艺大赛。我的爸爸也开始对着屏幕学烧名菜，一天学一道，一个多月的时间竟然学会了30多道名菜，也让我们在这些居家的日子里大快朵颐，寂寞无聊的生活逐渐变成了一种快乐和享受。

上述文字确实是“我”的真实经历，用个人经历举例不见得就典型，不见得能够反映事物的本质。这些经历不能完全去论述烟火气与爱国情之间的关系，读起来给人的感觉是貌合神离，似是而非。

对生活经历进行改造

有些生活经历不能直接应用到写作中，这时候，就需要对其进行改造，即对生活中经历的一些重点事件进行摘取与改造，使其能够与写作主题相适应。

例如，某学生记录了一只小鸟如何筑巢并养育七个孩子的故事。在写作相关的亲情类作文时，教师可以引导学生用简洁的语言概括该生活素材，或者仅仅只对生活素材中的某个片段进行摘取、改写等。比如，“小鸟在筑巢养育孩子的过程中经历了各种困难，但最终它坚守了下来，就像一个平凡母亲对自己孩子的坚守那样……”这样不仅可以使生活素材与作文更契合，还能增强作文的灵动性。

在摘取素材之后，我们还要对素材直接进行扩写与再改造。一般来说，学生记录生活的类型与题材是不受限制的，学生既可以记录生活中的事件，也可以记录一些自然风光或者自己的感悟等。比如，部分学生记录下了春天生机勃勃的景象，如春游以及露营的经历等，当写与春日

题材相关的作文时，学生就能够直接对其进行相应的扩写，使其符合写作的要求。但是，如果我们应用到议论文中，则需要进行必要的改写和主题提炼了，如借用春天景象来反映生命力、生机、向上的本质或主题。

详略得当

不少人在运用个人经历举例论证时，忽略了语言表达的方式，在素材运用上表现出语言拖沓、不精彩的毛病。有的文章毫无节制地叙述个人经历，不知道怎样取舍；有的文章所举事例尚能论证中心论点，但其在运用的过程中，语言拖沓，毫无精彩可言，这些都严重影响了文章的质量。因此，在运用个人经历论证时，最好运用概括性的语言与具体表达相结合的方法，使用材料时可采用多种表达方式的综合运用。如果使用多个事例，就尽可能采用排比形式，增强气势，再综合评价。

题目 1：以“成长”为主题，写一篇作文

范文 请不要对我说“不”

在成长的道路上，我们常常遭遇到各种挑战和困难，而有时我们会面对别人的拒绝和否定。然而，我希望对于我所追求的梦想和目标，请不要对我说“不”。（引言，点明主题）

我记得小时候，我立下了一个远大的目标：成为一名优秀的小提琴家。然而，有人告诉我，音乐是一个需要天赋并付出艰辛努力的领域，而我并不具备，我应该选择一个更容易实现的目标。但是，我不愿意接

受他们的否定。在过去的几年里，我通过反复练习和听音训练，取得了显著的进步，音准得到了极大的提高。我现在能够更准确地演奏音符，并能够更好地控制音色和音量，这使得我的演奏更加精准和动听。我相信，只要坚持不懈地努力下去，我的琴技还会有更大的突破和进步，我一定可以成为一位出色的小提琴家。

讲述自己音乐之路上的经历

同样地，在学业和其他方面，我也会面临各种困难和挑战。有时候，我会遇到难以理解的学科或复杂的任务。但是，请不要对我说“不”。最近我在数学课上遇到了一道难题。起初，我感到困惑和无从下手。但是，我没有放弃，而是主动寻求帮助并进行了深入的研究。通过与同学的讨论和老师的指导，我逐渐理解了问题的解题思路，并成功解决了这道难题。从此我相信，无论是学习一门新的课程还是完成一个复杂的项目，我都会努力尝试，不轻言放弃，直到取得成功。

讲述自己学习上的经历

我知道，实现梦想不是一条平坦的道路，会有很多困难和阻碍。但是，我相信每一个困难都是一次成长的机会。请不要对我说“不”，因为我相信自己的能力和潜力，因为我有梦想、有决心、有毅力。我要成为一个坚韧不拔的人，用自己的成就向世界证明，不要对我说“不”。

总结

范文解析

以下是以个人经历举例的具体写作方法：

明确主题和目的。确定写作的主题和目的。例如这篇文章主题为“请不要对我说‘不’”，那么在文中则需要展示你的坚持和努力。

选择具体的经历。选择与你要表达的主题或观点紧密相关的具体经历，这可以是你在学习、工作、旅行或其他方面遇到的挑战、困难或成功的经历。当作文主题为“请不要对我说‘不’”时，你可以选择自己被别人否定的经历。

详细描述经历。在正文部分，详细描述你的经历，可以使用生动的语言和具体的细节来描绘你所经历的情景、感受和行动，让读者能够感受到你当时的心境和体验。如这篇文章详细描述了自己在音乐和学习上被否定，但继续努力、取得进步的经历。

突出重点和教训。在描述经历的同时，突出重点和教训。强调你从这个经历中学到了什么，以及它对你的成长和发展有何影响。比如在这篇文章中通过自己的经历认识到“无论是学习一门新的课程还是完成一个复杂的项目，我都会努力尝试，不轻言放弃，直到取得成功”。

总结和反思。在文章的结尾，进行总结和反思。回顾你的经历，强调你的成长和进步，并展望未来。还可以提出一些问题或思考，鼓励读者思考他们自己的经历和成长。

通过以上步骤，你可以将个人经历生动地呈现给读者，并传达出你想要表达的主题和教训。记得在写作过程中保持思路清晰、文字连贯和逻辑合理，让读者能够跟随你的思路并产生情感共鸣。

题目 2：以“诚信”为主题，写一篇作文

范文 重拾诚信品质，共筑美好生活

伟大的思想家歌德曾经说过：“始终不渝地忠实于自己和别人，就能具备最伟大才华的最高贵品质。”的确，诚信是那么重要，唯持诚信，生命之路才会顺畅，人生之歌方能豪壮，社会的巨轮才能滚滚向前。

诚信是做人的根本，是一个人最宝贵的品质。一个人若是拥有了诚信，便拥有了人格的魅力，如百花丛中的鲜花，娇艳动人；似繁星闪烁，熠熠生辉。可若是丢了诚信，便丢了做人的根本。记得那次考试失利，老师却要求让家长签字，我想想母亲失望的眼神、责怪的话语，心中不由生了怯意，最终决定模仿母亲的字迹伪造签名，老师发现了并没有责骂我，只是语重心长地说道：“你免去了母亲的责怪，却丢失了做人的根本，那就是诚信！”我羞愧难当，却又心生顿悟，我竟丢失了人最珍贵的品质。

诚信是赢得他人尊重与信任的钥匙。我们心怀诚信，才能赢得别人的尊重；我们做到“言必信，行必果”，才能赢得别人的信任；若是不讲诚信，我们在这个世界上将陷入孤立无援的境地。那次我与同伴相约外出游玩，将要出发时突然天降大雨，望着滂沱大雨我选择留在家中，可我的同伴却被大雨淋得浑身湿透，只为了遵守与我的诺言，而我却失约了。我躲过了大雨，却失去了同伴的信任，两人的深厚友谊也生出了间隙。心怀诚信，才能真诚地对待每一个人，才能得到别人的尊重与信任，方能收获深厚友谊。

诚信还是创建和谐社会的基石。古时候的人们夜不闭户、路不拾

遗，而现在防盗窗、防盗门齐上阵仍然不起作用，可见诚信对于社会和谐发展起着多么大的作用，我们唯有重拾诚信，才能促进社会和谐发展。近期涌现的无人售卖商店便是重拾社会诚信的体现，在无人监管的商店里，人们自己选购，自觉付款，没有一个人逃单，这是多么和谐的场景，多么美好的画面。

在历史的长河中，人们深知诚信的重要，为诚信的美德高颂赞歌，并且努力地身体力行着，让深厚的中华文化源远流长。今日的我们又怎能将其丢弃，我们更应重拾诚信，畅行生命之路，高唱人生之歌，推动社会之轮！

范文解析

这篇文章以“诚信”为主题，作者选取了多个与之相关的个人经历进行举例说明，展现多样素材，增强了文章的说服力与感染力。

如用自己考试失利却模仿母亲字迹伪造签名的经历，通过老师语重心长的话语，来说明自己悟出的“诚信是做人的根本，是一个人最宝贵的品质”这一道理。

如用自己因雨天失约，导致与朋友的深厚友谊出现间隙的事件，说明“诚信是赢得他人尊重与信任的钥匙”这一观点，心怀诚信，才能得到别人的尊重、信任与真诚相待。

如用近期涌现的无人售卖商店，来举例说明“诚信是创建和谐社会的基石”，人人诚信，社会将会变得更加美好。

多个个人经历的举例，可以更加明确地突出文章的主题——诚信，让读者能更加明确文章想要表达的观点。

02 名人事件举例

名人往往具有代表性和影响力，其事件与经历多为人知，读者对名人的行为和言论更容易产生共鸣和认同，以其相关事件或经历作为例证，能使读者更容易接受作者的观点。

列举名人事件时，首先要选用能精准阐述中心思想的典型事件和重要事件。除此之外的事件，即便和名人有关也不选用。其次，陈述名人事件时，要以概括说理性语句为主，避免写成记叙文中的事件叙述，并且要处理好详略问题，一定要突出中心思想。

写作中，名人素材常常见，也不新鲜。如何将名人素材写出新意，做到有启发性、有观点性、有情感性呢？可以从以下几个方面入手。

择取典型事例

有的同学写“信念”话题作文时，用屈原、陶渊明、李白的事例做论据，写“宽容”话题作文时，还是这三个人，到写“客观看待问题”话题作文时，仍然是这三个人！全然不考虑材料是否适用其主题，只是简单地把人物的事例复述一遍，看不到人物突出的精神，看不到人物身上的亮点，更不见材料的使用角度。这样的举例运用，不仅无法给文章加分，甚至还会给人以敷衍之感。

在选用名人事件时，应充分考虑文章主要思想与论点，再选择典型人物及其典型事件。例如，读过鲁迅作品的人，会对其《风筝》《从百草园到三味书屋》《藤野先生》《社戏》《故乡》《孔乙己》等作品印象深刻，尤其是他弃医从文、以笔为枪的斗争精神，激励着众多志士奋勇向前。在运用素材时，则可以根据需要，选择其相关的事迹，如要论证“放弃也是一种成全”则可以选择他弃医从文的事迹。

事理结合

在作文中将所例举的名人事迹、相关名言与文章论点结合，使具体的人物素材、名人名言和文中哲理相得益彰，发挥更好的效用。选取人们所熟悉的人物素材，再加之恰当有力、典型准确的引用，这样的表达一定更有说服力，更能打动读者。

例如，在引用王章程的事迹论述坚持的道理时，有考生写到，执着代表的是坚持不懈，坚信“绳锯木断，水滴石穿”。王章程的目标可以用“遥望”来形容：一个普普通通的无名小卒，竟然会向世界级的数学难题发出挑战。这可是一道无法逾越的天堑。然而，王章程一头扎进加州私人研究室，一干就是十年，十年中，他始终坚持着，不曾退缩。他用执着的汗水一点一点地铺路搭桥，一步一步地接近终点。

推陈出新

对于经典的名人素材，我们可以从新的视角出发，加以引申，发掘出新的蕴意，这样也能制造出奇制胜、耳目一新的感觉。如果别人从这个角度切入，我们可以偏移一下视角：别人从正面看，我们可以从反面看，从侧面看，等等。例如，对于莎士比亚的素材，人们总是着眼于肯定的角度，但我们有时候也可以换一个角度，从其拼命追求钱财的角度来谈，证明“高雅的作品并不能看出写就它的笔杆子人品如何”的观点，让旧的材料焕发出新的光彩。

同质叠加

在阐释某一概念的内涵或者表达某一个观点时，我们不妨独具匠心，从不同角度把一些与自己要表达的立意有共同点的名人素材归纳组合在一起，从而增加文章的文化含量、名人效应和人文精神。

例如，在印证“示弱带来的成功”的观点时，有考生写到，人在示弱以后往往会看清自己的路，不断地思考、反省，最终迈向成功。素以硬汉形象示人的普京说：“我并不是最强硬的人，比我强硬的人还有许多。”沈从文在自传里并没有隐瞒自己的逃学生涯；卢梭在《忏悔录》中无情地揭露自己的过错；列夫·托尔斯泰为自己列出了“八条罪状”；奥古斯丁向世人坦承自己做过的可耻的事。懂得正视自己，懂得示弱，成为成功路上的踏板，让他们实现本质上的飞跃。

异质对比

对比法是指把两则同类但不同质的名人素材，安置在一定条件下，使之集中在一个完整的统一体中，使素材呈现放射性例证效果，多元组合产生论述气势。古人说，“无反则正不显”，运用这种手法，映衬出被表现事物的本质特征，引发读者反思。

除此之外，在具体的写作中，我们也可以创新写作的手法，让名人素材更灵动、富有生气，增加文章的可读性。

（1）写作中，如果没有“我”的存在，那就难以有真挚的感情。我们可以虚拟场景，采用对话形式，突破时空限制，与人物在虚拟环境中实现对话，自如地表情达意。比如，习作《落在地上的太阳》：梵·高，我爱你，爱你的《星空》，爱你的《向日葵》，更爱你一笔一画用心涂抹的童真。你曾经孩子气地说，你要用纯净或调和的铬黄，在各种程度的蓝色底子上，从最淡的委罗内塞的浅蓝到最深的蓝色，画出你心中的那片向日葵……

作者采用对话的表达方式，把人物置于我们的对面，拉近和人物之间的距离，增加亲切感，读来令人感受到情真意切。

（2）在立足材料的基础上，活用材料的关键性细节，适当演绎发挥，可以让素材更有新意。比如，习作《给生命定调》：我听过一种调，叫难得糊涂。乐声中我看见繁华金陵城里的一抹清幽，那桃花坞里的桃花庵，桃花仙人的桃花园，看见他酒醒只在花前坐，酒醉还来花下眠，看见半醉半醒日复日，花开花落年复年。看着他不愿鞠躬车马前，又得浮生半日闲。他给自己定的调子明快又模糊，慵懒却激情。他高中解元，却爱流连田间。他哪管人们的称赞还是闲言，这位唐解元，从容饮酒，潇洒高歌，“别人笑我太疯癫，我笑他人看不穿；不见五陵豪杰墓，无花无酒锄作田”。

作者运用唐伯虎的素材时，对他醉酒的场面进行充分想象和扩充，这里的添枝加叶，让文章血肉丰满，形象鲜明。

（3）有时候为了证明观点或阐释论题，在摆事实、讲道理的时候，我们可以有意识地借助一些生动形象的东西，如描写某个鲜活的事物，介绍某个大家熟悉的艺术形象，以此来加强议论的形象性、感染力。

比如，习作《智慧是一间寂寞空屋》：寂寞空屋，给浮华不定的心灵以脚踏实地的依靠。史铁生在最狂妄的年纪忽地残废了双腿。他的世界，从此不再有欢笑嬉闹。他走进地坛，走进百代帝王家遗落下的那一间寂寞空屋。他看见叶上阳光、花间蜂蝶，他听见这世界繁华落尽，生命一如往昔的答案。“死亡是一个必然来临的节日”，史铁生如是说。他于此一间寂寞空屋中褪去了年轻气盛，褪去了不切实际的幻想，拥抱敞开的生命之门，成为智者。

作者巧妙地以“寂寞老屋”的意象来象征智慧，并把史铁生残疾的躯体里闪耀着生命光辉的事例，融入这个“寂寞老屋”的比喻，成为文章的闪光点。这种形象化的表述，深入浅出，通俗易懂，能够加强说理的效果。

题目1：以“积极”为主题，写一篇作文

范文 积极向上的人生之旅

法国作家萨克雷说过：“生活是一面镜子，你对它笑，它就对你笑；你对它哭，它也对你哭。”的确如此，生活就像一面镜子，我们给予它积极向上的态度，它将回报我们拂面清风；我们给予它消极消沉的情绪，它则回应以暴风骤雨。曾国藩也曾在其家书中给予深刻的劝诫，指出自怨自艾和埋怨他人只会带来困顿。因此，唯有积极向上地生活、大步向前，我们才能打破困境，迎来希望的曙光。

引用名言点明论点

积极向上的生活态度给予人们勇气面对失败。人生常常会遭遇不如意的事情，但那些怀揣积极向上心态的人能够穿越黑暗，在自己的人生舞台上奋勇前行，战胜困难，追寻自己的梦想。例如，英国作家J.K.罗琳在写作《哈利·波特》系列小说时，经历了多次被出版商拒绝的失败。然而，她并没有放弃，而是保持积极的心态，继续努力，最终获得了巨大的成功。她的坚持和积极向上的态度成为她走向成功的关键。

引用英国作家J.K.罗琳事例论证

积极向上的生活态度给予人们重新出发的力量。当人们遭遇挫折和失败时，积极向上的心态让他们坚定信念，重新审视自己的目标和方向，勇敢地踏上新的征程。他们不被过去的失败所拖累，而是用积极向上的心态迎接新的机遇和挑战。企业家乔布斯在被苹果公司董事会解雇后，面临了人生的低谷。然而，他并没有沉沦于失败中，而是以积极向上的心态创办了皮克斯动画工作室，并最终重返苹果公司，成为世界级的商业领袖。他的成功离不开他积极向上的生活态度和不断追求新的机

会的勇气。

引用企业家乔布斯事例论证

积极向上的生活态度给予人们信心度过低谷。生活可能会给我们带来重重打击，但那些积极向上的人用乐观的心态面对困境，勇敢地迈出一步，寻找新的可能性和解决方案。例如，身残志坚的张海迪在残酷的命运挑战面前，没有被困境击倒，也没有放弃对生活的热爱和追求。她通过自学和努力，掌握了多种语言，创作了多部优秀文学作品。她用自己的努力和才华证明了自己的价值，也给我们带来了启示：无论我们身处何种困境，都应该保持乐观和坚定的信念，相信自己的能力和潜力。只有积极面对生活中的挑战，才能够找到正确解决问题的方法和出路。

引用作家张海迪事例论证

唐代刘禹锡的名言“以不息为体，以日新为道”激励着我们。唯有积极向上、奋发图强，追求进步，我们才能不负美好青春时光。积极向上的心态将帮助我们在逆境中思存求变，为人生之舟保驾护航，迎接更加美好的未来。让我们怀揣积极向上的心态，勇往直前，开创属于自己的精彩人生。

结尾引用名人名言进行总结

范文解析

作文中用名人事件来举例是一种常见的写作方法，用来支持和论证作者的观点。在这篇以“积极”为主题的作文中，列举名人的事件或经历，可以加强文章对积极向上生活态度的论证和说明。

在文章中，首先引用了法国作家萨克雷的名言切入话题，然后用曾国藩在家书中的劝诫，以说明自怨自艾和埋怨他人的消极态度所带来的困顿。这一名人名言和故事引用，增加了权威性，为后续论证打下了基础。

接着，通过引用J.K.罗琳、乔布斯和张海迪的实例，分别论证了积极向上给人面对失败的勇气，给人重新出发的力量，以及给人度过低谷的信心。这些案例既具有代表性，又具有说服力，通过具体的个人经历展示了积极向上的态度对个人命运和成功的影响。

通过这些案例，文章增强了论证的可信度和说服力。这些素材使文章更加具体、生动，读者可以通过这些实例来感受和理解积极向上的生活态度对个人的积极影响。此外，引用名言和名人的观点也使文章更加深入，向读者传达了积极向上的态度在历史和社会中的普遍认同和重要性。

总之，举例是一种有效的写作方法，举出他人事例可以有力地支持和论证自己的观点。

题目2：以“勤奋”为主题，写一篇作文

范文 勤奋是通向成功的必经之路

业精于勤，荒于嬉，这是亘古不变的道理。勤奋是我们追求成功的关键品质。正是勤奋付出，让人们在追逐梦想的道路上取得巨大的成就，而懒散则是成就之路的荒原。无论在学业还是事业中，勤奋都扮演着不可或缺的角色。

引用名言点明论点

众所周知，少年奇才方仲永在很小的时候就展现出惊人的才华，五岁便能写下令人赞叹的文章。然而，由于家庭原因，他缺乏后天的勤奋学习的机会，导致他在光环的照耀下蹉跎了许多时光。遗憾的是，他的才华最终黯然失色，淹没在人群之中。这个故事告诉我们，尽管天赋重要，但缺乏勤奋将无法实现真正的成功。

用方仲永的故事举反面例子

相反，明代思想家王阳明的故事则揭示了勤奋的力量。王阳明5岁时仍不能说话，也没有读书上学，病好后智力显得一般，别人就嘲笑他是个白痴。王阳明心里难受，就发誓要努力学习。于是平时读书，别人读一遍，他就读三遍、四遍，甚至十遍。在他的勤奋学习下，知识日积月累，最终，他长大后成为一位极具影响力的思想家。这表明，勤奋的付出能够推动我们不断进步，最终达到成功的彼岸。

用王阳明的故事举正面例子

从上面这两个例子我们可以看到，虽然天赋能在一定程度上对学习有所影响，但后天的勤奋才是开启成功之门的关键。不论有无天赋，在学习和生活中，我们都应该克服困难，培养良好的学习和生活习惯，持之以恒地追求进步。只有通过持续的努力和坚定的决心，我

们才能发挥出自己的潜力，实现更大的成就。

勤奋是通向成功的必经之路，让我们心怀勤奋的信念，为梦想而努力，追逐自己的成功之路。无论起点如何，只要坚持勤奋，我们就能够克服困难，最终走向辉煌的未来。 总结例子并呼吁

范文解析

在这篇以“勤奋”为主题的作文中，举出名人的事件或经历，可以加强文章对勤奋的学习态度的论证和说明。

在文章的开始，引用名言点明本篇作文的论点：勤奋是我们追求成功的关键品质。

然后，分别举出一正一反两个例子，反面例子如少年奇才方仲永的故事，正面例子如王阳明的故事，来说明不勤奋的后果和勤奋所能得到的成功，以强调勤奋的重要性。

最后，总结例子：“虽然天赋能在一定程度上对学习有所影响，但后天的勤奋才是开启成功之门的关键”，并呼吁人们要坚持勤奋，克服困难，走向辉煌的未来。

03 文学作品举例

古往今来，经典的文学著作源于生活、高于生活，往往具有跨越时间和空间的普适性，还蕴含着深刻的人生哲理和教育意义。使用文学作品举例可以传递这些价值观念和教育思想，对读者产生积极的影响和启发。

文学作品通常主题鲜明，并包含有丰富的情节和人物形象，可以提供更多的细节和背景信息，从而更好地支持你的观点。因此，即使你并没有在文中详细描述该作品人物的经历，读者往往也能够通过回忆作品中的内容而理解到你所想要表达的观点。

运用文学作品举例，首先要积累丰富的素材；其次要善于加工，对素材进行多维解读；最后，自然能巧妙运用素材，为写作加分。

注重素材积累

写作素材的积累是一个循序渐进的过程，素材积累的功夫要下在平时，不能急于求成。

（1）从小学到中学阶段，我们的语文课本中有大量的名家作品和名著选段，比如《鲁滨孙漂流记》《汤姆·索亚历险记》《红楼梦》《水浒传》，以及鲁迅、巴金、老舍等名家的作品，这些作品是经典名著中的精华。在学习时，我们也可以加强对素材的积累，巧妙运用课本中名篇选段积累素材并支撑写作。

（2）素材积累的前提是阅读量，因此，学有余力的同学可以适当提升阅读量，比如进行群文阅读、整本书阅读，从阅读深度和阅读广度两个方面着手，多方积累写作素材，从而促进写作能力的提升。

（3）素材积累不是对阅读内容的全篇记忆和背诵，而是要学会提取其中的梗概和精华，进行初步分析与加工，为写作储备资源。例如，《阿Q正传》中最为经典的就是阿Q精神，我们在写作中就可以以此为重点加以运用。

善于加工素材

一千个读者眼中就有一千个哈姆雷特，对于同一段素材的解读和运用，不同的人有不同的角度。因此，在日常素材的积累和应用中，要进行多维度解读。

（1）从不同的立场看问题，会有不同的理解和认识。因此，我们在素材的加工上，可以多尝试站在不同的立场上，对同一段素材展开论述和分析。比如，“相濡以沫，不如相忘于江湖”，站在“鱼”的立场和站在“人”的立场，会得出不同的答案。到底什么时候应该坚持，什么时候适合放手？什么时候要“相濡以沫”？什么时候该“相忘于江湖”呢？每一种人生态度和选择，都值得读者去思考和讨论。因此，这

样的素材，在日常阅读和积累中，要站在不同的立场去分析，从而达到拓宽写作思路的目的。

（2）在写作中，从不同的角度解读素材，能够得到不一样的答案。例如，项羽的失败自古以来被归结于刚愎自用，但是如果我们转换视角，重新审视，从“韬光养晦”的角度分析，赋予其新的含义，便可以让众所周知的素材焕发出新的生机。

（3）在平时的素材积累和写作过程中，很多同学容易陷入一个误区，就是容易被固有的思维模式所束缚，难以形成自己独特的观点。例如，王羲之的墨池，历来是勤学苦练的典范，但我们在写作中可以转换视角，从“人生智慧”的角度审视，阐明韬光养晦和潜心积累的重要性和必要性。

巧用素材

如果把写作比作烹饪的话，前期的素材积累与解读算是为烹饪准备食材和调料，接下来的写作，才正式进入美食的制作阶段。经过前期的积累，我们已经为写作储备了充足的写作素材，但是怎么把素材用好，为文章添彩，才是真正的考验。要巧用素材，可以从一些优秀的文章中汲取经验，找到适合自己的方法。

（1）提取精华就是将素材中与所要表达的主旨无关的内容剥离，只留取最直接的内容。用素材中的精华，支撑文章或者段落的主旨。例如，王勃的《滕王阁序》可谓千古名篇，在行文之中，运用了诸多历史典故，支撑说理。比如写“时运不济，命途多舛”，巧妙地提炼了“冯唐易老，李广难封”的历史典故，将冯唐、李广怀才不遇的经历，浓缩成八个字，言简意赅，意味深长。读者在阅读中，脑海中不自觉地将冯唐、李广一生坎坷的命运展开，跟随作者的思路阅读。

（2）情景交融，是在写作过程中，通过素材的整合，为情感的抒发做好铺垫。一旦场景搭建完毕，情感便呼之欲出。以苏轼的《赤壁怀古》一词为例，体会如何通过场景搭建，实现情景交融，引发读者共鸣。在词的开头，一句“大江东去浪淘尽，千古风流人物”，用现实的场景引出历史的场景，紧接着用一系列三国典故，搭建出金戈铁马的三国赤壁战场，霎时间“乱石穿空，惊涛拍岸，卷起千堆雪”，待场景搭建完毕之后，突然话锋一转，“多情应笑我，早生华发。人生如梦，一樽还酹江月”，发出自己心中无限的感慨，引发读者的情感共鸣。

（3）很多同学在写作过程中很容易陷入一个误区，认为素材引用得越多，作文内容越充实，文章质量越好。其实不然，文章要言之有物，而非素材的简单堆砌。因此，在素材运用上，要避免陷入这一误区，做到素材引用要“找亮点，抓重点”，做到“小而精”，避免“大而空”，深挖素材，切忌泛泛而谈。

题目1：以“勇敢”为主题，写一篇作文

范文 心怀勇气，一路向前

勇气，作为一种内在的品质和行为表现，是人类精神力量的象征。它不仅能够激发个人内在的潜力和动力，还能够帮助人们面对恐惧和挑战，克服困难和逆境，实现自己的目标和梦想。

心怀勇气，才能永不退缩。《老人与海》中的圣地亚哥是一位风烛残年的老渔夫，当他被大鱼拖向大海深处，当他没有水源与食物，

当他缺乏帮手和武器，他仍然始终坚定，绝不松手，以莫大的勇气同大鱼抗争到底，终于在两天两夜后杀死了大鱼。若非勇敢坚毅，怎能在连续挫败中奋起，又怎能扁舟入海与大鱼搏斗。正是勇气让他一往无前，斩获丰收。

心怀勇气，才能挑战自我。莫顿·亨特在《走一步，再走一步》中写到自己年幼顽劣时曾攀登悬崖，未料半路心生恐惧难以动弹。这时幸好父亲赶到，用手电筒指引他落脚的地方，助他一步步安稳落地，而这件事给了他极大的鼓舞。往后每遇困境，他总是怀揣勇气积极面对，将看似不能完成的任务一一攻克，不断超越自我。二战期间，他曾驾驶没有任何武器及防护的飞机到敌国进行侦察，别人问起他是如何做到的，他回答："鼓起勇气，走一步，再走一步。"面临生活中的悬崖困境时，我们不要畏惧下方的岩石，勇敢地踏出第一步和每一步，勇敢地挑战自我，勇敢地朝着目标前行。

心怀勇气，才能敢于发声。就如《皇帝的新衣》所讲述的，皇帝自以为穿着只有圣贤才能看见的新装，却是深陷蒙蔽而不自知。或慑于皇权，或恐于显露愚笨，众人无不附和、赞美这华丽的衣裳，只有一个小男孩勇敢说出真相——"可是他什么衣服也没有穿呀！"——让百姓醒悟，最后结束了这场闹剧。有勇气做依托，人们才能不畏世俗的桎梏，才能捍卫自己的观点，才能真正做到独立思考，不随波逐流。

"勇气是一个人处于逆境中的光明"，它能培养人的毅力和坚韧性格，能让人们以积极的态度面对人生，能让人们在危机中发现机遇，于黑暗中看见破晓的曙光。漫漫人生似海，唯有乘舟自渡，然有志与力，有无限的勇气，任风浪汹涌，亦能一往无前。

范文解析

这篇文章以丰富的文学作品进行举例，来说明文章的主题和观点，增强了文章的说服力。

首先，选择合适的文学作品。在选择文学作品时，需要考虑作品的主题、情节、人物形象等因素，以及它们与你要表达的观点之间的关联。选择合适的文学作品可以更好地支持你的观点，增强文章的说服力。如这篇文章选择了《老人与海》《走一步，再走一步》《皇帝的新衣》以说明“勇敢”的主题。

其次，简要介绍文学作品。在引用文学作品时，可以简要介绍作品的背景、情节和人物形象等基本信息，以便读者理解所举出的例子。如这篇文章举《老人与海》中的老渔夫圣地亚哥例子时，简单介绍了他始终坚定、勇敢坚毅的人物形象，以及积极与大鱼奋勇抗争的情节；举出莫顿·亨特《走一步，再走一步》例子时，简单介绍了他年幼时受父亲指引走出困境的情节，以及日后对一个个困难任务的完成与超越；还举出了《皇帝的新衣》中小男孩勇敢发声揭露真相的情节。

然后，对所举出的文学作品例子进行观点归纳，如文章中以《老人与海》老渔夫圣地亚哥的例子来说明“心怀勇气，才能面对困难永不退缩”的观点；如以莫顿·亨特《走一步，再走一步》中的例子来说明“心怀勇气，才能挑战自我，勇敢朝着目标前行”的观点；如以《皇帝的新衣》中小男孩勇敢发声的例子来说明“心怀勇气，才能敢于发声，独立思考，不随波逐流”的观点。

最后，对全文进行总结，再次点明文章的主题“勇敢”，呼吁人们以无限的勇气一往无前。

题目 2：以“坚持”为主题，写一篇作文

范文 不变的坚持，远航的人生

坚持是一种难能可贵的品质，它贯穿在每一件大事小事里，影响我们的每一个选择，也伴随着我们的一生。只有抓住坚持这一航海图，我们才能把握人生的每一条航线。

坚持学习，让我们积蓄力量。我们正处于一个拥有无限可能的未来的年纪，而决定我们未来将去往何方、有多少底气和能力去面对未来的未知和选择的，正是我们当下对学习的坚持。宋濂在《送东阳马生序》中生动描述了自己坚持学习的故事：即便“天大寒，砚冰坚，手指不可屈伸”，他也仍然没有放弃读书；即便先生“未尝稍降辞色”，他也仍然没有放弃请教。正是在这样的坚持下，他才华横溢，被明太祖朱元璋誉为“开国文臣之首”。

坚持梦想，让我们与众不同。梦想可大可小，它来源于我们每一个人不同的性格和成长经历，它让我们独一无二、让我们成为自己。《月亮和六便士》中的证券经纪人思特里克兰德放弃了优裕美满的生活，在一个小岛上坚持着自己画画的梦想，在画布上描绘自己真正想要的人生。在这里，他终于找到了独一无二的自己，他终于找到了他的“月亮”。或许梦想不一定要完成，因为坚持的姿态就足够动人。

坚持自我，让我们不忘初心。许许多多的人长大后，实现了自己小时候的愿望和理想，得到了物质上的成功，却丢失了自己小时候的信念和自我的底线。《小王子》中有许许多多这样的人：虚荣的人沉迷于掌声却丢失了自己的“舞台”；做生意的人用数字堆砌生活却忽略了真正的生活；人们宁愿吃下止渴药丸也不愿意慢慢地走向一汪甘泉。他们看

似得到了想要的人生，却因为没有坚持自我而丢失了人生的所有意义。《小王子》告诉我们，永远不要忘记我们来时的道路。

坚持学习、坚持梦想、坚持自我，每一点对我们来说都无比重要。坚持给予我们力量，也为我们指引方向；坚持让我们与众不同，也让我们不忘初心。坚持就像长在你内心的舵手，只要你的心不改航向，它就会送你去到你想去的地方。

范文解析

这篇文章以“坚持”为主题选择了三部文学作品进行举例。

如以宋濂《送东阳马生序》的故事来举例，讲述他在寒冬中坚持学习，刻苦读书、虚心请教，最终受到明太祖朱元璋的赏识的故事，来说明“坚持学习，能让我们积蓄力量，帮助决定我们对未来的选择”的观点。

如以《月亮和六便士》中的证券经纪人思特里克兰德的故事来举例，讲述他坚持画画的梦想，在画布上描绘自己真正想要的人生的故事，来说明“坚持梦想，让我们与众不同、独一无二”的观点。

如以《小王子》中没有坚持自我而丢失了人生的所有意义的人们的反例，来说明“坚持自我，才能让我们不忘初心”的观点。

通过例举三部作品，突出了文章“坚持”的主题，强调坚持学习、坚持梦想、坚持自我对人们来说都无比重要。